KB207776

# 군무원
# 15일 완성

## 행정직

# 군무원 15일 완성
## 행정직

| | | |
|---|---|---|
| 초판 발행 | | 2022년 2월 23일 |
| 개정판 발행 | | 2025년 3월 14일 |

편 저 자 | 취업적성연구소

발 행 처 | ㈜서원각

등록번호 | 1999-1A-107호

주　　　소 | 경기도 고양시 일산서구 덕산로 88-45(가좌동)

교재주문 | 031-923-2051

팩　　　스 | 031-923-3815

교재문의 | 카카오톡 플러스 친구[서원각]

홈페이지 | goseowon.com

# PREFACE

군무원이란 군 부대에서 군인과 함께 근무하는 공무원으로서 신분은 국가공무원법상 특정직 공무원으로 분류된다. 군무원은 선발인원이 확충되는 추세에 따라 지원자도 많아지며 매년 그 관심이 높아지고 있다. 특히 군무원은 특별한 자격이나 면허가 별도로 요구되지 않으며 연령, 학력, 경력에 제한 없이 응시할 수 있다(11개 직렬 제외). 또한 공통과목인 '영어' 과목은 영어능력검정 시험으로 대체, '한국사' 과목은 한국사능력검정시험으로 대체되어 9급의 경우 직렬별로 요구되는 3과목만 실시한다.

본서는 9급 군무원 행정직 시험 과목인 국어, 행정법, 행정학의 출제 예상문제를 다양한 난도로 수록하고 있다. 15일 동안 총 300문제를 통해 자신의 학습상태를 점검할 수 있도록 구성하였다. 시험 직전, 다양한 유형의 문제를 풀어봄과 동시에 상세한 해설을 통해 주요 이론을 반복 학습하면서 매일 매일 실력을 향상시킬 수 있다.

1%의 행운을 잡기 위한 노력! 본서가 수험생 여러분의 행운이 되어 합격을 향한 노력에 힘을 보탤 수 있기를 바란다

# PLANNER

## 15일 완성 PLAN

학습에서 제일 중요한 것은 계획적으로 진행하는 것입니다.
하루 20문제! 과목별, 날짜별 자신만의 학습계획을 만들어보세요. 각 문제마다 자신만의 필기노트를 완성해보세요.

| DAY 01 __월__일 | DAY 02 __월__일 | DAY 03 __월__일 | DAY 04 __월__일 | DAY 05 __월__일 |
|---|---|---|---|---|
| DAY 06 __월__일 | DAY 07 __월__일 | DAY 08 __월__일 | DAY 09 __월__일 | DAY 10 __월__일 |
| DAY 11 __월__일 | DAY 12 __월__일 | DAY 13 __월__일 | DAY 14 __월__일 | DAY 15 __월__일 |

## 5일 완성 PLAN

15일 플랜이 끝난 후, 5일간의 최종 복습플랜으로 탄탄한 실력을 쌓아보세요.

| DAY 01 __월__일 | DAY 02 __월__일 | DAY 03 __월__일 | DAY 04 __월__일 | DAY 05 __월__일 |
|---|---|---|---|---|

# CONTENTS

## DAY 01 국어

### 자기 맞춤 학습 플랜

매일 매일 과목별로 자신만의 학습 플랜을 만들어
학습할 수 있도록 구성하였습니다. 자기 자신만의
속도와 학습 진도에 맞춘 학습 플랜을 통해 보다 완
벽한 계획을 세울 수 있습니다.

### 하루 20문제

하루 20문제의 다양한 영역, 다양한 유형의 문제를
학습하고 자신만의 오답노트를 만들어 최종 마무리
까지 단 한 권으로 완성할 수 있습니다.

---

## DAY 01 국어

**1** 다음 제시된 단어 중 표준어는?

① 웃금 　　　　　　　　　② 구렛나루
③ 새립이 　　　　　　　　④ 꺼림직하다

📣 [해설] ④ '꺼림직하다'는 과거 '꺼림칙하다', '께름칙하다'의 비표준어였으나 2018년 국립국어원에서 표준어로 인정하였다.
① 촛금 ② 구레나룻 ③ 재밀이

**2** 다음 밑줄 친 단어와 같은 의미로 쓰인 것은?

> 충신이 반역죄를 **쓰고** 감옥에 갇혔다.

① 밖에 비가 오니 우산을 **쓰고** 가거라.
② 광부들이 온몸에 석탄가루를 까맣게 **쓰고** 일을 한다.
③ 그는 마른 체격에 테가 굵은 안경을 **썼고** 갸름한 얼굴이다.
④ 뇌물 수수 혐의를 **쓴** 정치인은 결백을 주장했다.

📣 [해설] 밑줄 친 부분은 '사람이 죄나 누명 따위를 가지거나 입게 되다.'라는 의미로 사용되었다.
① 산이나 양산 따위를 머리 위에 펴 들다.
② 먼지나 가루 따위를 몸이나 물체 위에 덮은 상태가 되다.
③ 얼굴에 어떤 물건을 걸거나 덮어쓰다.

>> ANSWER
1.④ 2.④

---

**5** 다음 빈칸에 들어갈 말로 적절한 ...

> 감기와 가장 혼동하는 질병에는 '독감'
> 이라고 오해를 받는다. 감기와 독감은
> 심할 경우 기관지염이나 폐렴으로
> 지 않는 것과 달리 독감은 유행하
> 독감은 유행성 감기 바이러스
> 다. (
> 있어나기 때문에 며여

**3** 다음 밑줄 친 단어를 대신하여 사용할 수 있는 단어로 가장 적절한 것은?

> 두 사람이 막역한 사이라는 것을 모르는 사람이 없었다.

① 합당한
② 고취한
③ 허물없는
④ 탐닉한

🔊 Point 막역(莫逆)하다 … 허물이 아주 친하다.
　③ 허물없다 : 서로 매우 친하여, 체면을 돌보거나 조심할 필요가 없다.
　① 합당(割當)하다 : 몫을 갈라 나누다.
　② 고취(鼓吹)하다 : 힘을 내도록 격려하여 용기를 북돋우다. 또는 의견이나 사상 따위를 열렬히 주장하여 불어넣다.
　④ 탐닉(耽溺)하다 : 어떤 일을 몹시 즐겨서 거기에 빠지다.

---

**4** ㉠~㉢의 밑줄 친 부분에 대한 설명으로 적절하지 않은 것은?

> ㉠ 다 먹은 그릇은 치우고 더 먹을 사람은 줄을 서라
> ㉡ 닭을 넘느라 밭을 한 바가지는 흘렸다.
> ㉢ 배를 하도 먹어서 그런지 배가 불러 죽겠다

① ㉠의 '다'와 '더'의 모음은 혀의 높낮이가 다르다.
② ㉡의 'ㄷ'과 'ㄸ'은 소리를 내는 방식이 같다.
③ ㉢의 '배'는 발음하는 동안 입술이나 혀가 움직인다.
④ ㉢에 밑줄 친 '배'는 동음이의어이다.

🔊 Point ③ 'ㅐ'는 단모음으로 발음할 때 입술이나 혀가 고정되어 움직이지 않는다.
　① 'ㅏ'는 저모음, 'ㅓ'는 중모음으로 혀의 높낮이가 다르다.
　② 'ㄷ, ㅌ, ㄸ'는 파열음으로 소리를 내는 방식이 같다.
　④ 첫 번째 '배'는 '배나무의 열매', 두 번째 '배'는 '사람이나 동물의 몸에서 위장, 창자, 콩팥 따위의 내장이 들어 있는 곳으로 가슴과 엉덩이 사이의 부위의 의미를 가지는 동음이의어이다.

3.③ 4.③

---

（확대 원 안의 내용）

…반 정해진다. 이 때문…

② 조사 결과를 근거로 제시하여 주장의 신뢰…
② 이해하기 어려운 용어들을 정리하고 있다.
③ 눈앞에 그려지는 듯한 묘사를 통해 설명하고 있…
④ 하나의 대상을 여러 갈래로 분석하고 있다.

🔊 Point 주어진 글은 유명한 과학 잡지의 조사 결과를 제시하…
침하고 있다.

### 상세한 해설

매 문제마다 상세한 해설을 달아 문제풀이만으로도 학습이 가능하도록 하였습니다. 오답분석을 통해 자신의 취약한 부분을 파악하여 보다 효율적으로 학습할 수 있습니다.

---

（확대 원 안의 내용）

…신년도, 구년도' 등은 발음이 [신년도], [구…
…않는다.

PLUS TIP 한글 맞춤법 제3장 제10항 두음법칙

한자음 '녀, 뇨, 뉴, 니'가 단어 첫머리에 올 적에는,
고, ㄴ을 버림)

| ㄱ | ㄴ |
|---|---|
| 여자(女子) | 녀자 |
| 연세(年歲) | 년세 |
| 요소(尿素) | 뇨소 |

다만, 다음과 같은 의존 명사에서는 '냐, 녀' 음을…
냥(兩) 냥쭝(兩-) 년(年)(몇 년)
[붙임 1] 단어의 첫머리 이외의 경우에는…
남녀(男女) 당뇨(糖尿) 결…

### Plus Tip

문제와 연관된 학습 Tip을 함께 수록하였습니다. 문제풀이와 동시에 다양한 이론을 학습하여 기본기를 완벽하게 다질 수 있도록 구성하였습니다.

# PART
# 01

# 국어

# 국어

**1** 다음 제시된 단어 중 표준어는?

① 촛점
② 구렛나루
③ 재털이
④ 꺼림직하다

> (Point) ④ '꺼림직하다'는 과거 '꺼림칙하다', '께름칙하다'의 비표준어였으나 2018년 국립국어원에서 표준어로 인정하였다.
> ① 초점  ② 구레나룻  ③ 재떨이

**2** 다음 밑줄 친 단어와 같은 의미로 쓰인 것은?

> 충신이 반역죄를 <u>쓰고</u> 감옥에 갇혔다.

① 밖에 비가 오니 우산을 <u>쓰고</u> 가거라.
② 광부들이 온몸에 석탄가루를 까맣게 <u>쓰고</u> 일을 한다.
③ 그는 마른 체격에 테가 굵은 안경을 <u>썼고</u> 갸름한 얼굴이다.
④ 뇌물 수수 혐의를 <u>쓴</u> 정치인은 결백을 주장했다.

> (Point) 밑줄 친 부분은 '사람이 죄나 누명 따위를 가지거나 입게 되다.'라는 의미로 사용되었다.
> ① 산이나 양산 따위를 머리 위에 펴 들다.
> ② 먼지나 가루 따위를 몸이나 물체 따위에 덮은 상태가 되다.
> ③ 얼굴에 어떤 물건을 걸거나 덮어쓰다.

3  다음 밑줄 친 단어를 대신하여 사용할 수 있는 단어로 가장 적절한 것은?

> 두 사람이 <u>막역한</u> 사이라는 것을 모르는 사람이 없었다.

① 할당한
② 고취한
③ 허물없는
④ 탐닉한

📢 (Point)  막역(莫逆)하다 … 허물이 없이 아주 친하다.
　　　　③ 허물없다 : 서로 매우 친하여, 체면을 돌보거나 조심할 필요가 없다.
　　　　① 할당(割當)하다 : 몫을 갈라 나누다.
　　　　② 고취(鼓吹)하다 : 힘을 내도록 격려하여 용기를 북돋우다. 또는 의견이나 사상 따위를 열렬히 주장하여 불어넣다.
　　　　④ 탐닉(耽溺)하다 : 어떤 일을 몹시 즐겨서 거기에 빠지다.


4  ㉠~㉢의 밑줄 친 부분에 대한 설명으로 적절하지 않은 것은?

> ㉠ 다 먹은 그릇은 치우고 더 먹을 사람은 줄을 서라
> ㉡ 담을 넘느라 땀을 한 바가지는 흘렸다.
> ㉢ 배를 하도 먹어서 그런지 배가 불러 죽겠다

① ㉠의 '다'와 '더'의 모음은 혀의 높낮이가 다르다.
② ㉡의 'ㄷ'과 'ㄸ'은 소리를 내는 방식이 같다.
③ ㉢의 '배'는 발음하는 동안 입술이나 혀가 움직인다.
④ ㉢에 밑줄 친 '배'는 동음이의어이다.

📢 (Point)  ③ 'ㅐ'는 단모음으로 발음할 때 입술이나 혀가 고정되어 움직이지 않는다.
　　　　① 'ㅏ'는 저모음, 'ㅓ'는 중모음으로 혀의 높낮이가 다르다.
　　　　② 'ㄷ, ㅌ, ㄸ'는 파열음으로 소리를 내는 방식이 같다.
　　　　④ 첫 번째 '배'는 '배나무의 열매', 두 번째 '배'는 '사람이나 동물의 몸에서 위장, 창자, 콩팥 따위의 내장이 들어 있는
　　　　　 곳으로 가슴과 엉덩이 사이의 부위'의 의미를 가지는 동음이의어이다.

>> ANSWER
3.③  4.③

## 5 다음 빈칸에 들어갈 말로 적절한 것은?

> 감기와 가장 혼동하는 질병에는 '독감'이 있다. 독감은 종종 '감기가 악화된 것.' 또는 '감기 중에 독한 것.'
> 이라고 오해를 받는다. 감기와 독감 모두 콧물, 기침이 나는데, 며칠이 지나면 낫는 감기와 달리 독감은
> 심할 경우 기관지염이나 폐렴으로 발전하고, 오한, 고열, 근육통이 먼저 나타난다. 또 감기가 시기를 타
> 지 않는 것과 달리 독감은 유행하는 시기가 정해져 있다.
> 독감은 유행성 감기 바이러스 때문에 생긴다. 감기는 백신을 만들 수 없지만 독감은 백신을 만들 수 있
> 다. (                                    ) 단, 유행성 감기 바이러스는 변이가 심하게
> 일어나기 때문에 매년 백신을 새로 만들어야 한다. 노약자는 그 해에 유행하는 독감 백신을 미리 맞되,
> 백신으로 항체가 만들어지기까지는 시간이 걸리므로 독감이 유행하기 3~4개월 전에 맞아야 한다.

① 왜냐하면 감기는 독감과는 다르게 백신에 대한 수요가 매우 적기 때문이다.

② 왜냐하면 독감 바이러스의 형태는 매우 복잡하기 때문에 백신을 만들데에 제약이 많기 때문이다.

③ 왜냐하면 감기 바이러스는 일찍이 해당 바이러스에 대한 연구가 이루어 졌기 때문이다.

④ 왜냐하면 감기를 일으키는 바이러스는 워낙 다양하지만 독감을 일으키는 바이러스는 한 종류이기 때
문이다.

🔊 Point  빈칸에는 앞문장의 내용에 이어서 독감 백신을 만들 수 있는 이유가 오는 것이 적절하다.

## 6 외래어 표기가 바르게 된 것으로만 묶인 것은?

① 부르주아, 비스킷, 심포지움

② 스폰지, 콘셉트, 소파

③ 앙코르, 팜플릿, 플랜카드

④ 샹들리에, 주스, 블라우스

🔊 Point  ① 부르주아, 비스킷, 심포지엄
② 스펀지, 콘셉트, 소파
③ 앙코르, 팸플릿, 플래카드

**7** ㉠의 상황을 표현한 한자성어로 적절한 것은?

> 낭군께서는 이별한 후에 비천한 저를 가슴속에 새겨 근심하지 마시고, 더욱 학업에 힘써 ㉠과거에 급제한 뒤 높은 벼슬길에 올라 후세에 이름을 드날리고 부모님을 현달케 하십시오. 제 의복과 재물은 다 팔아 부처께 공양하시고, 갖가지로 기도하고 지성으로 소원을 빌어 삼생의 연분을 후세에 다시 잇도록 해 주십시오. 그렇게만 해 주신다면 더없이 좋겠나이다! 좋겠나이다!

① 입신양명
② 사필귀정
③ 흥진비래
④ 백년해로

🔊 (Point) ① 입신양명 : 사회적(社會的)으로 인정(認定)을 받고 출세(出世)하여 이름을 세상(世上)에 드날림
② 사필귀정 : 처음에는 시비(是非) 곡직(曲直)을 가리지 못하여 그릇되더라도 모든 일은 결국에 가서는 반드시 정리(正理)로 돌아감
③ 흥진비래 : 즐거운 일이 지나가면 슬픈 일이 닥쳐온다는 뜻
④ 백년해로 : 부부(夫婦)가 서로 사이좋고 화락(和樂)하게 같이 늙음을 이르는 말

**8** 다음 밑줄 친 부분의 띄어쓰기가 바른 문장은?

① 마을 사람들은 어느 말을 정말로 믿어야 <u>옳은 지</u> 몰라서 멀거니 두 사람의 입을 쳐다보고만 있었다.
② 강아지가 집을 나간 지 <u>사흘만에</u> 돌아왔다.
③ 그냥 모르는 척 <u>살만도 한데</u> 말이야.
④ 자네, 도대체 이게 얼마 <u>만인가</u>.

🔊 (Point) ① 옳은 지 → 옳은지. 막연한 추측이나 짐작을 나타내는 어미이므로 붙여서 쓴다.
② 사흘만에 → 사흘 만에. '시간의 경과'를 의미하는 의존명사이므로 띄어서 사용한다.
③ 살만도 → 살 만도. 붙여 쓰는 것을 허용하기도 하나(살 만하다) 중간에 조사가 사용된 경우 반드시 띄어 써야 한다 (살 만도 하다).

**9** 다음 글의 중심내용으로 적절한 것은?

> 영어에서 위기를 뜻하는 단어 'crisis'의 어원은 '분리하다'라는 뜻의 그리스어 '크리네인(Krinein)'이다. 크리네인은 본래 회복과 죽음의 분기점이 되는 병세의 변화를 가리키는 의학 용어로 사용되었는데, 서양인들은 위기에 어떻게 대응하느냐에 따라 결과가 달라진다고 보았다. 상황에 위축되지 않고 침착하게 위기의 원인을 분석하여 사리에 맞는 해결 방안을 찾을 수 있다면 긍정적 결과가 나올 수 있다는 것이다. 한편, 동양에서는 위기(危機)를 '위험(危險)'과 '기회(機會)'가 합쳐진 것으로 해석하여, 위기를 통해 새로운 기회를 모색하라고 한다. 동양인들 또한 상황을 바라보는 관점에 따라 위기가 기회로 변모될 수도 있다고 본 것이다.

① 위기가 아예 다가오지 못하게 미리 대처해야 한다.
② 위기 상황을 냉정하게 판단하고 긍정적으로 받아들인다.
③ 위기가 지나갔다고 해서 반드시 기회가 오는 것은 아니다.
④ 욕심에서 비롯된 위기를 통해 자신의 상황을 되돌아봐야 한다.

🔊 (Point) 동양과 서양에서 위기를 의미하는 단어를 분석해 보는 것을 통해 위기 상황을 냉정하게 판단하고 긍정적으로 받아들이면 좋은 결과를 얻거나 또 다른 기회가 될 수 있다는 이야기를 하고 있다.

**10** 다음 제시된 단어의 표준 발음으로 적절하지 않은 것은?

① 넓둥글다[넙뚱글다]
② 넓죽하다[널쭈카다]
③ 넓다[널따]
④ 핥다[할따]

🔊 (Point) ② 겹받침 'ㄳ', 'ㄵ', 'ㄼ, ㄽ, ㄾ', 'ㅄ'은 어말 또는 자음 앞에서 각각 [ㄱ, ㄴ, ㄹ, ㅂ]으로 발음한다. 다만, '밟-'은 자음 앞에서 [밥]으로 발음하고, '넓-'은 '넓죽하다'와 '넓둥글다'의 경우에 [넙]으로 발음한다. 따라서 '넓죽하다'는 [넙쭈카다]로 발음해야 한다.

>> ANSWER

9.② 10.②

## 11 다음 밑줄 친 문장이 글의 흐름과 어울리지 않는 것을 고르시오.

신재생 에너지란 태양, 바람, 해수와 같이 자연을 이용한 신에너지와 폐열, 열병합, 폐열 재활용과 같은 재생에너지가 합쳐진 말이다. 현재 신재생 에너지는 미래 인류의 에너지로서 다양한 연구가 이루어지고 있다. ①특히 과거에는 이들의 발전 효율을 높이는 연구가 주로 이루어졌으나 현재는 이들을 관리하고 사용자가 쉽게 사용하도록 하는 연구와 개발이 많이 진행되고 있다. ②신재생 에너지는 화석 연료의 에너지 생산 비용에 근접하고 있으며 향후에 유가가 상승되고 신재생 에너지 시스템의 효율이 높아짐에 따라 신재생 에너지의 생산 비용이 오히려 더 저렴해질 것으로 보인다.
③따라서 미래의 신재생 에너지의 보급은 특정 계층과 일부 분야에서만 이루어 질 것이며 현재의 전력 공급 체계를 변화시킬 것이다. ④현재 중앙 집중식으로 되어있는 전력공급의 체계가 미래에는 다양한 곳에서 발전이 이루어지는 분산형으로 변할 것으로 보인다. 분산형 전원 시스템 체계에서 가장 중요한 기술인 스마트 그리드는 전력과 IT가 융합한 형태로서 많은 연구가 이루어지고 있다.

🔊 (Point) ③의 앞의 내용을 보면 향후 신재생 에너지 시스템의 효율이 높이며 생산 비용이 저렴해 질 것으로 예상하고 있으므로 ③의 내용으로 '따라서 미래의 신재생 에너지의 보급은 지금 보다 훨씬 광범위하게 다양한 곳에서 이루어 질 것이며 현재의 전력 공급 체계를 변화시킬 것이다.'가 오는 것이 적절하다.

## 12 다음 글을 논리적 순서에 맞게 나열한 것은?

㉠ 또한 한옥을 짓는 데 사용되는 천연 건축 자재는 공해를 일으키지 않는다.
㉡ 현대 건축에서 자주 문제가 되는 환경 파괴가 한옥에는 거의 없다.
㉢ 아토피성 피부염 등의 현대 질병에 한옥이 좋은 이유가 여기에 있다.
㉣ 한옥은 짓는 터전을 훼손하지 않으며, 터가 생긴 대로 약간만 손질하면 집을 지을 수 있기 때문이다.

① ㉡-㉠-㉣-㉢  　　　　　　　② ㉡-㉣-㉠-㉢
③ ㉢-㉠-㉣-㉡  　　　　　　　④ ㉣-㉡-㉠-㉢

🔊 (Point) ㉡ 현대 건축에서 발생하는 문제가 한옥에서는 발생하지 않음-㉣ ㉡을 뒷받침하는 이유① : 한옥은 환경을 보존하며 지어지는 특성을 가짐-㉠ ㉡을 뒷받침하는 이유② : 한옥 건축에 사용하는 천연 자재는 공해를 일으키지 않음-㉢ ㉠의 장점

## 13 다음의 문장이 들어가기에 적절한 위치를 고르면?

> 예를 들면, 라파엘로의 창의성은 미술사학, 미술 비평이론, 그리고 미적 감각의 변화에 따라 그 평가가 달라진다.

> 한 개인의 창의성 발휘는 자기 영역의 규칙이나 내용에 대한 이해뿐만 아니라 현장에서 적용되는 평가기준과도 밀접한 관련을 가지고 있다. ( ㉠ ) 어떤 미술 작품이 창의적인 것으로 평가받기 위해서는 당대 미술가들이나 비평가들이 작품을 바라보는 잣대에 들어맞아야 한다. ( ㉡ ) 마찬가지로 문학 작품의 창의성 여부도 당대 비평가들의 평가기준에 따라 달라질 수 있다. ( ㉢ ) 라파엘로는 16세기와 19세기에는 창의적이라고 여겨졌으나, 그 사이 기간이나 그 이후에는 그렇지 못했다. ( ㉣ ) 라파엘로는 사회가 그의 작품에서 감동을 받고 새로운 가능성을 발견할 때 창의적이라 평가받을 수 있었다. 그러나 만일 그의 그림이 미술을 아는 사람들의 눈에 도식적이고 고리타분하게 보인다면, 그는 기껏해야 뛰어난 제조공이나 꼼꼼한 채색가로 불릴 수 있을 뿐이다.

① ㉠               ② ㉡

③ ㉢               ④ ㉣

📢 Point 제시된 문장은 라파엘로의 창의성을 예로 들면서 기준에 따라 평가가 달라진다는 것을 언급하고자 한다. 따라서 당대 비평가들의 평가기준에 따라 창의성 여부가 달라질 수 있다는 내용 뒤인 ㉢이 가장 적절하며, 제시된 문장 뒤로는 라파엘로의 창의성이 평가기준에 따라 어떻게 다르게 평가되고 있는지에 대한 내용이 이어져야 한다.

>> ANSWER

13.③

**14** 〈보기〉에서 ㉠, ㉡의 예시로 옳은 것으로만 된 것은?

> 어근과 어근의 형식적 결합 방식에 따라 합성어를 나누어 볼 수 있다. 형식적 결합 방식이란 어근과 어근의 배열 방식이 국어의 정상적인 단어 배열 방식 즉 통사적 구성과 같고 다름을 고려한 것이다. 여기에는 합성어의 각 구성 성분들이 가지는 배열 방식이 국어의 정상적인 단어 배열법과 같은 ㉠'통사적 합성어'와 정상적인 배열 방식에 어긋나는 ㉡'비통사적 합성어'가 있다.

| | ㉠ | ㉡ |
|---|---|---|
| ① | 가려내다, 큰일 | 굳은살, 덮밥 |
| ② | 물렁뼈, 큰집 | 덮밥, 산들바람 |
| ③ | 큰집, 접칼 | 보슬비, 얕보다 |
| ④ | 굳은살, 그만두다 | 물렁뼈, 날뛰다 |

🔊 **(Point)** 통사적 합성어 : 가려내다, 큰집, 굳은살, 큰일, 그만두다
비통사적 합성어 : 덮밥, 접칼, 산들바람, 보슬비, 물렁뼈, 날뛰다, 얕보다.

**PLUS TIP** 합성법의 유형

㉠ 통사적 합성법 : 우리말의 일반적인 단어 배열법과 일치하는 것으로 대부분의 합성어가 이에 해당된다.
  **예** 작은형(관형사형 + 명사)
㉡ 비통사적 합성법 : 우리말의 일반적인 단어 배열법에서 벗어나는 합성법이다.
  **예** 늦더위('용언의 어간 + 명사'로 이러한 문장 구성은 없음)

## 15 다음 〈보기〉의 규칙이 적용된 예시로 적절하지 않은 것은?

> 〈보기〉
>
> 한자음 '녀, 뇨, 뉴, 니'가 단어 첫머리에 올 적에는, 두음 법칙에 따라 '여, 요, 유, 이'로 적는다.
> 단, 접두사처럼 쓰이는 한자가 붙어서 된 말이나 합성어에서는 뒷말의 첫소리가 'ㄴ'으로 나더라도 두음 법칙에 따라 적는다.

① 남존여비

② 신여성

③ 만년

④ 신연도

🔊 〈Point〉 ④ '신년도, 구년도' 등은 발음이 [신년도], [구ː년도]이며 '신년–도, 구년–도'로 분석되는 구조이므로 이 규정이 적용되지 않는다.

**PLUS TIP** 한글 맞춤법 제3장 제10항 두음법칙

한자음 '녀, 뇨, 뉴, 니가 단어 첫머리에 올 적에는, 두음 법칙에 따라 '여, 요, 유, 이'로 적는다. (ㄱ을 취하고, ㄴ을 버림)

| ㄱ | ㄴ | ㄱ | ㄴ |
|---|---|---|---|
| 여자(女子) | 녀자 | 유대(紐帶) | 뉴대 |
| 연세(年歲) | 년세 | 이토(泥土) | 니토 |
| 요소(尿素) | 뇨소 | 익명(匿名) | 닉명 |

다만, 다음과 같은 의존 명사에서는 '냐, 녀' 음을 인정한다.

냥(兩) 냥쭝(兩–) 년(年)(몇 년)

[붙임 1] 단어의 첫머리 이외의 경우에는 본음대로 적는다.

　　남녀(男女) 당뇨(糖尿) 결뉴(結紐) 은닉(隱匿)

[붙임 2] 접두사처럼 쓰이는 한자가 붙어서 된 말이나 합성어에서, 뒷말의 첫소리가 'ㄴ'소리로 나더라도 두음 법칙에 따라 적는다.

　　신여성(新女性) 공염불(空念佛) 남존여비(男尊女卑)

[붙임 3] 둘 이상의 단어로 이루어진 고유 명사를 붙여 쓰는 경우에도 붙임 2에 준하여 적는다.

　　한국여자대학 대한요소비료회사

>> **ANSWER**

15.④

## 16 이 글의 특징으로 옳지 않은 것은?

> 새끼 오리도 헌신짝도 소똥도 갓신창도 개니빠디도 너울쪽도 짚검불도 가랑잎도 헝겊조각도 막대꼬치도 기왓장도 닭의 짓도 개터럭도 타는 모닥불
>
> 재당도 초시도 문장(門帳) 늙은이도 더부살이도 아이도 새 사위도 갓 사돈도 나그네도 주인도 할아버지도 손자도 붓장사도 땜쟁이도 큰 개도 강아지도 모두 모닥불을 쪼인다.
>
> 모닥불은 어려서 우리 할아버지가 어미 아비 없는 서러운 아이로 불쌍하니도 몽둥발이가 된 슬픈 역사가 있다.
>
> –백석, 모닥불–

① 열거된 사물이나 사람의 배열이 주제의식을 높이는 데 기여한다.
② 평안도 방언의 사용으로 사실감과 향토적 정감을 일으킨다.
③ 모닥불 앞에 나설 수 있는 사람과 그렇지 않은 사람이 대조된다.
④ 지금 현재의 상황과 과거의 회상을 통하여 시상을 전개한다.

**(Point)** ③ 2연에 나타난 모닥불을 쪼는 사람들은 직업도 나이도 상황도 다양한 사람으로 모닥불 앞에서는 사람들과 동물들 모두가 평등한 존재로 나타나므로 ③은 옳지 않다.

① 1연에 나열되는 사물들은 모두 쓸모없는 것들이다. 허나 화자는 그것들이 하나로 모여 하나의 모닥불로 타오르는 것에 의미를 둔다. 나열된 사물들이 하나가 되는 응집력과 열정을 통해 우리 민족의 공통체적 정신을 보여준다. 2연에서 나열되는 다양한 사람들은 신분과 혈연관계 상하관계를 따지지 않고 모닥불을 쪼는 모습을 통해 민족의 화합과 나눔, 평등정신을 지닌 공동체 정신을 확인할 수 있다.

② '개니빠디'는 '이빨'의 평안·함북 지역의 방언이다.

④ 1, 2연에서는 모닥불이 타고 있는 현재의 상황을 보여주며, 마지막 연에서 할아버지의 어린 시절을 회상하며 할아버지의 슬픔을 통해 민족의 아픈 역사를 환기한다.

---

**PLUS TIP** 백석의 「모닥불」

ⓐ 갈래 : 현대시, 서정시, 산문시
ⓑ 성격 : 회상적, 산문적
ⓒ 제재 : 모닥불
ⓓ 주제 : 조화와 평등의 공동체적 합일정신. 우리 민족의 슬픈 역사와 공동체적 삶의 방향
ⓔ 특징
  • 근대적 평등 의식이 중심에 놓여있다.
  • 열거의 방식으로 대상을 제기하고 있다
  • 지금 현재의 상황 묘사와 과거 회상으로 시상이 전개되고 있다.
  • 평안도 방언을 사용하여 사실성과 향토성을 높이고 있다.

>> ANSWER
16.③

**17** 다음 글의 시점에 대한 설명으로 가장 적절한 것은?

> 파도는 높고 하늘은 흐렸지만 그 속에 솟구막 치면서 흐르는 나의 머릿속을 스치고 지나가는 영상은 푸르고 맑은 희망이었다. 나는 어떻게 누구의 손에 의해서 구원됐는지도 모른다. 병원에서 내 의식이 회복되었을 땐 다만 한 쪽 다리에 관통상을 입었다는 것을 알았을 뿐이다.

① 주인공 '나'가 자신의 체험을 이야기하고 있다.
② 작가가 주인공 '그'에 대해 관찰하여 서술하고 있다.
③ 작가가 제3의 인물 '그'에 대해 자세히 묘사하고 있다.
④ 주인공 '나'가 다른 인물에 대해 관찰하여 서술하고 있다.

📢(Point) 주어진 글은 주인공인 '나'가 자신의 이야기를 하고 있으므로 1인칭 주인공 시점이다.

> **PLUS TIP** 소설의 시점
>
> ㉠ 1인칭 주인공(서술자) 시점 : 주인공인 '나'가 자신의 이야기를 서술하는 시점으로 주관적이다.
> ㉡ 1인칭 관찰자 시점 : 등장인물(부수적 인물)인 '나'가 주인공에 대해 이야기하는 시점으로 객관적인 관찰을 통해서 이루어진다.
> ㉢ 3인칭(작가) 관찰자 시점 : 서술자의 주관을 배제하는 가장 객관적인 시점으로 서술자가 등장인물을 외부 관찰자의 위치에서 이야기하는 시점이다.
> ㉣ 전지적 작가 시점 : 서술자가 인물과 사건에 대해 전지전능한 신의 입장에서 이야기하는 시점으로, 작중 인물의 심리를 분석하여 서술한다.

**18** 한글 맞춤법에 맞는 문장은?

① 뚝빼기가 튼튼해 보인다.
② 구름이 걷히자 파란 하늘이 드러났다.
③ 꽁치찌게를 먹을 때면 늘 어머니가 생각났다.
④ 한동안 외국에 다녀왔더니 몇일 동안 김치만 달고 살았다.

📢(Point) ① 뚝배기
③ 꽁치찌개
④ 며칠

≫ ANSWER
17.① 18.②

**19** 다음에서 설명하는 훈민정음 운용 방식에 해당하는 것은?

> 'ㄱ, ㄷ, ㅂ, ㅅ, ㅈ, ㅎ' 등을 가로로 나란히 써서 'ㄲ, ㄸ, ㅃ, ㅆ, ㅉ, ㆅ'을 만드는 것인데, 필요한 경우에는 'ㅺ, ㅼ, ㅻ, ㅳ, ㅄ, ㅶ, ㅷ, ㅵ' 등도 만들어 썼다.

① 象形                 ② 加畫
③ 竝書                 ④ 連書

🔊 (Point) 제시문은 훈민정음 글자 운용법으로 나란히 쓰기인 병서(竝書)에 대한 설명이다. 병서는 'ㄲ, ㄸ, ㅃ, ㅆ'과 같이 서로 같은 자음을 나란히 쓰는 각자병서와 'ㅺ, ㅼ, ㅽ'과 같이 서로 다른 자음을 나란히 쓰는 합용병서가 있다.
① 象形(상형) : 훈민정음 제자 원리의 하나로 발음기관을 상형하여 기본자를 만들었다.
② 加畫(가획) : 훈민정음 제자 원리의 하나로 상형된 기본자를 중심으로 획을 더하여 가획자를 만들었다.
④ 連書(연서) : 훈민정음 글자 운용법의 하나로 이어쓰기의 방법이다.

**20** 제시된 글에서 사용하고 있는 서술 방법은?

> 사람도 빛 공해의 피해를 입고 있다. 우리나라의 도시에 사는 아이들은 시골에 사는 아이들보다 안과를 자주 찾는다. 세계적으로 유명한 과학 잡지 "네이처"에서는 밤에 항상 불을 켜 놓고 자는 아이의 34퍼센트가 근시라는 조사 결과를 발표했다. 불빛 아래에서는 잠드는 데 걸리는 시간인 수면 잠복기가 길어지고 뇌파도 불안정해진다. 이 때문에 도시의 눈부신 불빛은 아이들의 깊은 잠을 방해하고 있는 것이다.

① 조사 결과를 근거로 제시하여 주장의 신뢰를 높이고 있다.
② 이해하기 어려운 용어들을 정리하고 있다.
③ 눈앞에 그려지는 듯한 묘사를 통해 설명하고 있다.
④ 하나의 대상을 여러 갈래로 분석하고 있다.

🔊 (Point) 주어진 글은 유명한 과학 잡지의 조사 결과를 제시하며 이를 통해 사람이 빛 공해의 피해를 입고 있다는 주장을 뒷받침하고 있다.

# 국어

## 1 밑줄 친 단어의 쓰임이 적절하지 않은 것은?

① 강호는 한 번한 약속은 <u>반드시</u> 지키고 마는 사람이었다.

② 어깨에 우산을 <u>받히고</u> 양손에는 짐을 가득 들었다.

③ 두 사람은 전부터 <u>알음</u>이 있는 사이라 그런지 금방 친해졌다.

④ 정이도 <u>하노라고</u> 한 것인데 결과가 좋지 않아 속상했다.

> **(Point)** ② '받히다'는 '받다'의 사동사로 '머리나 뿔 따위로 세차게 부딪치다', '부당한 일을 한다고 생각되는 사람에게 맞서서 대들다.' 등의 의미를 가진다. 그러므로 ②번에서는 '물건의 밑이나 옆 따위에 다른 물체를 대다.'의 의미를 가진 '받치고'를 사용하는 것이 적절하다.

> **PLUS TIP** 비슷한 형태의 어휘
>
> ㉠ 반드시 / 반듯이
> • 반드시 : 꼭 **예** <u>반드시</u> 시간에 맞추어 오너라.
> • 반듯이 : 반듯하게 **예** 관물을 <u>반듯이</u> 정리해라.
> ㉡ 바치다 / 받치다
> • 바치다 : 드리다. **예** 출세를 위해 청춘을 <u>바쳤다</u>.
> • 받치다 : 밑을 다른 물건으로 괴다. (우산이나 양산 따위를) 펴서 들다. **예** 책받침을 <u>받친다</u>.
> ㉢ 받히다 / 밭치다
> • 받히다 : '받다'의 피동사 **예** 쇠뿔에 <u>받혔다</u>.
> • 밭치다 : (술 따위를) 체로 거르다. **예** 술을 체에 <u>밭친다</u>.
> ㉣ 아름 / 알음 / 앎
> • 아름 : 두 팔을 벌려서 껴안은 둘레의 길이 **예** 세 <u>아름</u> 되는 둘레
> • 알음 : 아는 것 **예** 전부터 <u>알음</u>이 있는 사이
> • 앎 : '알음'의 축약형 **예** <u>앎</u>이 힘이다.

**≫ ANSWER**

1.②

2 다음 중 표준 발음법에 대한 설명과 그 예시로 적절하지 않은 것은?

① 시계[시계/시게] : '예, 례' 이외의 'ㅖ'는 [ㅔ]로도 발음한다.

② 밟다[밥: 따] : 겹받침 'ㄳ', 'ㄵ', 'ㄼ, ㄽ, ㄾ', 'ㅄ'은 어말 또는 자음 앞에서 각각 [ㄱ, ㄴ, ㄹ, ㅂ]으로 발음한다.

③ 닳소[다: 쏘] : 'ㅎ(ㄶ, ㅀ)' 뒤에 'ㅅ'이 결합되는 경우에는, 'ㅅ'을 [ㅆ]으로 발음한다.

④ 쫓다[쫃따] : 받침 'ㄲ, ㅋ', 'ㅅ, ㅆ, ㅈ, ㅊ, ㅌ', 'ㅍ'은 어말 또는 자음 앞에서 각각 대표음 [ㄱ, ㄷ, ㅂ]으로 발음한다.

🔊 Point ② 밟다[밥 : 따]는 표준 발음법 제10항 '겹받침 'ㄳ', 'ㄵ', 'ㄼ, ㄽ, ㄾ', 'ㅄ'은 어말 또는 자음 앞에서 각각 [ㄱ, ㄴ, ㄹ, ㅂ]으로 발음한다.'의 예외 사항으로 '다만, '밟-'은 자음 앞에서 [밥]으로 발음한다.'에 해당하는 예시이다.

3 다음 중 훈민정음에 대한 설명으로 옳지 않은 것은?

① 훈민정음은 '예의'와 '해례'로 구성되어 있다.

② '예의'에 실린 정인지서에서 훈민정음의 취지를 알 수 있다.

③ 훈민정음 세종의 어지를 통해 애민정신을 느낄 수 있다.

④ 상형의 원리를 이용하여 제자되었다.

🔊 Point ② 정인지서는 초간본 훈민정음 중 '해례' 부분 마지막에 실려 있으며 훈민정음 창제의 취지, 정의, 의의, 가치, 등을 설명한 글이다.

PLUS TIP 훈민정음의 예의와 해례

훈민정음의 '예의'에는 세종의 서문과 훈민정음의 음가 및 운용법에 대한 설명이 들어있고 '해례'에는 임금이 쓴 '예의' 부분을 예를 들어 해설하는 내용으로 이루어져 있다.

## 4 다음 글을 읽고 알 수 있는 내용이 아닌 것은?

> 우리나라에 주로 나타나는 참나무 종류는 여섯 가지인데 각각 신갈나무, 떡갈나무, 상수리나무, 굴참나무, 갈참나무, 졸참나무라고 부른다. 참나무를 구별하는 가장 쉬운 방법은 잎을 보고 판단하는 것이다. 잎이 길고 가는 형태를 띤다면 상수리나무나 굴참나무임이 분명하다. 그 중에서 잎 뒷면이 흰색인 것이 굴참나무이다. 한편 나뭇잎이 크고 두툼한 무리에는 신갈나무와 떡갈나무가 있는데, 떡갈나무는 잎의 앞뒤에 털이 빽빽이 나 있지만 신갈나무는 그렇지 않다. 졸참나무와 갈참나무는 다른 참나무들보다 잎이 작으며, 잎자루라고 해서 나무줄기에 잎이 매달린 부분이 1~2센티미터 정도로 길다. 졸참나무는 참나무들 중에서 잎이 가장 작고, 갈참나무는 잎이 두껍고 뒷면에 털이 있어서 졸참나무와 구별된다. 참나무의 이름에도 각각의 유래가 있다. 신갈나무라는 이름은 옛날 나무꾼들이 숲에서 일을 하다가 짚신 바닥이 해지면 이 나무의 잎을 깔아서 신었기 때문에 '신을 간다'는 의미에서 붙여졌다고 한다. 떡갈나무 역시 이름 그대로 떡을 쌀 만큼 잎이 넓은 나무라고 하여 붙여진 이름인데 실제 떡갈나무 잎으로 떡을 싸 놓으면 떡이 쉬지 않고 오래 간다고 한다. 이는 떡갈나무 잎에 들어있는 방부성 물질 때문이다.

① 참나무는 보는 것만으로도 종류를 구분할 수 있다.
② 잎이 길고 가늘며 잎 뒷면이 흰색인 것은 상수리나무이다.
③ 떡갈나무는 잎이 크고 두툼하며 잎의 앞뒤에 털이 빽빽이 나있다.
④ 참나무의 이름에는 각각 유래가 있다.

📢(Point) ② 잎이 길고 가늘며 잎 뒷면이 흰색인 것은 굴참나무이다.

>> ANSWER
4.②

**5** 다음 밑줄 친 내용의 예시로 적절하지 않은 것은?

> 두 개의 용언이 어울려 한개의 용언이 될 적에, <u>앞말의 본뜻이 유지되고 있는 것</u>은 그 원형을 밝히어 적고, 그 본뜻에서 멀어진 것은 밝히어 적지 아니한다.

① 드러나다          ② 늘어나다

③ 벌어지다          ④ 접어들다

📢 (Point) '드러나다' 앞말이 본뜻에서 멀어져 밝혀 적지 않는 예이다.

> **PLUS TIP** 한글 맞춤법 제4장 제15항 [붙임1]
>
> 두 개의 용언이 어울려 한 개의 용언이 될 적에, 앞말의 본뜻이 유지되고 있는 것은 그 원형을 밝히어 적고, 그 본뜻에서 멀어진 것은 밝히어 적지 아니한다.
> ㉠ 앞말의 본뜻이 유지되고 있는 것
> 넘어지다 늘어나다 늘어지다 돌아가다 되짚어가다 들어가다 떨어지다 엎어지다 접어들다 틀어지다 흩어지다
> ㉡ 본뜻에서 멀어진 것
> 드러나다 사라지다 쓰러지다

**6** 다음 밑줄 친 부분과 어울리는 한자성어는?

> 초승달이나 보름달은 보는 이가 많지마는, 그믐달은 보는 이가 적어 그만큼 외로운 달이다. 객창한등(客窓寒燈)에 <u>정든 님 그리워 잠 못 들어 하는 분</u>이나, 못 견디게 쓰린 가슴을 움켜잡은 무슨 한(恨) 있는 사람이 아니면, 그 달을 보아 주는 이가 별로 없을 것이다.

① 동병상련(同病相憐)          ② 불립문자(不立文字)

③ 각골난망(刻骨難忘)          ④ 오매불망(寤寐不忘)

📢 (Point) '오매불망'은 '자나 깨나 잊지 못함'의 의미이다.
> ① 같은 병을 앓는 사람끼리 서로 가엾게 여긴다는 뜻으로, 어려운 처지에 있는 사람끼리 서로 가엾게 여김을 이르는 말
> ② 불도의 깨달음은 마음에서 마음으로 전하는 것이므로 말이나 글에 의지하지 않는다는 말
> ③ 남에게 입은 은혜가 뼈에 새길 만큼 커서 잊히지 아니함

**7** 다음 주어진 시에 대한 해석으로 적절하지 않은 것은?

> 비개인 긴 둑에 풀빛이 짙은데
> 님 보내는 남포에 슬픈 노래 흐르는구나
> 대동강 물이야 어느 때나 마를 것인가
> 이별의 눈물 해마다 푸른 물결에 더하여지네.
>
> -정지상, 송인-

① 아름다운 자연과 화자의 처지를 대비하여 화자의 슬픔을 고조시키고 있다.
② 기승전결의 4단 구성을 취한다.
③ 화자는 대동강 물이 마를 때 이별의 고통에서 벗어날 수 있다.
④ 대동강의 푸른 물결과 이별의 눈물을 동일시하여 슬픔의 깊이가 확대되고 있다.

🔊 (Point) ③ '대동강 물이야 어느 때나 마를 것인가'에서 설의법을 사용하고 있다. 이별의 눈물이 더해져 마를 리 없는 대동강을 통해 이별의 슬픔을 강조하여 나타내는 것으로 대동강 물이 마를 때 이별의 고통에서 벗어날 수 있다는 해석은 적절하지 않다.
① '긴 둑에 풀빛이 짙은데'에서 나타나는 아름다운 자연과 그 곳에서 슬픈 노래를 듣는 화자의 처지가 대비되며 화자의 슬픔이 고조되고 있다.
② 각 행마다 기승전결의 구조를 취하고 있다.
④ 이별의 슬픔을 표현한 '눈물'을 대동강의 푸른 물결과 동일시하며 화자가 느끼는 슬픔을 확대하여 표현하고 있다.

**» ANSWER**

7.③

8 다음 주어진 글에서 루카치의 주장으로 옳은 것은?

> 키르케의 섬에 표류한 오디세우스의 부하들은 키르케의 마법에 걸려 변신의 형벌을 받았다. 변신의 형벌이란 몸은 돼지로 바뀌었지만 정신은 인간의 것으로 남아 자신이 돼지가 아니라 인간이라는 기억을 유지해야 하는 형벌이다. 그 기억은, 돼지의 몸과 인간의 정신이라는 기묘한 결합의 내부에 견딜 수 없는 비동일성과 분열이 담겨 있기 때문에 고통스럽다. "나는 돼지이지만 돼지가 아니다, 나는 인간이지만 인간이 아니다"라고 말해야만 하는 것이 비동일성의 고통이다.
>
> 바로 이 대목이 현대 사회의 인간을 '물화(物化)'라는 개념으로 파악하고자 했던 루카치를 전율케 했다. 물화된 현대 사회에서 인간은 상품이 되었으면서도 인간이라는 것을 기억하는, 따라서 현실에서 소외당한 자신을 회복하려는 가혹한 노력을 경주해야 하는 존재이다. 자신이 인간이라는 점을 기억하고 있지 않다면 그에게 구원은 구원이 아닐 것이므로, 인간이라는 본질을 계속 기억하는 일은 그에게 구원의 첫째 조건이 된다. 키르케의 마법으로 변신의 계절을 살고 있지만, 자신이 기억을 계속 유지하면 그 계절은 영원하지 않을 것이라는 희망을 가질 수 있다. 그는 소외 없는 저편의 세계, 구원과 해방의 순간을 기다린다.

① 인간이 현대 사회에서 물화된 자신을 받아들이지 않는 것은 큰 고통이다.
② 현대 사회에서 인간은 자신의 본질을 인지하고 이를 회복하기 위해 노력해야 한다.
③ 인간은 살아가기 위해서 왜곡된 현실을 받아들이고 새롭게 적응해야만 한다.
④ 현대 사회는 인간의 내면을 분열시키고 파괴하기 때문에 사회로부터 도피해야 한다.

📢 (Point) 루카치는 현대 사회에서 인간은 상품이 되었으면서도 인간이라는 것을 기억하는, 따라서 현실에서 소외당한 자신을 회복하려는 가혹한 노력을 해야 하는 존재라고 말한다. 인간은 자신이 인간이라는 본질을 기억하고 있어야지만 구원에 의미가 있으며 해방의 순간을 기다릴 수 있다.

**9** 다음 밑줄 친 부분과 가장 가까운 의미로 쓰인 것은?

> 저 멀리 연기를 뿜으며 앞서가는 기차의 <u>머리</u>가 보였다.

① 그는 우리 모임의 <u>머리</u> 노릇을 하고 있다.
② <u>머리</u>도 끝도 없이 일이 뒤죽박죽이 되었다.
③ 그는 테이블 <u>머리</u>에 놓인 책 한 권을 집어 들었다.
④ 주머니에 비죽이 술병이 <u>머리</u>를 내밀고 있었다.

📢 **Point** 제시된 문장에서 '머리'는 사물의 앞이나 위를 비유적으로 이르는 말로 쓰였다.
   ① 단체의 우두머리
   ② 일의 시작이나 처음을 비유적으로 이르는 말
   ③ 한쪽 옆이나 가장자리

**10** 다음 빈칸에 들어갈 단어로 가장 적절한 것은?

> 아스피린의 (  )이 심장병 예방에 효과가 있을 수 있다는 것이 밝혀졌다. 심장병 환자와 심장병 환자 중 발병 전에 정기적으로 아스피린을 (  )해 온 사람의 비율은 0.9%였지만, 기타 환자 중 정기적으로 아스피린을 (  )해 온 사람의 비율은 4.9%였다. 환자 1만 524명을 대상으로 한 후속 연구에서도 유사한 결과가 나타났다. 즉 심장병 환자 중에서 3.5%만이 정기적으로 아스피린을 (  )해 왔다고 말한 반면, 기타 환자 중에서 그렇게 말한 사람은 7%였다.

① 복용                    ② 흡수
③ 섭취                    ④ 음용

📢 **Point** ① 약을 먹음
   ② 빨아서 거두어들임
   ③ 좋은 요소를 받아들임
   ④ 마시는 데 씀

**» ANSWER**
9.④  10.①

**11** 다음의 문장 중 이중피동이 사용된 사례를 모두 고른 것은?

> ㉠ 이윽고 한 남성이 산비탈에 놓여진 사다리를 타고 오르기 시작했다.
> ㉡ 그녀의 눈에 눈물이 맺혀졌다.
> ㉢ 자장면 네 그릇은 그들 두 사람에 의해 단숨에 비워졌다.
> ㉣ 그는 바람에 닫혀진 문을 바라보고 있었다.

① ㉡, ㉢, ㉣  
② ㉠, ㉡, ㉣  
③ ㉠, ㉢, ㉣  
④ ㉠, ㉡, ㉢  

🔊 Point 이중피동은 글자 그대로 피동이 한 번 더 진행된 상태임을 의미하며, 이는 비문으로 간주된다.
㉠ 놓여진 : 놓다 → 놓이다(피동) → 놓여지다(이중피동)
㉡ 맺혀졌다 : 맺다 → 맺히다(피동) → 맺혀지다(이중피동)
㉢ 비워졌다 : 비우다 → 비워졌다('비워지다'라는 피동형의 과거형이므로 이중피동이 아니다.)
㉣ 닫혀진 : 닫다 → 닫히다(피동) → 닫혀지다(이중피동)
따라서 이중피동이 사용된 문장은 ㉠, ㉡, ㉣이 된다.

**12** 밑줄 친 부분의 표기가 바르지 않은 것은?

① 그는 우표 수집에 있어서는 <u>마니아</u> 수준이다.
② 어머니께서 <u>마늘쫑</u>으로 담그신 장아찌를 먹고 싶다.
③ 그녀는 <u>새침데기</u>처럼 나에게 한 마디 말도 하지 않았다.
④ 그 제품에 대한 <u>라이선스</u>를 획득한 일은 우리에겐 행운이었다.

🔊 Point ② 마늘쫑 → 마늘종

**13** 다음 중 〈보기〉의 문장이 들어갈 위치로 가장 적절한 것은?

〈보기〉

예컨대 우리는 조직에 대해 생각할 때 습관적으로 위니 아래이니 하며 공간적으로 생각하게 된다. 우리는 이론이 마치 건물인 양 생각하는 경향이 있어서 기반이나 기본구조 등을 말한다.

① 과거에는 종종 언어의 표현 기능 면에서 은유가 연구되었지만, 사실 은유는 말의 본질적 상태 중 하나이다. ② 언어는 한 종류의 현실에서 또 다른 현실로 이동함으로써 그 효력을 발휘하며, 따라서 본질적으로 은유적이다. ③ 어떤 이들은 기술과학 언어에는 은유가 없어야 한다고 역설하지만, 은유적 표현들은 언어 그 자체에 깊이 뿌리박고 있다. ④ '토대'와 '상부 구조'는 마르크스주의에서 기본 개념들이다. 데리다가 보여 주었듯이, 심지어 철학에도 은유가 스며들어 있는데 단지 인식하지 못할 뿐이다.

📢(Point) 주어진 문장은 우리가 '조직'과 '이론'을 생각할 때 습관적으로 그것들을 은유적으로 사고하는 경향이 있다는 내용이고 이는 즉 우리의 언어 자체에 은유가 뿌리박고 있다는 것의 예시이다. 그러므로 ③ 문장 뒤인 ④에 들어가는 것이 적절하다.

**14** 다음 중 맞춤법에 맞게 쓰인 말은?

① 회수(回數)
② 갯수(個數)
③ 셋방(貰房)
④ 전셋방(傳貰房)

📢(Point) 한자어에는 사이시옷을 붙이지 않는 것을 원칙으로 하되, '곳간(庫間), 셋방(貰房), 숫자(數字), 찻간(車間), 툇간(退間), 횟수(回數)'는 사이시옷을 받치어 적는다.
① 회수 → 횟수(回數)
② 갯수 → 개수(個數)
④ 전셋방 → 전세방(傳貰房)

>> ANSWER
13.④  14.③

**15** 다음 빈칸에 들어갈 문장으로 적절한 것은?

1970년대 이전까지 정신이 말짱한 사람에게도 환각이 흔히 일어난다는 사실을 알아차리지 못했던 것은 어쩌면 그러한 환각이 어떻게 일어나는지에 관한 이론이 없었기 때문일 것이다. 그러다 1967년 폴란드의 신경 생리학자 예르지 코노르스키가 『뇌의 통합적 활동』에서 '환각의 생리적 기초'를 여러 쪽에 걸쳐 논의했다. 코노르스키는 '환각이 왜 일어나는가?'라는 질문을 뒤집어 '환각은 왜 항상 일어나지 않는가? 환각을 구속하는 것은 무엇인가?'라는 질문을 제기했다. 그는 '지각과 이미지와 환각을 일으킬 수 있는' 역동적 체계, '환각을 일으키는 기제가 우리 뇌 속에 장착되어 있지만 몇몇 예외적인 경우에만 작동하는' 체계를 상정했다. 그리고 감각기관에서 뇌로 이어지는 구심성(afferent) 연결뿐만 아니라 반대 방향으로 진행되는 역방향(retro) 연결도 존재한다는 것을 보여주는 증거를 수집했다. 그런 역방향 연결은 구심성 연결에 비하면 빈약하고 정상적인 상황에서는 활성화되지 않는다. 하지만 (                    )

① 코노르스키는 바로 그 역방향 연결이 환각 유도에 필수적인 해부학적, 생리적 수단이 된다고 보았다.
② 역방향 연결이 발생할 때는 반드시 구심성 연결이 동반된다는 사실이 발견되었다.
③ 코노르스키는 정상적인 상황에서 역방향 연결이 발생하는 경우를 찾고 있는 것이다.
④ 역방향 연결이 발생하였다고 하더라고 감각기관이 외부상황을 인지하는 데에는 무리가 없다.

🔊 Point 주어진 글은 코노르스키가 환각의 발생에 대한 이론을 연구하여 환각이 일어나는 예외적인 체계를 상정했으며, 뇌에서 감각기관으로 연결되는 역방향 연결의 존재를 증명하며 이것이 환각을 일으키는 수단이 된다는 것을 이야기하고 있다.

## 16 다음의 밑줄 친 부분과 같은 원리로 발음되지 않는 것은?

그렇게 강조해서 시험 문제를 <u>짚어</u> 주었는데도 성적이 그 모양이냐.

① 검둥개가 <u>낳은</u> 강아지는 꼭 어미의 품에서 잠들었다.
② 꽃밭에서 가장 예쁘게 핀 꽃만 <u>꺾어서</u> 만든 꽃다발이다.
③ 엄마가 만든 <u>옷은</u> 항상 품이 커서 입기 편했다.
④ 소년은 사람들의 시선이 부끄러운지 <u>낯이</u> 붉어졌다.

📢 (Point) 밑줄 친 '짚어'는 표준 발음법 13항 연음법칙에 따라 [지퍼]로 발음된다.
① 낳은→[나은] : 'ㅎ(ㄶ, ㅀ)' 뒤에 모음으로 시작된 어미나 접미사가 결합되는 경우에는 'ㅎ'을 발음하지 않는다.

> **PLUS TIP** **표준 발음법 제13항 (연음법칙)**
>
> 홑받침이나 쌍받침이 모음으로 시작된 조사나 어미, 접미사와 결합되는 경우에는 제 음가대로 뒤 음절 첫소리로 옮겨 발음한다.
> 깍아[까까] 옷이[오시] 있어[이써] 낮이[나지] 꽂아[꼬자] 꽃을[꼬츨] 쫓아[쪼차] 밭에[바테] 앞으로[아프로] 덮이다[더피다]

>> ANSWER
16.①

**17** 밑줄 친 단어와 상반된 의미를 지닌 것을 고르시오.

> 그가 누구보다도 <u>예리한</u> 칼날을 품고 있다.

① 신랄하다　　　　　　② 첨예하다
③ 예민하다　　　　　　④ 둔탁하다

🔊 (Point) '예리(銳利)하다'의 의미
　㉠ 끝이 뾰족하거나 날이 선 상태에 있다.
　㉡ 관찰이나 판단이 정확하고 날카롭다.
　㉢ 눈매나 시선 따위가 쏘아보는 듯 매섭다.
　㉣ 소리가 신경을 거스를 만큼 높고 가늘다.
　㉤ 기술이나 재주가 정확하고 치밀하다.
　① 신랄(辛辣)하다 : 사물의 분석이나 비평 따위가 매우 날카롭고 예리하다.
　② 첨예(尖銳)하다 : 날카롭고 뾰족하다. 또는 상황이나 사태 따위가 날카롭고 격하다.
　③ 예민(銳敏)하다 : 무엇인가를 느끼는 능력이나 분석하고 판단하는 능력이 빠르고 뛰어나다.
　④ 둔탁(鈍濁)하다 : 성질이 굼뜨고 흐리터분하다. 소리가 굵고 거칠며 깊다. 생김새가 거칠고 투박하다.

**18** 다음 중 맞춤법에 맞게 쓰인 문장은?

① 일이 잘 됬다.
② 저 산 너머 바다가 있다.
③ 오늘 경기는 반듯이 이겨야 한다.
④ 골목길에서 그만 놓히고 말았다.

🔊 (Point)　① 됬다 → 됐다
　　　　　③ 반듯이 → 반드시
　　　　　④ 놓히고 → 놓치고

**19** 다음 주어진 글의 내용 전개 방식으로 가장 적절한 것은?

> 세계에서 언어가 사라져 가는 현상은 우리나라 지역 방언에서도 벌어지고 있다. 특히 지역 방언의 어휘는 젊은 세대 사이에서 빠르게 사라져 가고 있는 실정이다. 일례로 한 조사에 따르면 우리 지역의 방언 어휘 중 특정 단어들을 우리 지역 초등학생의 80% 이상, 중학생의 60% 이상이 '전혀 사용하지 않는다.' 라고 답했다. 또한 2010년에 유네스코에서는 제주 방언을 소멸 직전의 단계인 4단계 소멸 위기 언어로 등록하였다.
>
> 지역 방언이 사라져 가는 원인은 복합적이다. 서울로 인구가 집중되면서 지역 방언을 사용하는 인구가 감소하였으며, 대중 매체의 영향으로 표준어가 확산되어 가는 것도 한 원인이다.
>
> 일부 학생들은 표준어로도 충분히 대화할 수 있다며 지역 방언이 꼭 필요하냐고 말할 수도 있다. 그럼에도 우리는 왜 지역 방언 보호에 관심을 가져야 하는 것일까? 그것은 지역 방언의 가치 때문이다. 지역 방언은 표준어만으로는 표현하기 어려운 감정과 정서의 표현을 가능하게 한다. 그리고 '다슬기' 외에 '올갱이, 데사리, 민물고동'과 같이 동일한 대상을 지역마다 다르게 표현하는 지역 방언이 있는 것처럼 지역 방언은 우리말의 어휘를 더욱 풍부하게 만드는 바탕이 된다.
>
> 지역 방언은 우리의 소중한 언어문화 자산이다. 지역 방언의 세계문화유산 지정이 시급하다. 사라져 가는 지역 방언의 보호에 관심을 기울이자.

① 대상의 인과 관계에 초점을 맞추어 설명하고 있다.
② 구체적인 사례를 통해 자신의 주장을 뒷받침하고 있다.
③ 대상의 유사점을 중심으로 특징을 설명하고 있다.
④ 용어의 정의를 통해 정확한 개념 이해를 돕고 있다.

🔊 (Point) 화자는 구체적인 사례를 통해 지역 방언이 사라져 가고 있는 실정을 지적함은 물론 지역 방언의 필요성까지 설명하면서 자신의 주장을 뒷받침하고 있다.

» ANSWER
19.②

**20** 다음 글을 쓴 필자의 주장으로 옳은 것은?

> '문명인'과 구분하여 '원시인'에 대해 적당한 정의를 내리는 일은 불가능하지 않지만 어려운 일이다. 우리들 자신의 문명을 표준으로 삼는 일조차 그 문명의 어떤 측면이나 특징을 결정적인 것으로 생각하는가 하는 문제가 발생한다. 보통 규범 체계, 과학 지식, 기술적 성과와 같은 요소를 생각할 수 있다. 이러한 측면에서 원시문화를 살펴보면, 현대의 문화와 동일한 종류는 아니지만, 같은 기준선상에서의 평가가 가능하다. 대부분의 원시부족은 고도로 발달된 규범 체계를 갖고 있었다. 헌법으로 규정된 국가조직과 관습으로 규정된 부족조직 사이에는 본질적인 차이가 없으며, 원시인들 또한 국가를 형성하기도 했다. 또한 원시인들의 법은 단순한 체계를 가지고 있었지만 정교한 현대의 법체계와 마찬가지로 효과적인 강제력을 지니고 있었다. 과학이나 기술 수준 역시 마찬가지다. 폴리네시아의 선원들은 천문학 지식이 매우 풍부하였는데 그것은 상당한 정도의 과학적 관찰을 필요로 하는 일이었다. 에스키모인은 황폐한 국토에 내장되어 있는 빈곤한 자원을 최대한 활용할 수 있는 기술을 발전시켰다. 현대의 유럽인이 같은 조건 하에서 생활한다면, 북극지방의 생활에 적응하기 위하여 그들보다 더 좋은 도구를 만들어 내지 못할 것이며, 에스키모인의 생활양식을 응용해야 한다.
> 원시인을 말 그대로 원시인이라고 느낄 수 있는 부분은 그나마 종교적인 면에서일 뿐이다. 우리의 관점에서 보면 다양한 형태의 원시종교는 비논리적이지는 않더라도 매우 불합리하다. 원시종교에서는 주술이 중요한 역할을 담당 하지만, 문명사회에서는 주술이나 주술사의 힘을 믿는 경우는 거의 찾아볼 수 없다.

① 사회학적으로 '원시인'에 대한 명확한 정의를 내릴 수 있다.
② 원시문화는 현대와 동일한 종류의 평가기준으로 판단할 수 있다.
③ 원시부족에게도 일종의 현대의 법에 준하는 힘을 가진 체계를 가지고 있다.
④ 종교적 측면에서 원시인과 문명인은 거의 구분할 수 없을 정도로 공통점을 가지고 있다.

🔊 (Point) ③ 원시인들의 법은 단순한 체계를 가지고 있었지만 정교한 현대의 법체계와 마찬가지로 효과적인 강제력을 지니고 있었다. 과학이나 기술 수준 역시 마찬가지다.
① '문명인'과 구분하여 '원시인'에 대해 적당한 정의를 내리는 일은 불가능하지 않지만 어려운 일이다.
② 필자는 원시문화를 현대의 문화와 동일한 종류는 아니지만, 같은 기준선상에서의 평가가 가능하다고 말한다.
④ 원시인을 말 그대로 원시인이라고 느낄 수 있는 부분은 그나마 종교적인 면에서일 뿐이다.

1   〈보기〉와 같이 발음할 때 적용되는 음운 변동 규칙이 아닌 것은?

> 〈보기〉
> 밭이랑 → [반니랑]

① ㄴ 첨가                         ② 두음법칙
③ 음절의 끝소리 규칙                 ④ 비음화

📣(Point) 밭이랑 → [받이랑](음절의 끝소리 규칙) → [받니랑](ㄴ 첨가) → [반니랑](비음화)

PLUS TIP   음절의 끝소리 규칙

국어에서는 'ㄱ, ㄴ, ㄷ, ㄹ, ㅁ, ㅂ, ㅇ'의 일곱 자음만이 음절의 끝소리로 발음된다.
㉠ 음절의 끝자리의 'ㄲ, ㅋ'은 'ㄱ'으로 바뀐다.
   📋 밖[박], 부엌[부억]
㉡ 음절의 끝자리 'ㅅ, ㅆ, ㅈ, ㅊ, ㅌ, ㅎ'은 'ㄷ'으로 바뀐다.
   📋 옷[   ], 젖[   ], 히읗[히   ]
㉢ 음절의 끝자리 'ㅍ'은 'ㅂ'으로 바뀐다.
   📋 숲[숩], 잎[입]
㉣ 음절 끝에 겹받침이 올 때에는 하나의 자음만 발음한다.
   • 첫째 자음만 발음 : ㄳ, ㄵ, ㄼ, ㄽ, ㄾ, ㅄ
      📋 삯[삭], 앉다[안따], 여덟[여덜], 외곬[외골], 핥다[할따]
예외 … 자음 앞에서 '밟-'은 [밥], '넓-'은 '넓죽하다[넙쭈카다]', '넓둥글다[넙뚱글다]'의 경우에만 [넙]으로 발음
한다.
   • 둘째 자음만 발음 : ㄺ, ㄻ, ㄿ
      📋 닭[닥], 맑다[막따], 삶[삼], 젊다[점따], 읊다[읖따 → 읍따]
㉤ 다음에 모음으로 시작하는 음절이 올 경우
   • 조사나 어미, 접미사와 같은 형식 형태소가 올 경우 : 다음 음절의 첫소리로 옮겨 발음한다.
      📋 옷이[오시], 옷을[오슬], 값이[갑씨], 삶이[살미]
   • 실질 형태소가 올 경우 : 일곱 자음 중 하나로 바꾼 후 다음 음절의 첫소리로 옮겨 발음한다.
      📋 옷 안[   안 → 오단], 값없다[갑업다 → 가법따]

>> ANSWER

1.②

2 다음 중 '서르 → 서로'로 변한 것과 관계없는 음운 현상은?

① 믈 → 물
② 불휘 → 뿌리
③ 거붑 → 거북
④ 즁싱 → 즘싱 → 즘승 → 짐승

📢 Point '서르'가 '서로'로 변한 것은 이화·유추·강화 현상과 관계있다.
① 원순 모음화
② 강화
③ 이화, 강화
④ 즁싱 > 즘싱(이화) > 즘승(유추) > 짐승(전설모음화)

3 다음 글의 밑줄 친 ㉠~㉣의 어휘가 의미상 올바르게 대체되지 않은 것은?

2019 문화체육관광부 장관배 전국 어울림마라톤 대회가 오는 9월 29일 태화강 국가정원 ㉠일원에서 개최된다. 19일 울산시장애인체육회에 따르면, 울산시장애인체육회가 주최·주관하고 문화체육관광부 등에서 ㉡후원하는 이번 대회는 태화강 국가지정 기념사업 일환으로 울산에서 처음 개최되는 전국 어울림마라톤 대회이며 태화강 국가정원 일원에서 울산 최초로 10km 마라톤 코스 ㉢인증을 받아 실시된다.
10km 경쟁 마라톤과 5km 어울림부는 장애인과 비장애인이 함께 마라톤 코스를 달릴 예정이다. 참가비는 장애인은 무료이며, 비장애인은 종목별 10,000원이다. 참가자 전원에게는 기념셔츠와 메달, 간식이 제공된다.
울산시장애인체육회 사무처장은 "이번 대회가 장애인과 비장애인이 서로 이해하며 마음의 벽을 허무는 좋은 기회가 되고, ㉣아울러 산업도시 울산에 대한 이미지 제고에도 기여를 하게 될 것"이라며 기대감을 표했다.

① ㉠ 일대
② ㉡ 후견
③ ㉢ 인거
④ ㉣ 더불어

📢 Point ③ '인거'(引據)는 '글 따위를 인용하여 근거로 삼음'의 의미로 '인증'(引證)과 유의어 관계에 있다. 그러나 주어진 글에서 쓰인 ㉢의 '인증'은 '문서나 일 따위가 합법적인 절차로 이루어졌음을 공적 기관이 인정하여 증명함'의 의미로 쓰인 '認證'이므로 '인거'로 대체할 수 없다.
① '일원'(一圓)은 '일정한 범위의 어느 지역 전부'를 의미하며, '일대'(一帶)와 유의어 관계가 된다.
② '후원'(後援)과 '후견'(後見)은 모두 '사람이나 단체 따위의 뒤를 돌보아 줌'의 의미를 갖는다.
④ '아울러'와 '더불어'는 모두 순우리말로, '거기에다 더하여'의 의미를 지닌 유의어 관계의 어휘이다.

>> ANSWER
2.① 3.③

**|4~5|** 다음 시를 읽고 물음에 답하시오.

---

아무도 그에게 수심(水深)을 일러 준 일이 없기에
흰 나비는 도무지 바다가 무섭지 않다.

청(靑)무우밭인가 해서 내려 갔다가는
어린 날개가 물결에 절어서
공주처럼 지쳐서 돌아온다.

삼월달 바다가 꽃이 피지 않아서 서글픈
나비 허리에 새파란 초생달이 시리다.

---

**4** 다음 시에 영향을 미친 서구의 문예 사조는?

① 사실주의                    ② 모더니즘
③ 실존주의                    ④ 낭만주의

📢 (Point) 제시된 시는 김기림의 「바다와 나비」로 1930년대 모더니즘 문학의 대표작이다.

**5** 제시된 시의 주제로 가장 적절한 것은?

① 자연에서 발견한 가치를 통한 인생의 소중함을 깨달음
② 이별을 통한 영혼의 성숙
③ 새로운 세계에 대한 동경과 좌절
④ 두려움을 극복하고자 하는 의지

📢 (Point) 제시된 시에서 흰나비의 모습을 통해 바다라는 새로운 세계를 동경하고 바다의 물결에 날개가 젖어 좌절하는 나비의
모습을 볼 수 있다. 따라서 이 시의 주제로 ③이 가장 적절하다.

**PLUS TIP** 김기림의 「바다와 나비」

⊙ 주제 : 새로운 세계에 대한 동경과 좌절
ⓛ 제재 : 나비와 바다
ⓒ 갈래 : 자유시, 서정시
ⓔ 성격 : 주지적, 상징적, 감각적
ⓜ 특징 : 1연 : 바다의 무서움을 모르는 나비
        2연 : 바다로 도달하지 못하고 지쳐서 돌아온 나비
        3연 : 냉혹한 현실과 좌절된 나비의 꿈

**≫ ANSWER**

4.② 5.③

**6** 다음 대한 설명으로 가장 적절한 것은?

> ㉠ 옷 안[오단]　　　　　　　㉡ 잡히다[자피다]
>
> ㉢ 국물[궁물]　　　　　　　㉣ 흙탕물[흑탕물]

① ㉠ : 두 가지 유형의 음운 변동이 나타난다.

② ㉡ : 음운 변동 전의 음운 개수와 음운 변동 후의 음운 개수가 서로 다르다.

③ ㉢ : 인접한 음의 영향을 받아 조음 위치가 같아지는 동화 현상이 나타난다.

④ ㉣ : 음절의 끝소리 규칙이 적용되었다.

📢 **Point** ㉠ 옷 안 → [  안](음절의 끝소리 규칙) → [오단](연음) : 연음은 음운 변동에 해당하지 않는다.

　　　　㉡ 잡히다 → [자피다](축약) : 축약으로 음운 개수가 하나 줄어들었다.

　　　　㉢ 국물 → [궁물](비음화) : 조음 방법이 같아지는 동화 현상이 나타난다.

　　　　㉣ 흙탕물 → [흑탕물](자음군단순화) : 음절의 끝소리 규칙이 아닌 자음군단순화(탈락)이 적용된 것이다.


**7** '꽃이 예쁘게 피었다.'라는 문장에 대한 설명으로 옳지 않은 것은?

① 단어의 수는 4개이다.

② 8개의 음절로 되어 있다.

③ 실질 형태소는 4개이다.

④ 3개의 어절로 되어 있다.

📢 **Point** ① '꽃 / 이 / 예쁘게 / 피었다'로 단어의 수는 4개이다.

　　　　② '꼬 / 치 / 예 / 쁘 / 게 / 피 / 어 / 따'로 8개의 음절로 되어 있다.

　　　　③ '꽃, 예쁘–, 피–'로 실질 형태소는 3개이다.

　　　　④ '꽃이 / 예쁘게 / 피었다'로 3개의 어절로 되어 있다.

## 8 다음 글의 중심내용으로 적절한 것은?

> 한 번에 두 가지 이상의 일을 할 때 당신은 마음에게 흩어지라고 지시하는 것입니다. 그것은 모든 분야에서 좋은 성과를 내는 데 필수적인 요소가 되는 집중과는 정반대입니다. 당신은 자신의 마음이 분열되는 상황에 처하도록 하는 경우도 많습니다. 마음이 흔들리도록, 과거나 미래에 사로잡히도록, 문제들을 안고 낑낑거리도록, 강박이나 충동에 따라 행동하는 때가 그런 경우입니다. 예를 들어, 읽으면서 동시에 먹을 때 마음의 일부는 읽는 데 가 있고, 일부는 먹는 데 가 있습니다. 이런 때는 어느 활동에서도 최상의 것을 얻지 못합니다. 다음과 같은 부처의 가르침을 명심하세요. '걷고 있을 때는 걸어라. 앉아 있을 때는 앉아 있어라. 갈팡질팡하지 마라.' 당신이 하는 모든 일은 당신의 온전한 주의를 받을 가치가 있는 것이어야 합니다. 단지 부분적인 주의를 받을 가치밖에 없다고 생각하면, 그것이 진정으로 할 가치가 있는지 자문하세요. 어떤 활동이 사소해 보이더라도, 당신은 마음을 훈련하고 있다는 사실을 명심하세요.

① 일을 시작하기 전에 먼저 사소한 일과 중요한 일을 구분하는 습관을 기르라.
② 한 번에 두 가지 이상의 일을 성공적으로 수행할 수 있도록 훈련하라.
③ 자신이 하는 일에 전적으로 주의를 집중하라.
④ 과거나 미래가 주는 교훈에 귀를 기울이라.

🔊 (Point) 화자는 문두에서 한 번에 두 가지 이상의 일을 하는 것은 마음에게 흩어지라고 지시하는 것이라고 언급한다. 또한 글의 중후반부에서 당신이 하는 모든 일은 당신의 온전한 주의를 받을 가치가 있는 것이어야 한다고 강조한다. 따라서 이 글의 중심 내용은 ③이 적절하다.

>> ANSWER
8.③

## 9 다음 글의 내용과 일치하지 않는 것은?

우리는 흔히 나무와 같은 식물이 대기 중에 이산화탄소로 존재하는 탄소를 처리해 주는 것으로 알고 있지만, 바다 또한 중요한 역할을 한다. 예를 들어 수없이 많은 작은 해양생물들은 빗물에 섞인 탄소를 흡수한 후에 다른 것들과 합쳐서 껍질을 만드는 데 사용한다. 결국 해양생물들은 껍질에 탄소를 가두어 둠으로써 탄소가 대기 중으로 다시 증발해서 위험한 온실가스로 축적되는 것을 막아 준다. 이들이 죽어서 바다 밑으로 가라앉으면 압력에 의해 석회석이 되는데, 이런 과정을 통해 땅속에 저장된 탄소의 양은 대기 중에 있는 것보다 수만 배나 되는 것으로 추정된다. 그 석회석 속의 탄소는 화산 분출로 다시 대기 중으로 방출되었다가 빗물과 함께 땅으로 떨어진다. 이 과정은 오랜 세월에 걸쳐 일어나는데, 이것이 장기적인 탄소 순환과정이다. 특별한 다른 장애 요인이 없다면 이 과정은 원활하게 일어나 지구의 기후는 안정을 유지할 수 있다.

그러나 불행하게도 인간의 산업 활동은 자연이 제대로 처리할 수 없을 정도로 많은 양의 탄소를 대기 중으로 방출한다. 영국 기상대의 피터 쿡스에 따르면, 자연의 생물권이 우리가 방출하는 이산화탄소의 영향을 완충할 수 있는 데에는 한계가 있기 때문에, 그 한계를 넘어서면 이산화탄소의 영향이 더욱 증폭된다. 지구 온난화가 걷잡을 수 없이 일어나게 되는 것은 두려운 일이다. 지구 온난화에 적응을 하지 못한 식물들이 한꺼번에 죽어 부패해서 그 속에 가두어져 있는 탄소가 다시 대기로 방출되면 문제는 더욱 심각해질 것이기 때문이다.

① 식물이나 해양생물은 기후 안정성을 유지하는 데에 기여한다.
② 생명체가 지니고 있던 탄소는 땅속으로 가기도 하고 대기로 가기도 한다.
③ 탄소는 화산 활동, 생명체의 부패, 인간의 산업 활동 등을 통해 대기로 방출된다.
④ 극심한 오염으로 생명체가 소멸되면 탄소의 순환 고리가 끊겨 대기 중의 탄소도 사라진다.

◀ Point ④ 걷잡을 수 없어진 지구 온난화에 적응을 하지 못한 식물들이 한꺼번에 죽어 부패하면 그 속에 가두어져 있는 탄소가 대기로 방출된다고 언급하고 있다. 따라서 생명체가 소멸되면 탄소 순환 고리가 끊길 수 있지만, 대기 중의 탄소가 사라지는 것은 아니다.

>> ANSWER
9.④

**10** 다음 중 제시된 문장의 밑줄 친 어휘와 같은 의미로 사용된 것을 고르면?

> 심사 위원들은 이번에 응시한 수험생들에 대해 대체로 높은 평가를 <u>내렸다</u>.

① 이 지역은 강우가 산발적으로 <u>내리는</u> 경향이 있다.
② 그녀는 얼굴의 부기가 <u>내리지</u> 않아 외출을 하지 않기로 했다.
③ 먹은 것을 <u>내리려면</u> 적당한 운동을 하는 것이 좋다.
④ 중대장은 적진으로 돌격하겠다는 결단을 <u>내리고</u> 소대장들을 불렀다.

🔊 Point ① 눈, 비, 서리, 이슬 따위가 오다.
② 쪘거나 부었던 살이 빠지다.
③ 먹은 음식물 따위가 소화되다. 또는 그렇게 하다.
④ 판단, 결정을 하거나 결말을 짓다.

**11** 다음 제시된 단어의 표준 발음으로 적절하지 않은 것은?
① 앞으로[아프로]
② 젊어[절머]
③ 값을[갑슬]
④ 헛웃음[허두슴]

🔊 Point ③ 겹받침이 모음으로 시작된 조사나 어미, 접미사와 결합되는 경우에는, 뒤엣것만을 뒤 음절 첫소리로 옮겨 발음한다. 이 경우, 'ㅅ'은 된소리로 발음한다. 따라서 '값을'은 [갑쓸]로 발음해야 한다.

**» ANSWER**
10.④ 11.③

**12** 다음 현상 중 일어난 시기가 빠른 순서대로 바르게 적은 것은?

> ㉠ ·(아래 아)음의 완전 소실　　　　㉡ 치음 뒤 'ㅑ'의 단모음화
>
> ㉢ 초성글자 'ㆆ'의 소실　　　　　　㉣ 구개음화

① ㉠㉢㉡㉣　　　　　　　　　　　② ㉡㉣㉢㉠

③ ㉢㉣㉠㉡　　　　　　　　　　　④ ㉣㉠㉡㉢

🔊 (Point) ·(아래 아)음이 완전히 소실되는 것은 18세기 중엽이며, 단모음화는 18세기 후반에 일어났다. 초성글자 'ㆆ'의 소실은 15세기 중엽에 일어났으며, 구개음화는 대체로 17세기 말～18세기 초에 나타난다.

**13** 국어의 주요한 음운 변동을 다음과 같이 유형화할 때 '홑이불'에 일어나는 음운 변동 유형으로 옳은 것은?

|  | 변동 전 |  | 변동 후 |
|---|---|---|---|
| ㉠ | XaY | → | XbY |
| ㉡ | XY | → | XaY |
| ㉢ | XabY | → | XcY |
| ㉣ | XaY | → | XY |

① ㉠, ㉡　　　　　　　　　　　　② ㉠, ㉣

③ ㉡, ㉢　　　　　　　　　　　　④ ㉡, ㉣

🔊 (Point) ㉠ 교체, ㉡ 첨가, ㉢ 축약, ㉣ 탈락이다.
홑이불 → [혿이불](음절의 끝소리 규칙 : 교체) → [혿니불](ㄴ 첨가 : 첨가) → [혼니불](비음화 : 교체)

>> ANSWER

12.③　13.①

**14** 다음 밑줄 친 서술어 중에 필요로 하는 문장 성분이 가장 많은 것은?

① 개나리꽃이 활짝 <u>피었다</u>.
② 철수는 훌륭한 의사가 <u>되었다</u>.
③ 영희는 철수에게 선물을 <u>주었다</u>.
④ 우리 강아지가 낯선 사람을 <u>물었다</u>.

📢 Point ① '피었다'는 주어(개나리꽃이)를 필요로 하는 한 자리 서술어이다.
② '되었다'는 주어(철수는)와 보어(의사가)를 필요로 하는 두 자리 서술어이다.
③ '주었다'는 주어(영희는)와 부사어(철수에게), 목적어(선물을)를 필요로 하는 세 자리 서술어이다.
④ '물었다'는 주어(강아지가)와 목적어(사람을)를 필요로 하는 두 자리 서술어이다.

**15** 다음 글의 설명 방식과 가장 가까운 것은?

> 여름 방학을 맞이하는 학생들이 잊지 말아야 할 유의 사항이 있다. 상한 음식이나 비위생적인 음식 먹지 않기, 물놀이를 할 때 먼저 준비 운동을 하고 깊은 곳에 들어가지 않기, 외출할 때에는 부모님께 행선지와 동행인 말씀드리기, 외출한 후에는 손발을 씻고 몸을 청결하게 하기 등이다.

① 이등변 삼각형이란 두 변의 길이가 같은 삼각형이다.
② 그 친구는 평소에는 순한 양인데 한번 고집을 피우면 황소 같아.
③ 나는 산·강·바다·호수·들판 등 우리 국토의 모든 것을 사랑한다.
④ 잣나무는 소나무처럼 상록수이며 추운 지방에서 자라는 침엽수이다.

📢 Point 제시문은 학생들이 잊지 말아야 할 유의사항들을 구체적 '예시'를 들어 설명하고 있으므로 답지도 이와 같이 '예시'로 이루어진 문장을 찾으면 된다.
① 정의 ② 비유 ③ 예시 ④ 비교

**16** 다음 글의 빈칸에 들어갈 문장으로 가장 적절한 것은?

> 나무도마는 칼을 무수히 맞고도 칼을 밀어내지 않는다. 상처에 다시 칼을 맞아 골이 패고 물에 쓸리고 물기가 채 마르기 전에 또 다시 칼을 맞아도 리드미컬한 신명을 부른다. 가족이거나 가족만큼 가까운 사이라면 한번쯤 느낌직한, 각별한 예의를 차리지 않다 보니 날것의 사랑과 관심은 상대에게 상처주려 하지 않았으나 상처가 될 때가 많다. 칼자국은 (                    ) 심사숙고하는 문어체와 달리 도마의 무늬처럼 걸러지지 않는 대화가 날것으로 살아서 가슴에 요동치기도 한다. 그러나 칼이 도마를 겨냥한 것이 아니라 단지 음식재료에 날을 세우는 것일 뿐이라는 걸 확인시키듯 때론 정감 어린 충고가 되어 찍히는 칼날도 있다.

① 나무도마를 상처투성이로 만든다.
② 문어체가 아닌 대화체이다.
③ 세월이 지나간 자리이다.
④ 매섭지만 나무도마를 부드럽게 만든다.

🔊 (Point) 주어진 빈칸의 뒤에 오는 문장에서 문어체와 대화체의 특성을 설명하고 있으므로 빈칸에는 ②가 오는 것이 적절하다.

**17** 밑줄 친 부분이 다음과 같은 성격을 가지는 품사에 속하지 않는 것은?

> • 체언 앞에 놓여서 체언, 주로 명사를 꾸며준다.
> • 조사와 결합할 수 없으며 형태가 변하지 않는다.
> • 체언 중 수사와는 결합할 수 없다.

① <u>새</u> 옷
② <u>외딴</u> 오두막집
③ <u>매우</u> 빠른
④ <u>순</u> 우리말

🔊 (Point) ①②④ 관형사　③ 부사

> **PLUS TIP** 수식언
>
> ㉠ 관형사 … 체언을 꾸며 주는 구실을 하는 단어를 말한다. 예 새 책, 헌 옷
> ㉡ 부사 … 주로 용언을 꾸며 주는 구실을 하는 단어를 말한다. 예 빨리, 졸졸, 그러나

≫ ANSWER

16.② 17.③

## 18  어문 규정에 모두 맞게 표기된 문장은?

① 휴계실 안이 너무 시끄러웠다.

② 오늘은 웬지 기분이 좋습니다.

③ 밤을 세워 시험공부를 했습니다.

④ 아까는 어찌나 배가 고프던지 아무 생각도 안 나더라.

> **(Point)** ① 휴계실 → 휴게실
> ② 웬지 → 왠지
> ③ 세워 → 새워

## 19  다음 중 발음이 옳은 것은?

① 아이를 안고[앙꼬] 힘겹게 계단을 올라갔다.

② 그는 이웃을 웃기기도[우: 끼기도]하고 울리기도 했다.

③ 무엇에 홀렸는지 넋이[넉씨] 다 나간 모습이었지.

④ 무릎과[무릅과] 무릎을 맞대고 협상을 계속한다.

> **(Point)** ① 안고[안 : 꼬]
> ② 웃기기도[   끼기도]
> ④ 무릎과[무릅꽈]

**20** 〈보기 1〉의 사례와 〈보기 2〉의 언어 특성이 가장 잘못 짝지어진 것은?

---

〈보기 1〉

㈎ '영감(令監)'은 정삼품과 종이품 관원을 일컫던 말에서 나이 든 남편이나 남자 노인을 일컫는 말로 의미가 변하였다.

㈏ '물'이라는 의미의 말소리 [물]을 내 마음대로 [불]로 바꾸면 다른 사람들은 '물'이라는 의미로 이해할 수 없다.

㈐ '물이 깨끗해'라는 말을 배운 아이는 '공기가 깨끗해'라는 새로운 문장을 만들어 낸다.

㈑ '어머니'라는 의미를 가진 말을 한국어에서는 '어머니'로, 영어에서는 'mother'로, 독일어에서는 'mutter' 라고 한다.

---

〈보기 2〉

㉠ 규칙성                          ㉡ 역사성

㉢ 창조성                          ㉣ 사회성

---

① ㈎ − ㉡                                   ② ㈏ − ㉣

③ ㈐ − ㉢                                   ④ ㈑ − ㉠

📢(Point) ④ ㈑는 자의성과 관련된 사례이다. 자의성은 언어의 '의미'와 '기호' 사이에는 필연적인 관계가 없다는 특성이다.

> **PLUS TIP**  언어의 특성
>
> ㉠ 기호성 : 언어는 의미라는 내용과 말소리 혹은 문자라는 형식이 결합된 기호로 나타난다.
> ㉡ 자의성 : 언어에서 의미와 소리의 관계가 임의적으로 이루어진다.
> ㉢ 사회성 : 언어가 사회적으로 수용된 이후에는 어느 개인이 마음대로 바꿀 수 없다.
> ㉣ 역사성 : 언어는 시간의 흐름에 따라 변한다.
> ㉤ 규칙성 : 모든 언어에는 일정한 규칙(문법)이 있다.
> ㉥ 창조성 : 무수히 많은 단어와 문장을 만들 수 있다.
> ㉦ 분절성 : 언어는 연속적으로 이루어져 있는 세계를 불연속적으로 끊어서 표현한다.

**>> ANSWER**

20.④

# 국어

1  다음 중 표기가 바르지 않은 것은?

① 상추       ② 아무튼

③ 비로서       ④ 부리나케

🔊 (Point) ③ 비로서 → 비로소

> **PLUS TIP** 한글 맞춤법 제19항 '-이, -음'이 붙은 파생어의 적기
>
> 어간에 '-이'나 '-음/ㅁ'이 붙어서 명사로 된 것과 '-이'나 '-히'가 붙어서 부사로 된 것은 그 어간의 원형을 밝히어 적는다.
> ㉠ '-이'가 붙어서 명사로 된 것
>    길이 깊이 높이 다듬이 땀받이 달맞이 먹이 미닫이 벌이 벼훑이 살림살이 쇠붙이
> ㉡ '-음/-ㅁ'이 붙어서 명사로 된 것
>    걸음 묶음 믿음 얼음 엮음 울음 웃음 졸음 죽음 앎 만듦
> ㉢ '-이'가 붙어서 부사로 된 것
>    같이 굳이 길이 높이 많이 실없이 좋이 짓궂이
> ㉣ '-히'가 붙어서 부사로 된 것
>    밝히 익히 작히
> 다만, 어간에 '-이'나 '-음'이 붙어서 명사로 바뀐 것이라도 그 어간의 뜻과 멀어진 것은 원형을 밝히어 적지 아니한다.
> 굽도리 다리[髢] 목거리(목병) 무녀리 코끼리 거름(비료) 고름(膿) 노름(도박)
> [붙임] 다만, 어간에 '-이'나 '-음' 이외의 모음으로 시작된 접미사가 붙어서 다른 품사로 바뀐 것은 그 어간의 원형을 밝히어 적지 아니한다.
> ㉠ 명사로 바뀐 것
>    귀머거리 까마귀 너머 뜨더귀 마감 마개 마중 무덤 비렁뱅이 쓰레기 올가미 주검
> ㉡ 부사로 바뀐 것
>    거뭇거뭇 너무 도로 뜨덤뜨덤 바투 불긋불긋 비로소 오긋오긋 자주 차마
> ㉢ 조사로 바뀌어 뜻이 달라진 것
>    나마 부터 조차

## 2 다음에서 알 수 있는 '나'의 이름은?

> 안녕하세요? 제 소개를 하겠습니다. 먼저 제 이름은 혀의 뒷부분과 여린입천장 사이에서 나오는 소리가 한 개 들어 있습니다. 비음은 포함되어 있지 않고 파열음과 파찰음이 총 세 개나 들어가 있어 센 느낌을 줍니다. 제 이름을 발음할 때 혀의 위치는 가장 낮았다가 조금 올라가면서 입술이 둥글게 오므려집니다. 제 이름은 무엇일까요?

① 정미                          ② 하립
③ 준휘                          ④ 백조

📢(Point) • 혀의 뒷부분과 여린입천장 사이에서 나오는 소리(연구개음) 한 개 → ㅇ, ㄱ/ㄲ/ㅋ 중 한 개
· 비음은 포함되어 있지 않음 → ㄴ, ㅁ, ㅇ 포함되어 있지 않음
· 파열음과 파찰음이 총 세 개 → ㅂ/ㅃ/ㅍ, ㄷ/ㄸ/ㅌ, ㄱ/ㄲ/ㅋ 또는 ㅈ/ㅉ/ㅊ 중 총 세 개
· 혀의 위치는 가장 낮았다가 조금 올라가면서 입술이 둥글게 오므려짐 → 저모음에서 중모음, 원순모음으로 변화
따라서 위의 조건에 모두 해당하는 이름은 '백조'이다.

## 3 소설 「동백꽃」를 읽고 한 활동 중, 밑줄 친 ㉠부분과 관계있는 것은?

> 보편적인 독서 방법은 글을 다음과 같이 다섯 단계로 나누어 읽는 것이다. 먼저 글의 제목, 소제목, 첫 부분, 마지막 부분 등 글의 주요 부분만을 보고 그 내용을 짐작하는 훑어보기 단계. 훑어본 내용을 근거로 하여 글의 중심 내용이 무엇인지를 마음속으로 묻는 질문하기 단계, 글을 차분히 읽으며 그 내용을 하나하나 확인하고 파악하는 자세히 읽기 단계, 읽은 글의 내용을 떠올리며 마음속으로 정리하는 ㉠되새기기 단계, 지금까지 읽은 모든 내용들을 살펴보고 전체 내용을 정리하는 다시 보기 단계가 그것이다.

① 동백꽃이란 제목을 보면서 글의 내용을 파악한다.
② 소설에서 동백꽃의 의미는 무엇인지 스스로 질문해 본다.
③ 이 소설이 전하고자 하는 주제가 무엇인지 곰곰이 생각해 본다.
④ 점순이와 나의 순박한 모습을 떠올리며 감상문을 썼다.

📢(Point) ① 훑어보기 단계
② 질문하기 단계
④ 정리하기 단계

**4** 다음 밑줄 친 것 중 서술어 자릿수가 다른 것은?

① 우체통에 편지 좀 <u>넣어</u> 줄 수 있니?

② 너에게 고맙다는 말을 <u>전하고</u> 싶어.

③ 그 <u>두꺼운</u> 책을 다 읽었니?

④ 네가 <u>보낸</u> 선물은 잘 받았어.

🔊 (Point) '두껍다'는 '무엇이 어찌하다'라는 한 자리 서술어이다.
① '누가 무엇을 어디에 넣다'라는 세 자리 서술어
② '누가 누구에게 무엇을 전하다'라는 세 자리 서술어
④ '누가 무엇을 누구에게 보내다'라는 세 자리 서술어

**PLUS TIP** 서술어의 자릿수

서술어의 자릿수란 서술어가 요구하는 필수성분의 수를 말하며, 필수성분이란 주어, 목적어, 보어, 부사어이다.

| 종류 | 뜻 | 형태와 예 |
|---|---|---|
| 한 자리 서술어 | 주어만 요구하는 서술어 | 주어 + 서술어<br>예 새가 운다. |
| 두 자리 서술어 | 주어 이외에 또 하나의 필수적 문장 성분을 요구하는 서술어 | • 주어 + 목적어 + 서술어<br>예 나는 물을 마셨다.<br>• 주어 + 보어 + 서술어<br>예 물이 얼음이 된다.<br>• 주어 + 부사어 + 서술어<br>예 그는 지리에 밝다. |
| 세 자리 서술어 | 주어 이외에 두 개의 필수적 문장 성분을 요구하는 서술어 | • 주어 + 부사어 + 목적어 + 서술어<br>예 진희가 나에게 선물을 주었다.<br>• 주어 + 목적어 + 부사어 + 서술어<br>예 누나가 나를 시골에 보냈다. |

>> ANSWER
4.③

**5**  모음을 다음과 같이 ㉠, ㉡으로 분류하였다. 그 기준이 되는 것은?

㉠ ㅗ, ㅚ, ㅜ, ㅟ                    ㉡ ㅏ, ㅐ ㅓ, ㅔ, ㅡ, ㅣ

① 혀의 높이
② 입술 모양
③ 혀의 길이
④ 혀의 앞뒤 위치

🔊(Point) 모음은 입술의 모양, 혀의 앞뒤 위치, 혀의 높낮이에 따라 분류할 수 있다. ㉠은 원순 모음이고 ㉡은 평순 모음으로 입술 모양에 따라 모음을 분류한 것이다.

**PLUS TIP**  모음 체계표

| 혀의 앞뒤 / 혀의 높이 | 전설 모음 | | 후설 모음 | |
|---|---|---|---|---|
| | 평순 모음 | 원순 모음 | 평순 모음 | 원순 모음 |
| 고모음 | ㅣ | ㅟ | ㅡ | ㅜ |
| 중모음 | ㅔ | ㅚ | ㅓ | ㅗ |
| 저모음 | ㅐ | | ㅏ | |

## 6  다음 글의 중심내용으로 적절한 것은?

> 행랑채가 퇴락하여 지탱할 수 없게끔 된 것이 세 칸이었다. 나는 마지못하여 이를 모두 수리하였다. 그런데 그중의 두 칸은 앞서 장마에 비가 샌 지가 오래되었으나, 나는 그것을 알면서도 이럴까 저럴까 망설이다가 손을 대지 못했던 것이고, 나머지 한 칸은 비를 한 번 맞고 샜던 것이라 서둘러 기와를 갈았던 것이다. 이번에 수리하려고 본즉 비가 샌 지 오래된 것은 그 서까래, 추녀, 기둥, 들보가 모두 썩어서 못 쓰게 되었던 까닭으로 수리비가 엄청나게 들었고, 한 번밖에 비를 맞지 않았던 한 칸의 재목들은 완전하여 다시 쓸 수 있었던 까닭으로 그 비용이 많이 들지 않았다.
>
> 나는 이에 느낀 것이 있었다. 사람의 몸에 있어서도 마찬가지라는 사실을. 잘못을 알고서도 바로 고치지 않으면 곧 그 자신이 나쁘게 되는 것이 마치 나무가 썩어서 못 쓰게 되는 것과 같으며, 잘못을 알고 고치기를 꺼리지 않으면 해(害)를 받지 않고 다시 착한 사람이 될 수 있으니, 저 집의 재목처럼 말끔하게 다시 쓸 수 있는 것이다. 뿐만 아니라 나라의 정치도 이와 같다. 백성을 좀먹는 무리들을 내버려두었다가는 백성들이 도탄에 빠지고 나라가 위태롭게 된다. 그런 연후에 급히 바로잡으려 하면 이미 썩어 버린 재목처럼 때는 늦은 것이다. 어찌 삼가지 않겠는가.

① 모든 일에 기초를 튼튼히 해야 한다.
② 청렴한 인재 선발을 통해 정치를 개혁해야 한다.
③ 잘못을 알게 되면 바로 고쳐 나가는 자세가 중요하다.
④ 훌륭한 위정자가 되기 위해서는 매사 삼가는 태도를 지녀야 한다.

**◀Point** 첫 번째 문단에서 문제를 알면서도 고치지 않았던 두 칸을 수리하는 데 수리비가 많이 들었고, 비가 새는 것을 알자마자 수리한 한 칸은 비용이 많이 들지 않았다고 하였다. 또한 두 번째 문단에서 잘못을 알면서도 바로 고치지 않으면 자신이 나쁘게 되며, 잘못을 알자마자 고치기를 꺼리지 않으면 다시 착한 사람이 될 수 있다하며 이를 정치에 비유해 백성을 좀먹는 무리들을 내버려 두어서는 안 된다고 서술하였다. 따라서 글의 중심내용으로는 잘못을 알게 되면 바로 고쳐 나가는 것이 중요하다가 적합하다.

>> ANSWER
6.③

**7** 다음 주어진 글의 밑줄 친 곳에 들어갈 내용으로 적절한 것은?

> 천재성에 대해서는 두 가지 서로 다른 직관이 존재한다. 개별 과학자의 능력에 입각한 천재성과 후대의 과학발 전에 끼친 결과를 고려한 천재성이다. 개별 과학자의 천재성은 일반 과학자의 그것을 뛰어넘는 천재적인 지적 능 력을 의미한다. 후자의 천재성은 과학적 업적을 수식한다. 이 경우 천재적인 과학적 업적이란 이전 세대 과학을 혁신적으로 바꾼 정도나 그 후대의 과학에 끼친 영향의 정도를 의미한다. 다음과 같은 두 주장을 생각해 보자. 첫째, 과학적으로 천재적인 업적을 낸 사람은 모두 천재적인 능력을 소유하고 있다. 둘째, 천재적인 능력을 소유 한 과학자는 모두 반드시 천재적인 업적을 낸다. 역사적으로 볼 때 천재적인 능력을 갖추고도 천재적인 업적을 내지 못한 과학자는 많다. 이는 천재적인 능력을 갖고 태어난 사람들의 수에 비해서 천재적인 업적을 낸 과학자 의 수가 상대적으로 적다는 사실만 보아도 쉽게 알 수 있다. 실제로 많은 나라에서 영재학교를 운영하고 있으며, 이들 학교에는 정도의 차이는 있지만 평균보다 탁월한 지적 능력을 보이는 학생들이 많이 있다. 그러나 이들 가 운데 단순히 뛰어난 과학적 업적이 아니라 과학의 발전과정을 혁신적으로 바꿀 혁명적 업적을 내는 사람은 매우 드물다. 그러므로 _____

① 천재적인 업적을 남기는 것은 천재적인 과학자만이 할 수 있는 것은 아니다.
② 우리는 천재적인 업적을 남겼다고 평가 받는 과학자를 존경해야 한다.
③ 아이들을 영재로 키우는 것이 과학사 발전에 이바지하는 것이다.
④ 천재적인 과학자라고 해서 반드시 천재적인 업적을 남기는 것은 아니라고 할 수 있다.

🔊 (Point) 주어진 글은 천재성에 대한 천재적인 능력과 천재적인 업적이라는 두 가지 직관에 대해 말한다. 빈칸은 앞서 말한 내 용을 한 문장으로 정리한 것이고, 빈칸의 앞에서 천재적인 능력을 가진 이들이 많다고 해도 이들 중 천재적인 업적을 내는 사람은 매우 드물다고 했으므로 이를 한 문장으로 정리한 ④번이 빈칸에 들어가는 것이 적절하다.

**8**  다음 글의 논지 전개 과정으로 옳은 것은?

> 어떤 심리학자는 "언어가 없는 사고는 없다. 우리가 머릿속으로 생각하는 것은 소리 없는 언어일 뿐이다. "라고 하여 언어가 없는 사고가 불가능하다는 이론을 폈으며, 많은 사람들이 이에 동조(同調)했다. 그러나 우리는 어떤 생각은 있으되 표현할 적당한 말이 없는 경우가 얼마든지 있으며, 생각만은 분명히 있지만 말을 잊어서 표현에 곤란을 느끼는 경우도 있는 것을 경험한다. 이런 사실로 미루어 볼 때 언어와 사고가 불가분의 관계에 있는 것은 아니다.

① 전제 – 주지 – 부연  ② 주장 – 상술 – 부연
③ 주장 – 반대논거 – 반론  ④ 문제제기 – 논거 – 주장

🔊 Point  제시된 글은 "언어가 없는 사고는 불가능하다."는 주장을 하다가 '표현할 적당한 말이 없는 경우와 표현이 곤란한 경우'의 논거를 제시하면서 "언어와 사고가 불가분의 관계에 있는 것이 아니다."라고 반론을 제기하고 있다.

**9**  다음 글의 목적으로 적절한 것은?

> 나는 왜놈이 지어준 몽우리돌대로 가리라 하고 굳게 결심하고 그 표로 내 이름 김구(金龜)를 고쳐 김구(金九)라 하고 당호 연하를 버리고 백범이라고 하여 옥중 동지들에게 알렸다. 이름자를 고친 것은 왜놈의 국적에서 이탈하는 뜻이요, '백범'이라 함은 우리나라에서 가장 천하다는 백정과 무식한 범부까지 전부가 적어도 나만한 애국심을 가진 사람이 되게 하자 하는 내 원을 표하는 것이니 우리 동포의 애국심과 지식의 정도를 그만큼이라도 높이지 아니하고는 완전한 독립국을 이룰 수 없다고 생각한 것이었다.

① 지식이나 정보의 전달  ② 독자의 생각과 행동의 변화촉구
③ 문학적 감동과 쾌락 제공  ④ 독자에게 간접체험의 기회 제공

🔊 Point  ② 김구의 「나의 소원」은 호소력 있는 글로 독자의 행동과 태도 변화를 촉구하고 있다.

**10** 다음 밑줄 친 부분의 현대어 풀이로 잘못된 것은?

> ㉠ 이 몸 삼기실 제 님을 조차 삼기시니,
>  호성 緣연分분이며 하늘 모를 일이런가.
> ㉡ 나 호나 졈어 잇고 님 호나 날 괴시니,
>  이 무움 이 수랑 견졸 디 노여 업다.
> ㉢ 平평生싱애 願원호요디 호디 녜쟈 호얏더니,
> ㉣ 늙거야 므스 일로 외오 두고 글이는고.
>  엇그제 님을 뫼셔 廣광寒한殿뎐의 올낫더니,
>  그 더디 엇디호야 下하界계예 누려오니,
>  올적의 비슨 머리 얼킈연디 三삼年년이라.

① ㉠ 이 몸이 태어날 때 임을 따라 태어나니
② ㉡ 나 혼자만 젊어있고 임은 홀로 나를 괴로이 여기시니
③ ㉢ 평생에 원하되 임과 함께 살아가려 했더니
④ ㉣ 늙어서야 무슨 일로 외따로 그리워하는고?

🔊 (Point) ② '괴시니'의 기본형은 '괴다'로 사랑한다는 의미이다. 따라서 ㉡의 밑줄 친 부분은 '나는 오직 젊어 있고, 임은 오직 나를 사랑하시니'로 풀이해야 한다.


**11** 다음 국어사전의 정보를 참고할 때, 접두사 '군-'의 의미가 다른 것은?

> 군 - 접사 (일부 명사 앞에 붙어)
> ① '쓸데없는'의 뜻을 더하는 접두사
> ② '가외로 더한', '덧붙은'의 뜻을 더하는 접두사

① 그녀는 신혼살림에 군식구가 끼는 것을 원치 않았다.
② 이번에 지면 더 이상 군말하지 않기로 합시다.
③ 건강을 유지하려면 운동을 해서 군살을 빼야 한다.
④ 그는 꺼림칙한지 군기침을 두어 번 해 댔다.

🔊 (Point) ① '가외로 더한', '덧붙은'의 의미를 가짐
②③④ '쓸데없는'의 의미를 가짐

>> ANSWER
10.② 11.①

## 12 밑줄 친 부분의 표준 발음으로 옳지 않은 것은?

① 두 사람 사이에 정치적 <u>연계</u>가 있는 것이 분명했다.→[연게]

② 반복되는 벽지 <u>무늬</u>가 마치 나의 하루와 같아 보였다.→[무니]

③ 그는 하늘을 <u>뚫는</u> 거대한 창을 가지고 나타났다.→[뚤는]

④ 그는 모든 물건을 정해진 자리에 <u>놓는</u> 습관이 있었다.→[논는]

🔊 (Point) ③ 'ㄶ, ㅀ' 뒤에 'ㄴ'이 결합되는 경우에는, 'ㅎ'을 발음하지 않는다. 또한 'ㄴ'은 'ㄹ'의 앞이나 뒤에서 [ㄹ]로 발음한다.
따라서 '뚫는'은 [뚤른]으로 발음한다.

① '예, 례' 이외의 'ㅖ'는 [ㅔ]로도 발음한다. 따라서 연계[연계/연게]로 발음한다.

② 자음을 첫소리로 가지고 있는 음절의 'ㅢ'는 [ㅣ]로 발음한다.

④ 'ㅎ' 뒤에 'ㄴ'이 결합되는 경우에는, [ㄴ]으로 발음한다.

---

**PLUS TIP** 자음동화

자음과 자음이 만나면 서로 영향을 주고받아 한쪽이나 양쪽 모두 비슷한 소리로 바뀌는 현상을 말한다.
**예** 밥물[밤물], 급류[금뉴], 몇 리[면니], 남루[남누], 난로[날로]

㉠ 비음화 … 비음의 영향을 받아 원래 비음이 아닌 자음이 비음(ㄴ, ㅁ, ㅇ)으로 바뀌는 현상을 말한다.
**예** 밥물 → [밤물], 닫는 → [단는], 국물 → [궁물]

㉡ 유음화 … 유음이 아닌 자음이 유음으로 바뀌는 현상으로, 'ㄴ'과 'ㄹ'이 만났을 때 'ㄴ'이 'ㄹ'로 바뀌는 것을 말한다.
**예** 신라 → [실라], 칼날 → [칼랄], 앓는 → [알는] → [알른]

>> ANSWER

12.③

**13** 다음 중 ㉠에 대한 설명으로 옳지 않은 것은?

> 나·랏:말ᄊᆞ·미 中듀國·귁·에 달·아, 文문字·ᄍᆞᆼ·와·로 서르 ᄉᆞᄆᆞᆺ·디 아·니ᄒᆞᆯ·ᄊᆡ·이런 젼·ᄎᆞ·
> 로 어·린 百·ᄇᆡᆨ姓·셩·이 니르·고·져·ᄒᆞᇙ·배 이·셔·도, ᄆᆞ·ᄎᆞᆷ:내 제·ᄠᅳ·들 시·러 펴·디:몯
> ᄒᆞᇙ·노·미 하·니·라·내·이·ᄅᆞᆯ 爲·윙·ᄒᆞ·야:어엿·비 너·겨·새·로 ㉠ ·스·믈여·듧字·ᄍᆞᆼ·
> ᄅᆞᆯ 밍·ᄀᆞ노·니, :사ᄅᆞᆷ:마·다:ᄒᆡ·여:수·ᄫᅵ 니·겨·날·로·ᄡᅮ·메 便뼌安한·킈ᄒᆞ·고·져 ᄒᆞᇙᄯᆞ
> ᄅᆞ·미니·라.

① 초성은 발음기관을 상형하여 'ㄱ, ㄴ, ㅁ, ㅅ, ㅇ'을 기본자로 했다.

② 초성은 'ㆁ, ㅿ, ㆆ, ㅸ'을 포함하여 모두 17자이다.

③ 중성은 '·, ㅡ, ㅣ, ㅗ, ㅏ, ㅜ, ㅓ, ㅛ, ㅑ, ㅠ, ㅕ'의 11자이다.

④ 현대 국어에서 쓰이지 않는 문자는 'ㆁ, ㅿ, ㆆ, ·'의 4가지이다.

🔊 (Point) ② 순경음 'ㅸ'은 초성에 포함되지 않는다.

**PLUS TIP** 훈민정음의 제자 원리

㉠ 초성(자음, 17자) … 발음 기관 상형 및 가획(加劃)

| 명칭 | 기본자 | 가획자 | 이체자 |
|---|---|---|---|
| 아음(牙音) | ㄱ | ㅋ | ㆁ |
| 설음(舌音) | ㄴ | ㄷ, ㅌ | ㄹ(반설) |
| 순음(脣音) | ㅁ | ㅂ, ㅍ | |
| 치음(齒音) | ㅅ | ㅈ, ㅊ | ㅿ(반치) |
| 후음(喉音) | ㅇ | ㆆ, ㅎ | |

㉡ 중성(모음, 11자) … 삼재(三才 : 天, 地, 人)의 상형 및 기본자의 합성

| 구분 | 기본자 | 초출자 | 재출자 |
|---|---|---|---|
| 양성 모음 | · | ㅗ, ㅏ | ㅛ, ㅑ |
| 음성 모음 | ㅡ | ㅜ, ㅓ | ㅠ, ㅕ |
| 중성 모음 | ㅣ | | |

③ 종성(자음) … 따로 만들지 않고 초성을 다시 쓴다[종성부용초성(終聲復用初聲)].

>> ANSWER

13.②

## 14 다음 글의 특징으로 옳지 않은 것은?

낮때쯤 하여 밭에 나갔더니 가겟집 주인 강 군이 시내에 들어갔다 나오는 길이라면서, 오늘 아침 삼팔전선(三八全線)에 걸쳐서 이북군이 침공해 와서 지금 격전 중이고, 그 때문에 시내엔 군인의 비상소집이 있고, 거리가 매우 긴장해 있다는 뉴스를 전하여 주었다.

마(魔)의 삼팔선에서 항상 되풀이하는 충돌의 한 토막인지, 또는 강 군이 전하는 바와 같이 대규모의 침공인지 알 수 없으나, 시내의 효상(爻象)을 보고 온 강 군의 허둥지둥하는 양으로 보아 사태는 비상한 것이 아닌가 싶다. 더욱이 이북이 조국 통일 민주주의 전선(祖國統一民主主義戰線)에서 이른바 호소문을 보내어 온 직후이고, 그 글월을 가져오던 세 사람이 삼팔선을 넘어서자 군 당국에 잡히어 문제를 일으킨 것을 상기(想起)하면 저쪽에서 계획적으로 꾸민 일련의 연극일는지도 모를 일이다. 평화적으로 조국을 통일하자고 호소하여도 듣지 않으니 부득이 무력(武力)을 행사할 수밖에 없다고.

① 대개 하루 동안 일어난 일을 적는다.
② 개인의 삶을 있는 그대로 기록한 글이다.
③ 글의 형식이 일정하게 정해져 있지 않다.
④ 대상 독자를 고려하면서 이해하기 쉽도록 쓴다.

**(Point)** 제시된 글은 하루의 생활에서 보고, 듣고, 느낀 것 중 인상 깊고 의의 있었던 일을 사실대로 기록한 일기문에 해당한다. 일기문은 독자적·고백적인 글, 사적(私的)인 글, 비공개적인 글, 자유로운 글, 자기 역사의 기록, 자기 응시의 글의 특징을 지니고 있다.
④ 일기문은 자기만의 비밀 세계를 자기만이 간직한다는 것을 전제로 하는 비공개적인 글이다.
※ 김성칠의 「역사 앞에서」
　ㄱ 갈래 : 일기문
　ㄴ 주제 : 한국 전쟁 속에서의 지식인의 고뇌
　ㄷ 성격 : 사실적, 체험적
　ㄹ 특징 : 역사의 격동기를 살다간 한 역사학자가 쓴 일기로, 급박한 상황 속에서 글쓴이가 가족의 안위에 대한 염려와 민족의 운명에 대한 고뇌를 담담히 술회한 내용을 담고 있다.

>> ANSWER
14.④

**15** 다음 중 표준어가 아닌 것은?

① 수평아리                 ② 숫염소

③ 수키와                  ④ 숫은행나무

📢(Point) ④ 숫은행나무 → 수은행나무

**PLUS TIP** 표준어 규정 제7항

수컷을 이르는 접두사는 '수-'로 통일한다.(ㄱ을 취하고, ㄴ을 버림)

| ㄱ | ㄴ |
|---|---|
| 수- | 수-퀑/숫-꿩 |
| 수-나사 | 숫-나사 |
| 수-놈 | 숫-놈 |
| 수-사돈 | 숫-사돈 |
| 수-소 | 숫-소 |
| 수-은행나무 | 숫-은행나무 |

다만 1 : 다음 단어에서는 접두사는 다음에서 나는 거센소리를 인정한다. 접두사 '암-'이 결합되는 경우에도 이에 준한다(ㄱ을 취하고, ㄴ을 버림)

| ㄱ | ㄴ |
|---|---|
| 수-캉아지 | 숫-강아지 |
| 수-캐 | 숫-개 |
| 수-컷 | 숫-것 |
| 수-키와 | 숫-기와 |
| 수-탉 | 숫-닭 |
| 수-톨쩌귀 | 숫-돌쩌귀 |
| 수-탕나귀 | 숫-당나귀 |
| 수-퇘지 | 숫-돼지 |
| 수-평아리 | 숫-병아리 |

다만2 : 다음 단어의 접두사는 '숫'으로 한다.

숫양 숫염소 숫쥐

**16** 다음 중 밑줄 친 단어의 맞춤법이 옳은 것은?

① 그의 무례한 행동은 저절로 <u>눈쌀</u>을 찌푸리게 했다.

② 손님은 종업원에게 당장 주인을 불러오라고 <u>닥달하였다</u>.

③ 멸치와 고추를 간장에 <u>졸였다</u>.

④ 걱정으로 밤새 마음을 <u>졸였다</u>.

    **◀ Point** ① 눈쌀 → 눈살

            ② 닥달하였다 → 닦달하였다

            ③ 졸였다 → 조렸다

            **PLUS TIP** '졸이다'와 '조리다'

                ㉠ 졸이다 : 찌개, 국, 한약 따위의 물이 증발하여 분량이 적어지다. 또는 속을 태우다시피 초조해하다.

                ㉡ 조리다 : 양념을 한 고기나 생선 채소 따위를 국물에 넣고 바짝 끓여서 양념이 배어들게 하다.

**17** 다음 중 제시된 문장의 밑줄 친 어휘와 같은 의미로 사용된 것을 고르면?

> 새로 지은 아파트는 뒷산의 경관을 <u>해치고</u> 있다.

① 모두들 미풍양속을 <u>해치지</u> 않도록 주의하시기 바랍니다.

② 담배는 모든 사람의 건강을 <u>해친다</u>.

③ 그는 잦은 술자리로 몸을 <u>해쳐</u> 병을 얻었다.

④ 안심해. 아무도 널 <u>해치지</u> 않을 거야.

    **◀ Point** ① 어떤 상태에 손상을 입혀 망가지게 하다.

            ②③ 사람의 마음이나 몸에 해를 입히다.

            ④ 다치게 하거나 죽이다.

**» ANSWER**

16.④ 17.①

## 18 다음 중 밑줄 친 부분의 맞춤법 표기가 바른 것은?

① 벌레 한 마리 때문에 학생들이 <u>법썩</u>을 떨었다.
② <u>실낱같은</u> 희망을 버리지 않고 있다.
③ <u>오뚜기</u> 정신으로 위기를 헤쳐 나가야지.
④ <u>더우기</u> 몹시 무더운 초여름 날씨를 예상한다.

📢(Point) ① 법썩 → 법석
③ 오뚜기 → 오뚝이
④ 더우기 → 더욱이

## 19 다음 중 관용 표현이 사용되지 않은 것은?

① 甲은 乙의 일이라면 가장 먼저 발 벗고 나섰다.
② 아이는 손을 크게 벌려 꽃 모양을 만들어 보였다.
③ 지후는 발이 길어 부르지 않아도 먹을 때가 되면 나타났다.
④ 두 사람은 매일같이 서로 바가지를 긁어대도 누가 봐도 사이좋은 부부였다.

📢(Point) ②에서 나타난 손을 벌리다는 '무엇을 달라고 요구하거나 구걸하다'는 뜻의 관용표현이 아닌 손을 벌리는 모양을 표현한 것이다.
① 발 벗고 나서다 : 적극적으로 나서다.
③ 발(이) 길다 : 음식 먹는 자리에 우연히 가게 되어 먹을 복이 있다.
④ 바가지(를) 긁다 : 주로 아내가 남편에게 생활의 어려움에서 오는 불평과 잔소리를 심하게 하다.

**20** 다음 〈보기〉에 제시된 음운현상과 다른 음운현상을 보이는 것은?

〈보기〉

XABY → XCY

① 밥하다                                    ② 띄다

③ 맏형                                       ④ 따라

📢〈Point〉 주어진 음운현상은 AB가 축약되어 C가 되는 음운 축약현상이다.

PLUS TIP   **축약**

두 음운이 합쳐져서 하나의 음운으로 줄어 소리 나는 현상을 말한다.
㉠ 자음의 축약 : ㅎ + ㄱ, ㄷ, ㅂ, ㅈ → ㅋ, ㅌ, ㅍ, ㅊ
　　예 낳고[나코], 좋다[조타], 잡히다[자피다], 맞히다[마치다]
㉡ 모음의 축약 : 두 모음이 만나 한 모음으로 줄어든다.
　　예 보 + 아 → 봐, 가지어 → 가져, 사이 → 새, 되었다 → 됐다

>> ANSWER

20.④

1 다음 문장을 형태소로 바르게 나눈 것은?

> 가을 하늘은 높고 푸르다.

① 가을 / 하늘은 / 높고 / 푸르다.
② 가을 / 하늘 / 은 / 높고 / 푸르다.
③ 가을 / 하늘 / 은 / 높 / 고 / 푸르다.
④ 가을 / 하늘 / 은 / 높 / 고 / 푸르 / 다.

📢 (Point) 용언의 어간과 어미는 각각 하나의 형태소 자격을 가지므로, '높고'와 '푸르다'는 각각 '높-고', '푸르-다'로 나누어야 한다.
② 단어(낱말)로 나눈 것이다.

2 다음을 고려할 때, 단어 형성 방식이 나머지 셋과 다른 것은?

> 단어는 하나 이상의 형태소가 결합한 단위인데, '산, 강'처럼 하나의 어근으로 이루어진 단어를 단일어라고 한다. 한편 '풋사과'처럼 파생 접사와 어근이 결합하여 이루어진 단어를 파생어라고 하며, '밤낮'처럼 둘 이상의 어근이 결합하여 만들어진 단어를 합성어라고 한다.

① 군말
② 돌다리
③ 덧가지
④ 짓누르다

📢 (Point) 돌(어근) + 다리(어근) → 합성어
① 군(접두사) + 말(어근) → 파생어
③ 덧(접두사) + 가지(어근) → 파생어
④ 짓(접두사) + 누르다(어근) → 파생어

**3** 다음의 음운 규칙이 모두 나타나는 것은?

> • 음절의 끝소리 규칙 : 우리말의 음절의 끝에서는 7개의 자음만이 발음됨.
> • 비음화 : 끝소리가 파열음인 음절 뒤에 첫소리가 비음인 음절이 연결될 때, 앞 음절의 파열음이 비음으로 바뀌는 현상.

① 덮개[덥깨]
② 문고리[문꼬리]
③ 꽃망울[꼰망울]
④ 광한루[광할루]

🔊 (Point) ③ 꽃망울이 [꼰망울]로 발음되는 현상에서는 음절의 끝소리 규칙([꼰망울]의 '꼰'이 'ㄴ'받침으로 발음됨)과 비음화(원래 꽃망울은 [꼳망울]로 발음이 되나 첫음절 '꼳'의 예사소리 'ㄷ'과 둘째 음절 '망'의 비음인 'ㅁ'이 만나 예사소리 'ㄷ'이 비음인 'ㄴ'으로 바뀌게 됨)규칙이 모두 나타난다.

**4** 다음 중 밑줄 친 동사의 종류가 다른 것은?

① 금메달을 땄다는 낭보를 <u>알렸다</u>.
② 어머니가 아이에게 밥을 <u>먹인다</u>.
③ 그 사연이 사람들을 <u>울린다</u>.
④ 앞 차가 뒷 차에게 따라 <u>잡혔다</u>.

🔊 (Point) '잡히다'는 '잡다'의 피동사로 주어가 남의 행동을 입어서 행하게 되는 동작을 나타내는 피동 표현이다.
①②③ 주어가 남에게 어떤 동작을 하도록 시키는 사동 표현이다.

> **PLUS TIP**
>
> ※ 사동 표현의 방법
>   ㉠ 용언 어근 + 사동 접미사(-이-, -히-, -리-, -기-, -우-, -구-, -추-) → 사동사
>     예 죽다 → 죽이다, 익다 → 익히다, 날다 → 날리다
>   ㉡ 동사 어간 + '-게 하다'
>     예 선생님께서 영희를 가게 했다.
> ※ 피동 표현의 방법
>   ㉠ 동사 어간 + 피동 접미사(-이-, -히-, -리-, -기-) → 피동사
>     예 꺾다 → 꺾이다, 잡다 → 잡히다, 풀다 → 풀리다
>   ㉡ 동사 어간 + '-어 지다'
>     예 그의 오해가 철수에 의해 풀어졌다.

**5** 다음 낱말을 국어사전의 올림말(표제어) 순서에 따라 차례대로 배열하면?

> ㉠ 웬일        ㉡ 왜곡
>
> ㉢ 와전        ㉣ 외가

① ㉢ → ㉠ → ㉡ → ㉣
② ㉢ → ㉡ → ㉠ → ㉣
③ ㉢ → ㉡ → ㉣ → ㉠
④ ㉢ → ㉣ → ㉡ → ㉠

🔊 **(Point)** 국어사전에서 낱말은 첫째 글자, 둘째 글자, 셋째 글자와 같이 글자의 순서대로 실린다. 또한 이렇게 나뉜 글자는 각각 첫소리, 가운뎃소리, 끝소리와 같이 글자의 짜임대로 실린다.
단어의 첫 자음이 모두 'ㅇ'이므로 모음의 순서(ㅏ, ㅐ, ㅑ, ㅒ, ㅓ, ㅔ, ㅕ, ㅖ, ㅗ, ㅘ, ㅙ, ㅚ, ㅛ, ㅜ, ㅝ, ㅞ, ㅟ, ㅠ, ㅡ, ㅢ, ㅣ)에 따라 ㉢→㉡→㉣→㉠이 된다.

**6** 다음 중 국어의 로마자 표기법에 따라 바르게 표기하지 않은 것은?

① 대관령 Daegwallyeong
② 세종로 Sejong-ro
③ 샛별 saetbyeol
④ 오죽헌 Ojukeon

🔊 **(Point)** ④ 오죽헌의 바른 표기는 Ojukheon이다.

## 7  다음 글의 제목으로 적절한 것은?

어느 대학의 심리학 교수가 그 학교에서 강의를 재미없게 하기로 정평이 나 있는, 한 인류학 교수의 수업을 대상으로 실험을 계획했다. 그 심리학 교수는 인류학 교수에게 이 사실을 철저히 비밀로 하고, 그 강의를 수강하는 학생들에게만 사전에 몇 가지 주의 사항을 전달했다. 첫째, 그 교수의 말 한 마디 한 마디에 주의를 집중하면서 열심히 들을 것. 둘째, 얼굴에는 약간 미소를 띠면서 눈을 반짝이며 고개를 끄덕이기도 하고 간혹 질문도 하면서 강의가 매우 재미있다는 반응을 겉으로 나타내며 들을 것.

한 학기 동안 계속된 이 실험의 결과는 흥미로웠다. 우선 재미없게 강의하던 그 인류학 교수는 줄줄 읽어 나가던 강의 노트에서 드디어 눈을 떼고 학생들과 시선을 마주치기 시작했고 가끔씩은 한두 마디 유머 섞인 농담을 던지기도 하더니, 그 학기가 끝날 즈음엔 가장 열의 있게 강의하는 교수로 면모를 일신하게 되었다. 더욱 더 놀라운 것은 학생들의 변화였다. 처음에는 실험 차원에서 열심히 듣는 척하던 학생들이 이 과정을 통해 정말로 강의에 흥미롭게 참여하게 되었고, 나중에는 소수이긴 하지만 아예 전공을 인류학으로 바꾸기로 결심한 학생들도 나오게 되었다.

① 학생 간 의사소통의 중요성
② 교수 간 의사소통의 중요성
③ 언어적 메시지의 중요성
④ 공감하는 듣기의 중요성

🔊 (Point) 제시된 글은 실험을 통해 학생들의 열심히 듣기와 강의에 대한 반응이 교수의 말하기에 미친 영향을 보여 주고 있다. 즉, 경청, 공감하며 듣기의 중요성에 대해 보여 주는 것이다.

>> ANSWER

7.④

**8** 다음 밑줄 친 부분의 띄어쓰기가 바른 문장은?

① 마을 사람들은 어느 말을 정말로 믿어야 <u>옳은지</u> 몰라서 멀거니 두 사람의 입을 쳐다보고만 있었다.

② 강아지가 집을 나간 지 <u>사흘만에</u> 돌아왔다.

③ 그냥 모르는 척 <u>살만도 한데</u> 말이야.

④ 자네, 도대체 이게 얼마 <u>만인가</u>.

🔊 (Point) ① 옳은 지 → 옳은지, 막연한 추측이나 짐작을 나타내는 어미이므로 붙여서 쓴다.

② 사흘만에 → 사흘 만에, '시간의 경과'를 의미하는 의존명사이므로 띄어서 사용한다.

③ 살만도 → 살 만도, 붙여 쓰는 것을 허용하기도 하나(살 만하다) 중간에 조사가 사용된 경우 반드시 띄어 써야 한다 (살 만도 하다).

**9** 외래어 표기가 모두 옳은 것은?

① 뷔페 – 초콜렛 – 컬러　　　② 컨셉 – 서비스 – 윈도

③ 파이팅 – 악세사리 – 리더십　　④ 플래카드 – 로봇 – 캐럴

🔊 (Point) ① 초콜렛 → 초콜릿

② 컨셉 → 콘셉트

③ 악세사리 → 액세서리

**10** 어문 규정에 어긋난 것으로만 묶인 것은?

① 기여하고저, 뻐드렁니, 돌('첫 생일')

② 퍼붇다, 쳐부수다, 수퇘지

③ 안성마춤, 삵괭이, 더우기

④ 고샅, 일찍이, 굶주리다

🔊 (Point) ① 기여하고저 → 기여하고자

② 퍼붇다 → 퍼붓다

③ 안성마춤 → 안성맞춤, 삵괭이 → 살쾡이, 더우기 → 더욱이

④ 굶주리다 → 굶주리다

## 11 〈보기〉의 밑줄 친 ㉠에 해당하는 글자가 아닌 것은?

〈보기〉

한글 중 초성자는 기본자, 가획자, 이체자로 구분된다. 기본자는 조음 기관의 모양을 상형한 글자이다. ㉠
가획자는 기본자에 획을 더한 것으로, 획을 더할 때마다 그 글자가 나타내는 소리의 세기는 세어진다는 특
징이 있다. 이체자는 획을 더한 것은 가획자와 같지만 가획을 해도 소리의 세기가 세어지지 않는다는 차이
가 있다.

① ㄹ                                                   ② ㅋ

③ ㅍ                                                   ④ ㅎ

Point 초성자는 자음을 가리킨다. 한글 창제 원리를 담고 있는 해례본을 보면 자음은 발음기관을 상형하여 기본자(ㄱ, ㄴ,
ㅁ, ㅅ, ㅇ)를 만든 후 획은 더해 나머지를 글자를 만들었다. 그리고 이체자는 획을 더하는 것은 가획자와 같지만 가획
을 해도 소리의 세기가 세어지지 않는다고 정리하고 있다. ㅋ은 ㄱ의 가획자, ㅍ은 ㅁ의 가획자, ㅎ은 ㅇ으로부터 가
획된 글자이다.
① ㄹ은 이체자이다.

## 12 다음 시에 대한 설명으로 옳지 않은 것은?

우는 거시 벅구기가 프른 거시 버들숩가
이어라 이어라
어촌(漁村) 두어 집이 닛속의 나락들락
지국총(支局悤) 지국총(支局悤) 어사와(於思臥)
말가흔 기픈 소희 온간 고기 뛰노노다.

① 원작은 각 계절별로 10수씩 모두 40수로 되어 있다.
② 어촌의 경치와 어부의 생활을 형상화하고 있다.
③ 각 장 사이의 후렴구를 제외하면 시조의 형식이 된다.
④ 자연에 몰입하는 가운데에서도 유교적 이념을 구체화하고 있다.

Point ④ 자연에 묻혀 한가롭게 살아가는 여유와 흥을 노래하고 있다.

>> ANSWER

11.① 12.④

**13** 밑줄 친 단어가 다의어 관계인 것은?

① 이 방은 볕이 잘 <u>들어</u> 늘 따뜻하다.
　형사는 목격자의 증언을 증거로 <u>들었다</u>.
② 난초의 향내가 거실에 가득 <u>차</u> 있었다.
　그는 손목에 <u>찬</u> 시계를 자꾸 들여다보았다.
③ 운동을 하지 못해서 군살이 <u>올랐다</u>.
　아이가 갑자기 열이 <u>올라</u> 해열제를 먹였다.
④ 그는 조그마한 수첩에 일기를 <u>써</u> 왔다.
　대부분의 사람이 문서 작성에 컴퓨터를 <u>쓴다</u>.

🔊 (Point) ①②④ 동음이의어(同音異議語)


**14** ㉠~㉢의 밑줄 친 부분이 높이고 있는 인물은?

> ㉠ 할아버지께서는 아버지의 사업을 <u>도우신다</u>.
> ㉡ 형님이 선생님을 <u>모시고</u> 집으로 왔다.
> ㉢ 할머니, 아버지가 고모에게 전화하는 것을 <u>들었어요</u>.

| | ㉠ | ㉡ | ㉢ |
|---|---|---|---|
| ① | 아버지 | 선생님 | 할머니 |
| ② | 아버지 | 형님 | 아버지 |
| ③ | 할아버지 | 형님 | 아버지 |
| ④ | 할아버지 | 선생님 | 할머니 |

🔊 (Point) 높임표현
㉠ 주체높임선어말어미 '-시-'는 문장의 주체인 '할아버지'를 높이기 위한 것이다.
㉡ 문장의 객체높임 동사인 '모시다'는 객체인 '선생님'을 높이기 위해 쓰인 것이다.
㉢ 문장의 명사절 '아버지가 고모에게 전화하는 것'에 '-시-'가 없는 것으로 보아, 화자가 압존법을 쓰고 있다는 것을 알 수 있다. 즉 화자는 명사절의 주체인 '아버지'는 높이지 않고 있다. 또한 서술어 행위를 하는 주체와 화자가 동일하기 때문에 서술어 '듣다'에 '-시-'를 붙여 높이지 않았다. 끝으로 화자가 서술어에서 상대높임 보조사 '요'를 쓴 이유는 청자인 할머니를 높이기 위해서이다. 따라서 ㉢ 문장의 밑줄 친 부분이 높이고 있는 인물은 할머니가 된다.

**15** 다음은 하나의 문장을 구성하는 문장들을 순서 없이 나열한 것이다. ㉠ ~ ㉣ 중 주제문으로 가장 적당한 것은?

> ㉠ 범죄를 저지른 사람 중에는 나쁜 가정환경에서 자란 경우가 많다.
>
> ㉡ 인간됨이 이지러져 있을 때 가치 판단이 흐려지기 쉽다.
>
> ㉢ 범죄를 저지른 사람들은 대체로 자포자기의 상황에 처한 경우가 많다.
>
> ㉣ 인간의 범죄 행위의 원인은 개인의 인간성과 가정환경으로 설명될 수 있다.

① ㉠                    ② ㉡

③ ㉢                    ④ ㉣

📢 (Point) 주제문은 문단 전체의 내용을 포괄할 수 있는 내용이어야 한다.

**16** 다음 글의 내용 전개 방식으로 적절한 것은?

> 유네스코 유산은 세계유산, 무형문화유산, 세계기록유산으로 나눌 수 있다. 세계문화유산은 또한 문화유산, 자연유산, 복합유산으로 나눌 수 있는데 문화유산은 기념물, 건조물군, 유적지 등이 해당하며, 자연유산은 자연지역이나 자연유적지가 해당된다. 복합유산은 문화유산과 자연유산의 특징을 동시에 충족하는 유산이다. 무형문화유산은 공동체와 집단이 자신들의 환경, 자연, 역사의 상호작용에 따라 끊임없이 재창해온 각종 지식과 기술, 공연예술, 문화적 표현을 아우른다. 기록유산은 기록을 담고 있는 정보 또는 그 기록을 전하는 매개물이다. 단독 기록일수 있으며 기록의 모음일수도 있다.

① 서사                  ② 과정

③ 인과                  ④ 분류

📢 (Point) 유네스코 유산을 세계유산, 무형문화유산, 세계기록유산으로 분류하고, 다시 세계유산을 문화유산, 자연유산, 복합유산으로 분류하여 설명하고 있다.

**17** 다음 글에 나타난 북곽 선생의 행위를 표현한 말로 적절한 것은?

> 북곽 선생이 머리를 조아리고 엉금엉금 기어 나와서 세 번 절하고 꿇어앉아 우러러 말했다.
> "범님의 덕은 지극하시지요. 대인은 그 변화를 본받고 제왕은 그 걸음을 배우며, 자식 된 자는 그 효성을 본받고 장수는 그 위엄을 취합니다. 범님의 이름은 신룡(神龍)의 짝이 되는지라, 한 분은 바람을 일으키시고 한 분은 구름을 일으키시니, 저 같은 하토(下土)의 천한 신하는 감히 아랫자리에 서옵니다."

① 자화자찬(自畵自讚)
② 감언이설(甘言利說)
③ 대경실색(大驚失色)
④ 박장대소(拍掌大笑)

📢 (Point) '북곽 선생이 머리를 조아리고 엉금엉금 기어 나와서 세 번 절하고 꿇어앉아 우러러 말했다.'는 부분에서 북곽 선생이 범의 비위를 맞추기 위한 말을 늘어놓고 있음을 알 수 있다. '감언이설'은 '남의 비위에 맞도록 꾸민 달콤한 말과 이로운 조건을 내세워 꾀는 말로 북곽 서선생의 태도와 어울리는 한자성어이다.

**18** 다음 중 피동 표현이 쓰이지 않은 것은?

① 창호지 문이 찢어졌다.
② 개그맨이 관객을 웃기고 있다.
③ 운동장의 잔디가 밟혀서 엉망이 되었다.
④ 많은 사람들에게 읽힌다고 좋은 소설은 아니다.

📢 (Point) 피동 표현이란 주어가 남의 행동의 영향을 받아서 행하게 되는 움직임을 나타내는 것이다.
① 찢어졌다 : 동사 어간 + '-어 지다'
② 웃기다 : '웃다'에 사동 접미사 '-기-'를 더해 이루어진 사동 표현이다.
③ 밟힌다 : 동사 어간 + 피동 접미사 '-히-'
④ 읽힌다 : 동사 어간 + 피동 접미사 '-히-'

## 19 다음 중 겹문장의 성격이 다른 하나는?

① 영미가 그림에 소질이 있음이 밝혀졌다.

② 그가 노벨 문학상을 받게 되었다는 소문이 있다.

③ 낮말은 새가 듣고 밤말은 쥐가 듣는다.

④ 산 그림자가 소리도 없이 다가온다.

🔊 (Point) ③은 이어진 문장이고 ①②④는 안은문장이다.
① 명사절로 안긴문장
② 관형절로 안긴문장
③ 대등하게 이어진문장
④ 부사절로 안긴문장

**PLUS TIP** 겹문장

주어와 서술어의 관계가 두 번 이상 맺어지는 문장으로, 안은문장과 이어진문장이 있다.
㉠ 안은문장 … 독립된 문장이 다른 문장의 성분으로 안기어 이루어진 겹문장을 말한다.
• 명사절로 안김 : 한 문장이 다른 문장으로 들어가 명사 구실을 한다.
  📖 영미가 그림에 소질이 있음이 밝혀졌다.
• 서술절로 안김 : 한 문장이 다른 문장으로 들어가 서술어 기능을 한다.
  📖 곤충은 다리가 여섯 개다.
• 관형절로 안김 : 한 문장이 다른 문장으로 들어가 관형어 구실을 한다.
  📖 그가 노벨 문학상을 받게 되었다는 소문이 있다.
• 부사절로 안김 : 파생 부사 '없이, 달리, 같이' 등이 서술어 기능을 하여 부사절을 이룬다.
  📖 산 그림자가 소리도 없이 다가온다.
• 인용절로 안김 : 인용문이 다른 문장으로 들어가 안긴다.
  📖 나폴레옹은 자기의 사전에 불가능은 없다고 말했다.
㉡ 이어진 문장 … 둘 이상의 독립된 문장이 연결 어미에 의해 이어져 이루어진 겹문장을 말한다.
• 대등하게 이어진 문장 : 대등적 연결 어미인 '-고, -(으)며, (으)나, -지만, -든지, -거나'에 의해 이어진다.
  📖 낮말은 새가 듣고 밤말은 쥐가 듣는다.
• 종속적으로 이어진 문장 : 종속적 연결 어미인 '-어(서), -(으)니까, -(으)면, -거든, (으)ㄹ수록'에 의해 이어진다.
  📖 너희는 무엇을 배우려고 학교에 다니니?

>> ANSWER

19.③

**20** 다음 중 높임 표현이 바르게 쓰인 것은?

① 할아버지, 아버지가 지금 막 집에 왔습니다.

② 그 분은 다섯 살 된 따님이 계시다.

③ 영수야, 선생님이 빨리 오시래.

④ 할머니께서는 이빨이 참 좋으십니다.

(Point) 청자인 할아버지가 아버지보다 높으므로 바른 표현이다.
② 계시다 → 있으시다.
③ 오시래 → 오라고 하셔.
④ 이빨 → 치아

**PLUS TIP** 높임 표현

㉠ 주체 높임법 … 용언 어간 + 선어말 어미 '-시-'의 형태로 이루어져 서술어가 나타내는 행위의 주체를 높여 표현하는 문법 기능을 말한다.
**예** 선생님께서 그 책을 읽으셨(시었)다.

㉡ 객체 높임법 … 말하는 이가 서술의 객체를 높여 표현하는 문법 기능을 말한다(드리다, 여쭙다, 뵙다, 모시다 등).
**예** 나는 그 책을 선생님께 드렸다.

㉢ 상대 높임법 … 말하는 이가 말을 듣는 상대를 높여 표현하는 문법 기능을 말한다.

• 격식체

| 등급 | 높임 정도 | 종결 어미 | 예 |
|---|---|---|---|
| 하십시오체 | 아주 높임 | -ㅂ시오 | 여기에 앉으십시오. |
| 하오체 | 예사 높임 | -시오 | 여기에 앉으시오. |
| 하게체 | 예사 낮춤 | -게 | 여기에 앉게. |
| 해라체 | 아주 낮춤 | -아라 | 여기에 앉아라. |

• 비격식체

| 등급 | 높임 정도 | 종결 어미 | 예 |
|---|---|---|---|
| 해요체 | 두루 높임 | -아요 | 여기에 앉아요. |
| 해체 | 두루 낮춤 | -아 | 여기에 앉아. |

**>> ANSWER**
20.①

# PART 02

# 행정법

# 행정법

**1  통치행위에 대한 판례의 태도로 옳지 않은 것은?**

① 대통령의 긴급재정경제명령은 국가긴급권의 일종으로서 고도의 정치적 결단에 의하여 발동되는 행위이고 그 결단을 존중하여야 할 필요성이 있는 행위라는 의미에서 이른바 통치행위에 속한다.

② 남북정상회담의 개최과정에서 재정경제부장관에게 신고하지 아니하거나 통일부장관의 협력사업 승인을 얻지 아니한 채 북한 측에 사업권의 대가 명목으로 송금한 행위는 고도의 정치적 성격을 지니고 있는 행위라 할 것이므로 특별한 사정이 없는 한 그 당부를 심판하는 것은 사법권의 내재적·본질적 한계를 넘어서는 것이 되어 적절하지 못하다.

③ 통치행위의 개념을 인정한다고 하더라도 과도한 사법심사의 자제가 기본권을 보장하고 법치주의 이념을 구현하여야 할 법원의 책무를 태만히 하거나 포기하는 것이 되지 않도록 그 인정을 지극히 신중하게 하여야 하며, 그 판단은 오로지 사법부만에 의하여 이루어져야 한다.

④ 외국에의 국군의 파견결정은 파견군인의 생명과 신체의 안전뿐만 아니라 국제사회에서의 우리나라의 지위와 역할, 동맹국과의 관계, 국가안보문제 등 궁극적으로 국민 내지 국익에 영향을 미치는 복잡하고도 중요한 문제로서 국내 및 국제정치관계 등 제반상황을 고려하여 미래를 예측하고 목표를 설정하는 등 고도의 정치적 결단이 요구되는 사안이다.

🔊 (Point) ② 남북정상회담의 개최는 고도의 정치적 성격을 지니고 있는 행위라 할 것이므로 특별한 사정이 없는 한 그 당부를 심판하는 것은 사법권의 내재적·본질적 한계를 넘어서는 것이 되어 적절하지 못하지만, 남북정상회담의 개최과정에서 재정경제부장관에게 신고하지 아니하거나 통일부장관의 협력사업 승인을 얻지 아니한 채 북한 측에 사업권의 대가 명목으로 송금한 행위 자체는 헌법상 법치국가의 원리와 법 앞에 평등원칙 등에 비추어 볼 때 사법심사의 대상이 된다고 판단한 원심판결을 수긍(대판 2004.3.26, 2003도7878).

**2** 법률유보원칙에 대한 설명으로 옳지 않은 것은?

① 전부유보설은 모든 행정작용이 법률에 근거해야 한다는 입장으로, 행정의 자유영역을 부정하는 견해이다.

② 헌법재판소는 예산도 일종의 법규범이고, 법률과 마찬가지로 국회의 의결을 거쳐 제정되며, 국가기관뿐만 아니라 일반국민도 구속한다고 본다. 따라서 법률유보원칙에서 말하는 법률에는 예산도 포함된다.

③ 중요사항유보설은 행정작용에 법률의 근거가 필요한지 여부에 그치지 않고 법률의 규율정도에 대해서도 설명하는 이론이다.

④ 헌법재판소는 텔레비전방송수신료의 금액결정은 납부의무자의 범위 등과 함께 수신료에 관한 본질적인 중요한 사항이므로 국회가 스스로 행하여야 하는 사항에 속한다는 입장이다.

📢 (Point) ② 예산은 일종의 법규범이고 법률과 마찬가지로 국회의 의결을 거쳐 제정되지만 법률과 달리 국가기관만을 구속할 뿐 일반국민을 구속하지 않는다. 국회가 의결한 예산 또는 국회의 예산안 의결은 헌법재판소법 제68조 제1항 소정의 '공권력의 행사'에 해당하지 않고 따라서 헌법소원의 대상이 되지 아니한다(헌재 2006. 4. 25, 2006헌마409).

> **PLUS TIP** 법률유보의 원칙
>
> ㉠ 침해유보설 : 국민의 자유와 권리를 제한·침해하거나 새로운 의무를 부과하는 행정작용은 반드시 법률의 근거를 요한다는 견해이다. 이 견해에 따르면 특별권력관계에는 법률유보의 원칙이 적용되지 않는다.
> ㉡ 신침해유보설 : 침해유보설을 전제로 하되 특별권력관계에도 법률유보의 원칙이 적용된다는 학설이다.
> ㉢ 전부유보설 : 모든 행정작용은 법률의 근거가 필요하다는 견해이다.
> ㉣ 권력행정유보설 : 행정작용의 침익성·수익성 여부를 가리지 않고 모든 권력적 행정작용은 법률의 근거를 요한다는 견해이다.
> ㉤ 사회유보설
> • 급부행정유보설 : 침해행정뿐 아니라 모든 급부행정에도 법률유보의 원칙이 적용되어야 한다는 견해이다.
> • 사회적 유보설 : 급부행정 중에서 권리·의무성이 강한 사회보장에 관한 내용에만 법률의 유보가 이루어져야 한다는 학설이다.
> ㉥ 의회유보설 : 헌법의 법치국가 원칙, 민주주의 원칙, 기본권 보장 원리와 관련하여 본질적으로 중요한 사항은 의회가 제정한 법률에 규정하여야 한다는 학설이다.
> ㉦ 중요사항유보설(본질사항유보설) : 의회유보설과 같은 맥락의 학설로 본질적으로 중요한 사항과 관련된 행정작용은 법률에 근거가 있어야 한다는 이론이다. 여기서 '본질적으로 중요한 사항'이란 '국민의 기본권에 관련된 사항'을 말한다.
> ㉧ 개별적·구체적 결정설(우리나라 통설) : 법률유보의 원칙이 적용되는 범위를 당해 행정작용의 구체적 성질이나 관련 제반상황 등을 종합적으로 검토하여 본질적으로 중요한 사항은 법률에 근거를 두어야 한다는 견해이다.

**» ANSWER**

2.②

## 3  다음 중 공권에 관한 설명으로 옳지 않은 것은?

① 공권은 권리자의 이익을 위해서만 존재하는 것이 아니고 공익성도 갖는다.

② 개인적 공권은 행정청에게 어떠한 행위를 하여야 할 의무를 부과하는 강행법규의 존재를 전제로 한다.

③ 공권 중 재산적 성질을 갖는 것은 그 성질상 이전성이 제한된다.

④ 재량권의 영(0)으로의 수축이론은 개인적 공권을 확대시키는 이론이다.

**Point** ③ 공권 중 재산적 성질을 갖는 것은 그 성질상 이전성이 제한되지 않는다. 즉, 손실보상청구권과 손해배상청구권 중 재산이 원인이 되는 경우에는 이전성이 인정된다. 그러나 비재산적 성질을 갖는 것은 그 성질상 이전성이 제한된다.

**PLUS TIP** 사인의 공권의 특수성

ⓐ 이전성 금지·제한
  - 사인의 공권은 일신전속적인 권리로 원칙상 양도·상속·압류 등이 금지 또는 제한된다.
  - 생명·신체의 침해로 인한 국가배상을 받을 권리는 이를 양도하거나 압류하지 못한다〈국가배상법 제4조〉.
  - 수급자는 급여를 받을 권리를 타인에게 양도할 수 없다〈국민기초생활보장법 제36조〉.
  - 급여를 받을 권리는 양도할 수 없으나 연금을 받을 권리는 일정한 경우 압류·담보로 할 수 있다〈공무원 연금법 제32조〉.
  - 임금·퇴직금 등 급여는 그 총액의 2분의 1을 초과하여 압류할 수 없다〈국세징수법 제33조〉.
  - 선거권은 이전이 허용되지 않는다.
  - 재산상 침해로 인한 국가배상청구권과 손실보상청구권 등 재산적 가치를 지닌 공권은 이전이 가능하다.

ⓑ 포기성 금지·제한 : 사인의 공권은 권리인 동시에 의무의 성질을 가지므로 임의로 포기할 수 없음이 원칙이다. 선거권, 소권, 공무원연금청구권 등이 이에 해당한다. 다만, 경제적 가치를 지닌 공권은 포기할 수 있다. 또한 권리의 포기가 아닌 불행사는 가능하다(선거에 있어 기권 등).

ⓒ 대행성 금지·제한 : 사인의 공권은 일신전속적 성질로 인해 대행 또는 대리가 금지된다. 선거권의 대행금지가 이에 속한다.

ⓓ 보호의 특수성 : 법원에 제소하여 그 구제를 청구할 경우 행정소송법이 정하는 바에 따라 특례가 인정된다.

**≫ ANSWER**

3.③

**4** **행정입법에 대한 설명으로 옳지 않은 것은? (다툼이 있는 경우 판례에 의함)**

① 구법에 위임의 근거가 없어 법규명령이 무효였다면 사후에 법개정으로 위임의 근거가 부여되었다 할 지라도 무효이다.

② 처벌법규나 조세법규는 다른 법규보다 구체성과 명확성의 요구가 강화되어야 한다.

③ 법률에서 위임받은 사항을 하위법규명령에 다시 위임하기 위해서는 위임받은 사항의 대강을 정하고 그중 특정사항을 범위를 정하여 하위의 법규명령에 다시 위임하는 경우에만 재위임이 허용된다.

④ 명령 · 규칙 그 자체에 의하여 직접 기본권이 침해되었을 경우에는 그것을 대상으로 하여 헌법소원심 판을 청구할 수 있다.

🔊 (Point) ① 일반적으로 법률의 위임에 의하여 효력을 갖는 법규명령의 경우, 구법에 위임의 근거가 없어 무효였더라도 사후에 법 개정으로 위임의 근거가 부여되면 그 때부터는 유효한 법규명령이 되나, 반대로 구법의 위임에 의한 유효한 법 규명령이 법 개정으로 위임의 근거가 없어지게 되면 그 때부터 무효인 법규명령이 되므로, 어떤 법령의 위임 근거 유무에 따른 유효 여부를 심사하려면 법 개정의 전 · 후에 걸쳐 모두 심사하여야만 그 법규명령의 시기에 따른 유 효 · 무효를 판단할 수 있다.(대법원 1995. 6. 30. 93추83)

② 위임입법에 있어 위임의 구체성과 명확성의 요구 정도는 그 규율대상의 종류와 성격에 따라 달라질 것이지만 특히 처벌법규나 조세법규와 같이 국민의 기본권을 직접적으로 제한하거나 침해할 소지가 있는 법규에서는 구체성 명확 성의 요구가 강화되어 그 위임의 요건과 범위가 일반적인 급부행정의 경우보다 더 엄격하게 제한적으로 규정되어야 한다.

③ 법률에서 위임받은 사항을 전혀 규정하지 않고 재위임하는 것은 복위임금지 원칙에 반할 뿐 아니라 위임명령의 제 정 형식에 관한 수권법의 내용을 변경하는 것이 되므로 허용되지 않으나 위임받은 사항에 관하여 대강을 정하고 그 중의 특정사항을 범위를 정하여 하위법령에 다시 위임하는 경우에는 재위임이 허용된다(대판 2015.1.15. 2013 두14238).

④ 명령 · 규칙 그 자체에 의하여 직접 기본권이 침해되었을 경우에는 그것을 대상으로 하여 헌법소원심판을 청구할 수 있고, 그 경우 제소요건으로서 당해 법령이 구체적 집행행위를 매개로 하지 아니하고 직접적으로 그리고 현재적으 로 국민의 기본권을 침해하고 있어야 한다(1993. 5. 13. 92헌마80).

» ANSWER

4.①

**5** 사인(私人)의 공법행위에 대한 설명 중 옳지 않은 것은?

① 공법적 효과를 가져오는 사인의 행위를 말한다.

② 사인의 행위만으로 공법적 효과를 가져오는 것과 국가나 지방자치단체의 행위의 전제요건이 되는 것으로 구분할 수 있다.

③ 전입신고자가 거주의 목적 외에 다른 이해관계에 관한 의도를 가지고 있는지도 전입신고 수리여부 심사 시 고려하여야 한다.

④ 수리를 요하는 신고에서의 수리와 허가제의 허가는 구별되는 개념이다.

🔊(Point) ③ 주민들의 거주지 이동에 따른 주민등록전입신고에 대하여 행정청이 이를 심사하여 그 수리를 거부할 수는 있다고 하더라도, 그러한 행위는 자칫 헌법상 보장된 국민의 거주·이전의 자유를 침해하는 결과를 가져올 수도 있으므로, 시장·군수 또는 구청장의 주민등록전입신고 수리여부에 대한 심사는 주민등록법의 입법 목적의 범위 내에서 제한적으로 이루어져야 한다. 한편, 주민등록법의 입법 목적에 관한 제1조 및 주민등록 대상자에 관한 제6조의 규정을 고려해 보면, 전입신고를 받은 시장·군수 또는 구청장의 심사 대상은 전입신고자가 30일 이상 생활의 근거로 거주할 목적으로 거주지를 옮기는지 여부만으로 제한된다고 보아야 한다. 따라서 전입신고자가 거주의 목적 이외에 다른 이해관계에 관한 의도를 가지고 있는지 여부, 무허가 건축물의 관리, 전입신고를 수리함으로써 당해 지방자치단체에 미치는 영향 등과 같은 사유는 주민등록법이 아닌 다른 법률에 의하여 규율되어야 하고, 주민등록전입신고의 수리 여부를 심사하는 단계에서는 고려 대상이 될 수 없다(대법원 2009. 6. 18, 2008두10997 전원합의체 판결).

**6** 재량행위에 관한 다음 설명 중 옳지 않은 것은? (다툼이 있을 경우 판례에 의함)

① 재량행위에 대한 사법심사를 함에 있어서 법원은 스스로 일정한 결론을 도출한 후 그 결론에 비추어 행정청의 처분이 재량의 한계를 넘어선 것인지를 판단한다.

② 재량행위가 위법하다는 이유로 소송이 제기된 경우에 법원은 각하할 것이 아니라 그 일탈·남용 여부를 심사하여 그에 해당하지 않으면 청구를 기각하여야 한다.

③ 계획재량은 일반적인 재량행위에 비해 더 큰 재량의 범위가 부여된다.

④ 형량명령이론은 계획재량의 통제와 관련이 깊다.

🔊(Point) ① 행정행위가 그 재량성의 유무 및 범위와 관련하여 이른바 기속행위 내지 기속재량행위와 재량행위 내지 자유재량행위로 구분된다고 할 때, 그 구분은 당해 행위의 근거가 된 법규의 체제·형식과 그 문언, 당해 행위가 속하는 행정 분야의 주된 목적과 특성, 당해 행위 자체의 개별적 성질과 유형 등을 모두 고려하여 판단하여야 하고, 이렇게 구분되는 양자에 대한 사법심사는, 전자의 경우 그 법규에 대한 원칙적인 기속성으로 인하여 법원이 사실인정과 관련 법규의 해석·적용을 통하여 일정한 결론을 도출한 후 그 결론에 비추어 행정청이 한 판단의 적법 여부를 독자의 입장에서 판정하는 방식에 의하게 되나, 후자의 경우 행정청의 재량에 기한 공익판단의 여지를 감안하여 법원은 독자의 결론을 도출함이 없이 당해 행위에 재량권의 일탈·남용이 있는지 여부만을 심사하게 되고, 이러한 재량권의 일탈·남용 여부에 대한 심사는 사실오인, 비례·평등의 원칙 위배, 당해행위의 목적 위반이나 동기의 부정 유무 등을 그 판단 대상으로 한다(대판 2001. 2. 9, 98두1759).

>> ANSWER
5.③ 6.①

**7** 다음은 「행정절차법」을 적용하지 아니하는 사항을 나열한 것이다. 「행정절차법」의 규정과 부합하지 않는 것은?

① 국회 또는 지방의회의 의결을 거치거나 동의 또는 승인을 얻어 행하는 사항

② 법원 또는 군사법원의 재판에 의하거나 그 집행으로 행하는 사항

③ 헌법재판소의 심판을 거쳐 행하는 사항

④ 국가안전보장·국방·외교 또는 통일에 관한 사항

🔊(Point) ④ 국가안전보장·국방·외교 또는 통일에 관한 사항 모두가 아니라 이에 관한 사항 중 행정절차를 거칠 경우 국가의 중대한 이익을 현저히 해할 우려가 있는 사항만이다.

> **PLUS TIP** 행정절차법의 적용대상이 아닌 사항〈행정절차법 제3조 제2항〉
>
> ㉠ 국회 또는 지방의회의 의결을 거치거나 동의 또는 승인을 얻어 행하는 사항
> ㉡ 법원 또는 군사법원의 재판에 의하거나 그 집행으로 행하는 사항
> ㉢ 헌법재판소의 심판을 거쳐 행하는 사항
> ㉣ 각급 선거관리위원회의 의결을 거쳐 행하는 사항
> ㉤ 감사원이 감사위원회의의 결정을 거쳐 행하는 사항
> ㉥ 형사·행형 및 보안처분 관계법령에 의하여 행하는 사항
> ㉦ 국가안전보장·국방·외교 또는 통일에 관한 사항 중 행정절차를 거칠 경우 국가의 중대한 이익을 현저히 해할 우려가 있는 사항
> ㉧ 심사청구·해양안전심판·조세심판·특허심판·행정심판 기타 불복절차에 의한 사항
> ㉨ 병역법에 의한 징집·소집, 외국인의 출입국·난민인정·귀화, 공무원 인사관계법령에 의한 징계 기타 처분 또는 이해조정을 목적으로 법령에 의한 알선·조정·중재·재정 기타 처분 등 당해 행정작용의 성질상 행정절차를 거치기 곤란하거나 불필요하다고 인정되는 사항과 행정절차에 준하는 절차를 거친 사항으로서 대통령령으로 정하는 사항 등

**» ANSWER**
7.④

8 행정계획에 대한 판례의 태도로 옳은 것은?

① 구 「도시계획법」상 도시기본계획은 일반 국민에 대한 직접적 구속력을 가진다.

② 구 「국토이용관리법」상 국토이용계획이 확정된 후 일정한 사정의 변동이 있다면 지역주민에게 일반적으로 계획의 변경 또는 폐지를 청구할 권리가 있다.

③ 국토이용계획변경신청을 거부하는 것이 실질적으로 당해 행정처분 자체를 거부하는 결과가 되는 경우에 그 신청인은 국토이용계획변경을 신청할 권리가 있다.

④ 도시계획 구역 내에 토지 등을 소유하고 있는 주민이라 하더라도 도시계획시설변경 입안권자에게 도시계획입안을 요구할 수 있는 법규상 또는 조리상 신청권이 발생하는 것은 아니다.

🔊 (Point) ① 도시기본계획은 도시의 장기적 개발방향과 미래상을 제시하는 도시계획 입안의 지침이 되는 장기적·종합적인 개발계획으로서 행정청에 대한 직접적인 구속력은 없다(대판 2007. 4. 12. 2005두1893).
② 그 계획이 일단 확정된 후에 어떤 사정의 변동이 있다고 하여 그러한 사유만으로는 지역주민이나 일반 이해관계인에게 일일이 그 계획의 변경을 신청할 권리를 인정하여 줄 수는 없을 것이다(대판 2003. 9. 23. 2001두10936).
④ 도시계획구역 내 토지 등을 소유하고 있는 주민으로서는 입안권자에게 도시계획입안을 요구할 수 있는 법규상 또는 조리상의 신청권이 있다고 할 것이다(대판 2004. 4. 28. 2003두1806)

9 행정의 실효성 확보수단에 대한 설명으로 옳지 않은 것은? (다툼이 있는 경우 판례에 의함)

① 「행정대집행법」 절차에 따라 「국세징수법」의 예에 의하여 대집행비용을 징수할 수 있음에도 민사소송절차에 의하여 그 비용의 상환을 청구할 수 있다.

② 이행강제금은 대체적 작위의무의 위반에 대하여도 부과될 수 있다.

③ 계고처분시 대집행할 행위의 내용 및 범위는 반드시 대집행계고서에 의하여서만 특정되어야 하는 것은 아니다.

④ 이행강제금과 행정벌은 병과하여도 헌법상 이중처벌금지의 원칙에 위반되지 않는다.

🔊 (Point) ① 대한주택공사가 구 「대한주택공사법」(2009.5.22. 법률 제9706호 한국토지주택공사법 부칙 제2조로 폐지) 및 구 「대한주택공사법」 시행령(2009.9.21. 대통령령 제21744호 한국토지주택공사법 시행령 부칙 제2조로 폐지)에 의하여 대집행권한을 위탁받아 공무인 대집행을 실시하기 위하여 지출한 비용을 「행정대집행법」 절차에 따라 「국세징수법」의 예에 의하여 징수할 수 있음에도 민사소송절차에 의하여 그 비용의 상환을 청구한 사안에서, 「행정대집행법」이 대집행비용의 징수에 관하여 민사소송절차에 의한 소송이 아닌 간이하고 경제적인 특별구제절차를 마련해 놓고 있으므로, 위 청구는 소의 이익이 없어 부적법하다고 본 원심판단을 수긍(대판 2011. 9. 8, 2010다48240).

>> ANSWER
8.③ 9.①

**10** 다음 중 「민원 처리에 관한 법률」에서 정의하고 있는 용어에 대한 설명이 옳지 않은 것은?

① 민원인이란 행정기관에 대하여 처분 등 특정한 행위를 요구하는 개인·법인 또는 단체를 말한다.

② 민원이란 민원인이 행정기관에 대하여 처분 등 특정한 행위를 요구하는 것을 말한다.

③ 복합민원이란 둘 이상의 민원목적을 실현하기 위하여 관계법령 등에 의하여 관계기관 또는 관계부서의 허가·인가·승인·추천·협의 또는 확인 등을 거쳐 처리되는 민원사무를 말한다.

④ 무인민원발급창구란 행정기관의 장이 행정기관 또는 공공장소 등에 설치하여 민원인이 직접 민원문서를 교부받을 수 있도록 하는 전자장비를 말한다.

🔊(Point) ③ 복합민원이라 함은 하나의 민원목적을 실현하기 위하여 법령·훈령·예규·고시 등에 의하여 다수의 관계기관(민원사항과 관련된 단체·협회 등을 포함한다) 또는 관계부서의 허가·인가·승인·추천·협의 또는 확인 등을 거쳐 처리되는 법정민원을 말한다(민원 처리에 관한 법률 제2조 제5호).

**11** 행정정보공개에 관한 판례의 입장으로 옳은 것은?

① 사법시험 제2차 시험의 답안지와 시험문항에 대한 채점위원별 채점 결과는 비공개정보에 해당한다.

② 청주시의회에서 의결한 청주시 행정정보공개조례안은 행정에 대한 주민의 알 권리의 실현을 그 근본내용으로 하면서도 이로 인한 개인의 권익침해 가능성을 배제하고 있으므로, 이를 들어 주민의 권리를 제한하거나 의무를 부과하는 조례라고는 단정할 수 없고 따라서 그 제정에 있어서 반드시 법률의 개별적 위임이 따로 필요한 것은 아니다.

③ 교도관이 직무 중 발생한 사유에 관하여 작성한 근무보고서는 비공개대상정보에 해당한다.

④ 학교폭력대책자치위원회의 회의록은 공개대상정보에 해당한다.

🔊(Point) ② 지방자치단체는 그 내용이 주민의 권리의 제한 또는 의무의 부과에 관한 사항이거나 벌칙에 관한 사항이 아닌 한 법률의 위임이 없더라도 조례를 제정할 수 있다 할 것인데 청주시의회에서 의결한 청주시행정정보공개조례안은 행정에 대한 주민의 알 권리의 실현을 그 근본내용으로 하면서도 이로 인한 개인의 권익침해 가능성을 배제하고 있으므로 이를 들어 주민의 권리를 제한하거나 의무를 부과하는 조례라고는 단정할 수 없고 따라서 그 제정에 있어서 반드시 법률의 개별적 위임이 따로 필요한 것은 아니다(대판 1992. 6. 23, 92추17).
① 시험문항에 대한 채점위원별 채점 결과가 비공개정보인 것과 달리 답안지의 경우 공개정보에 해당한다.
③ 교도관이 작성한 근무보고서는 공개대상정보에 해당한다.
④ 학교폭력대책자치위원회의 회의록은 비공개대상정보에 해당한다.

## 12 행정조사에 대한 다음 설명 중 옳지 않은 것은?

① 행정조사는 조사를 통해 법령 등의 위반사항을 발견하고 처벌하는 데 중점을 두어야 한다.

② 행정기관은 유사하거나 동일한 사안에 대하여는 공동조사 등을 실시함으로써 행정조사가 중복되지 아니하도록 하여야 한다.

③ 행정조사는 조사목적을 달성하는 데 필요한 최소한의 범위 안에서 실시하여야 한다.

④ 행정기관은 조사목적에 적합하도록 조사대상자를 선정하여 행정조사를 실시하여야 한다.

**(Point)** ① 행정조사는 행정작용의 자료를 얻기 위한 준비적, 보조적 수단이다.
② 행정기관은 유사하거나 동일한 사안에 대하여는 공동조사 등을 실시함으로써 행정조사가 중복되지 아니하도록 하여야 한다〈「행정조사기본법」 제4조 제3항〉.
③ 행정조사는 조사목적을 달성하는데 필요한 최소한의 범위 안에서 실시하여야 하며, 다른 목적 등을 위하여 조사권을 남용하여서는 아니 된다〈「행정조사기본법」 제4조 제1항〉.
④ 행정기관은 조사목적에 적합하도록 조사대상자를 선정하여 행정조사를 실시하여야 한다〈「행정조사기본법」 제4조 제2항〉.

## 13 다음 중 행정질서벌에 관한 설명 중 옳지 않은 것은?

① 형법에 형명이 없는 과태료를 부과하는 행정벌을 말한다.

② 행정질서벌에도 죄형법정주의는 적용된다고 할 수 있으나, 형벌이 아니기 때문에 형법총칙은 적용되지 않는다.

③ 헌법재판소는 행정질서벌과 행정형벌은 병과될 수 있다고 본다.

④ 행정형벌 및 행정질서벌을 과함에 있어서는 행위자의 고의·과실이 필요하다.

**(Point)** ③ 헌법재판소는 행정질서벌과 행정형벌은 모두 행정벌이므로 병과하는 것을 인정하지 않는다.

**PLUS TIP**

> 헌법재판소가 행정질서벌과 행정형벌의 병과 가능성에 대해 어떤 태도를 취하는지에 대해서는 평가가 갈리고 있지만, 헌법재판소가 '형벌(행정형벌)을 부과하면서 아울러 행정질서벌로서의 과태료까지 부과한다면 이중처벌금지의 기본정신에 배치되어 국가입법권의 남용으로 인정될 여지가 있다.'라고 판시(헌재결 1994. 6. 30. 92헌바38)하고 있는 것을 보면 양자의 병과를 부정하는 것으로 평가된다.

**≫ ANSWER**

12.① 13.③

**14** 행정의 실효성확보 수단 중 ㉠에 들어갈 말로 옳은 것은?

「대기환경보전법」제37조 ① 시·도지사는 다음 각 호의 어느 하나에 해당하는 배출시설을 설치·운영하는 사업자에 대하여 제36조에 따라 조업정지를 명하여야 하는 경우로서 그 조업정지가 주민의 생활, 대외적인 신용·고용·물가 등 국민경제, 그 밖에 공익에 현저한 지장을 줄 우려가 있다고 인정되는 경우 등 그 밖에 대통령령으로 정하는 경우에는 조업정지처분을 갈음하여 2억원 이하의 ( ㉠ )을(를) 부과할 수 있다.

1. 「의료법」에 따른 의료기관의 배출시설
2. 사회복지시설 및 공동주택의 냉난방시설
3. 발전소의 발전 설비
4. 「집단에너지사업법」에 따른 집단에너지시설
5. 「초·중등교육법」및 「고등교육법」에 따른 학교의 배출시설
6. 제조업의 배출시설
7. 그 밖에 대통령령으로 정하는 배출시설

① 과태료                          ② 과징금
③ 가산금                          ④ 이행강제금

🔊 Point 「대기환경보전법」제37조(과징금 처분) 제1항 … 시·도지사는 다음 각 호의 어느 하나에 해당하는 배출시설을 설치·운영하는 사업자에 대하여 제36조(허가의 취소 등)에 따라 조업정지를 명하여야 하는 경우로서 그 조업정지가 주민의 생활, 대외적인 신용·고용·물가 등 국민경제, 그 밖에 공익에 현저한 지장을 줄 우려가 있다고 인정되는 경우 등 그 밖에 대통령령으로 정하는 경우에는 조업정지처분을 갈음하여 2억 원 이하의 <u>과징금</u>을 부과할 수 있다.
1. 「의료법」에 따른 의료기관의 배출시설
2. 사회복지시설 및 공동주택의 냉난방시설
3. 발전소의 발전 설비
4. 「집단에너지사업법」에 따른 집단에너지시설
5. 「초·중등교육법」및 「고등교육법」에 따른 학교의 배출시설
6. 제조업의 배출시설
7. 그 밖에 대통령령으로 정하는 배출시설

**》 ANSWER**

14.②

**15** 대법원이 「국가배상법」상 공무원이라고 판시한 경우가 아닌 것은?

① 국가나 지방자치단체에 근무하는 청원경찰

② 소집중인 예비군

③ 시 청소차 운전자

④ 의용소방대원

🔊 (Point) ④ 대법원은 시영버스 운전자와 의용소방대원의 경우는 국가배상법 제2조의 공무원에 포함되지 않는다고 판시하였다 (대판 1966. 6. 28, 66다808·대판 1963. 12. 12, 63다467).

> **PLUS TIP** 국가배상법상의 공무원
>
> 국가공무원법·지방공무원법상의 모든 공무원(입법·행정·사법 모두 포함)뿐만 아니라 널리 공무를 위탁받아 그에 종사하는 모든 자를 포함한다(통설·판례). 판례는 검사, 통장, 집달관, 소집중인 향토예비군, 미군부대의 카투사, 시 청소차 운전사, 철도차장, 조세의 원천징수의무자, 별정우체국장, 소방원 등을 공무원의 범위에 포함시키고 있다.

**16** 다음 중 수용유사침해에 대한 설명으로 옳은 것은?

① 수용유사침해란 타인의 재산권에 대한 위법·무책한 공용침해를 말한다.

② 독일의 자갈채취사건에서 수용유사침해법리를 적용하여 손실보상의 청구가 가능하다고 판결하고 있다.

③ 우리나라 대법원은 문화방송주식사건에서 이 법리를 명시적으로 인정하였다.

④ 전통적인 손해전보제도의 흠결을 보완해주지 못한다.

🔊 (Point) ① 수용유사침해란 법률에 재산권의 수용·사용·제한 등을 규정하고 있으면서도 보상규정은 두고 있지 않아, 당해 법률은 위헌이 되고 그에 기한 재산권의 침해행위는 위법이 되지만 집행한 공무원에게 고의·과실이 있다고 보기 어려우므로 유책이라 할 수 없는 경우에 적용되는 이론이다.
② 독일 연방 헌법재판소는 자갈채취사건에서 수용유사침해법리에 따른 보상청구를 제한하는 판결을 하고 있다.
③ 문화방송주식사건에서 고등법원은 수용유사침해이론을 인정하였으나 대법원은 이 이론의 인정을 유보하였다.
④ 위법·유책인 경우에 적용되는 손해배상제도와 적법·무책인 경우에 적용되는 손실보상제도 사이의 괴리를 메우는 기능을 한다.

**» ANSWER**

15.④  16.①

**17** 공용침해에 대해 법규가 손실보상규정을 두고 있지 않은 경우에 관한 설명 중 옳은 것은?

① 입법방침설에 의하면 재산권을 침해당한 자에 대한 보상 여부는 입법자가 자유로이 결정할 문제는 아니다.

② 유추적용설은 독일에서 발전된 수용유사침해이론을 도입하여 손실보상의 문제를 해결하려는 입장이다.

③ 위헌무효설에 의하면 손실보상은 청구할 수 있으나 손해배상은 청구할 수 없다.

④ 직접효력설에 의하면 피해자의 보상구제는 「공익사업을 위한 토지 등의 취득 및 보상에 관한 법률」의 보상절차에 의한다.

📢 (Point) ① 입법방침설에 의하면 입법자의 자유로운 결정문제로 본다.

③ 위헌무효설은 보상규정이 없는 경우 손실보상은 청구할 수 없으나 손해배상은 청구할 수 있다고 본다.

④ 직접효력설은 개인의 손실보상청구권은 헌법규정으로부터 직접 도출된다는 입장에서 법률에 보상규정이 없는 경우에는 헌법 제23조 제3항에 근거하여 보상을 청구할 수 있다고 한다.

> **PLUS TIP** 보상규정이 없는 경우에 관한 학설
>
> 손실보상에 대한 일반법이 없는 결과 법률이 보상규정을 두지 않은 경우 재산권의 침해를 받은 개인이 보상을 청구할 수 있는지가 문제된다.
> ㉠ 방침규정설 : 헌법 제23조 제3항은 입법에 대한 방침규정이므로 당해 법률에 보상규정이 없는 경우에는 보상받지 못한다고 한다.
> ㉡ 직접효력설 : 직접 헌법 제23조 제3항에 의거하여 보상을 청구할 수 있다고 한다.
> ㉢ 위헌무효설(다수설) : 보상규정을 두지 아니한 법률은 위헌이므로 무효라는 주장이다. 따라서 당해법률에 기하여 이루어지는 재산권에 대한 침해는 법률상의 근거가 없는 위법한 것이므로 피해자는 국가 등에 대하여 손해배상을 청구할 수 있다고 한다. 그러나 손해배상을 인정하려면 위법·유책이어야 하는데 보상규정이 없는 법률에 기한 공무원의 처분은 위법·무과실이므로 손해배상을 청구할 수 없게 된다. 이를 해결하기 위한 법리가 바로 수용유사침해이론이나 우리나라 판례는 이 법리를 채택하지 않고 있으므로 결국 법률에 보상규정이 없는 경우 피해자는 보상을 받을 수 없다.
> ㉣ 유추적용설 : 헌법상 재산권보장조항과 평등원칙 등에 근거하여 유추적용을 통해 보상을 청구할 수 있다는 이론이다.

## 18 다음 중 의무이행심판에 대한 설명으로 옳은 것은?

① 항고쟁송

② 정식쟁송

③ 시심적 쟁송

④ 객관적 쟁송

(Point) ① 의무이행심판은 약식쟁송이고 복심적 쟁송이며 주관적 쟁송 중 항고쟁송에 해당한다.

> **PLUS TIP** 행정쟁송의 종류
>
> ㉠ 절차에 의한 분류
> • 정식쟁송 : 심판기관이 독립된 지위를 가지며 당사자에게 구두변론의 기회가 보장되는 절차를 말한다. 행정소송이 이에 해당한다.
> • 약식쟁송 : 심판기관의 독립성이나 구두변론의 기회가 제한되는 등의 절차를 말한다. 행정심판이 이에 해당한다.
> ㉡ 단계에 의한 분류
> • 시심적 쟁송 : 행정법관계의 형성 또는 존부를 결정하는 쟁송을 말한다. 당사자쟁송이 이에 해당한다.
> • 복심적 쟁송 : 이미 행하여진 행정작용의 위법·부당성을 심판하는 절차를 말한다. 항고쟁송이 이에 해당한다.
> ㉢ 성질에 의한 분류
> • 항고쟁송 : 이미 행하여진 행정청의 처분의 위법·부당을 이유로 그 취소·변경을 구하는 쟁송으로서 실정법상 이의신청, 심판청구, 행정심판, 항고소송 등으로 불린다. 취소심판, 무효등확인심판, 의무이행심판, 취소소송, 무효등확인소송, 부작위위법확인소송 등이 이에 해당한다.
> • 당사자쟁송 : 행정법상 대등한 두 당사자 사이에서의 법률관계의 형성·존부에 관한 다툼에 대하여 그 심판을 구하는 절차로서 실정법상으로는 재결, 당사자소송 등으로 불린다. 형식적 당사자소송과 실질적 당사자소송 등이 이에 해당한다.
> ㉣ 목적에 의한 분류
> • 주관적 쟁송 : 행정청의 처분으로 인하여 개인의 권리·이익이 침해된 경우에 그 구제를 구하는 쟁송을 말한다. 항고쟁송, 당사자쟁송 등이 이에 해당한다.
> • 객관적 쟁송 : 행정작용의 적법·타당성을 확보하기 위해 인정되는 것으로서 개인의 권익 침해를 요건으로 하지 않는다. 이는 법률의 명시적 규정이 있는 경우에만 인정된다. 민중쟁송, 기관쟁송 등이 이에 해당한다.
> ㉤ 주체에 의한 분류
> • 민중쟁송 : 적정한 행정법규의 적용을 확보하기 위하여 선거인 등 일반 민중에 의하여 제기되는 쟁송을 말한다. 공직선거법상의 선거소송이 이에 해당한다.
> • 기관쟁송 : 국가 또는 공공단체의 기관 상호 간의 관계에 있어 인정되는 쟁송을 말한다. 지방자치법상 지방자치단체의 장이 지방의회 의결의 위법을 이유로 대법원에 제소하는 경우 등이 이에 해당한다.
> ㉥ 심판기관에 의한 분류
> • 행정심판 : 행정기관이 행정법상의 분쟁에 대하여 심리·판정하는 절차를 말한다.
> • 행정소송 : 법원이 행정법상의 분쟁에 대하여 심리·판정하는 절차를 말한다. 행정소송법상 행정심판은 원칙적으로 임의절차이나 예외적으로 공무원관계법률, 도로교통법, 조세관계법률은 행정심판전치주의를 취한다.

**» ANSWER**

18.①

**19** 행정심판에 대한 설명으로 옳은 것은?

① 행정심판위원회는 직접 처분을 하였을 때에는 그 사실을 해당 행정청에 통보하여야 하며, 그 통보를 받은 행정청은 행정심판위원회가 한 처분을 자기가 한 처분으로 보아 관계 법령에 따라 관리·감독 등 필요한 조치를 하여야 한다.

② 임시처분은 집행정지와 보충성 관계가 없고, 행정심판위원회는 집행정지로 목적을 달성할 수 있는 경우에도 임시처분 결정을 할 수 있다.

③ 취소심판의 인용재결에는 취소재결, 취소명령재결, 변경재결, 변경명령재결이 있다.

④ 행정심판법에서는 재결의 집행력을 확보하는 수단으로서 간접강제제도를 두고 있다.

🔊 (Point) ② 임시처분은 거부처분만을 대상으로 규정하지 않고 처분이라고 규정하고 있으나, 적극적 처분의 경우에는 임시처분의 대상이 되기 어렵다. 이는 「행정심판법」 제31조 제3항은 "임시처분은 제30조 제2항에 따른 집행정지로 목적을 달성할 수 있는 경우에는 허용되지 아니한다."고 규정함으로써 임시처분에 보충성을 요하고 있기 때문이다.
③ 취소명령재결은 없다.
④ 행정심판은 권력분립의 문제가 발생하지 아니하므로 간접강제가 아니라 직접강제할 수 있다.

**20** "행정처분취소청구를 기각하는 판결이 확정된 경우에 당해 처분이 위법하지 아니하다는 점이 판결에서 확정된 이상 원고가 다시 이를 무효라 하여 그 무효확인소송을 제기할 수 없다."는 판결의 효력은?

① 불가쟁력      ② 기판력

③ 형성력      ④ 집행력

🔊 (Point) ② 소송의 당사자나 법원은 이미 존재하는 확정판결의 내용과 모순·저촉되는 주장이나 판단을 할 수 없다. 이러한 판결의 효력을 기판력이라 한다.

> **PLUS TIP** 기판력(실질적 확정력)
>
> 종국판결이 내려지면 이후 동일사항이 문제되는 경우 당사자가 그에 반하는 주장을 하여 다툴 수 없게 되는 힘을 말한다(일사부재리효). 당사자와 피고인 행정청이 속하는 모든 국가·공공단체에 미치지만 제3자에게는 미치지 않는다. 사실심의 변론종결시를 기준으로 하여 발생한다.

1 신뢰보호의 원칙에 대한 대법원 판례의 내용으로 옳지 않은 것은?

① 「개발이익환수에 관한 법률」에 정한 개발사업을 시행하기 전에, 행정청이 민원예비심사로서 관련부서 의견으로 '저촉사항 없음'이라고 기재한 것은 공적인 견해표명에 해당한다.

② 도시계획구역 내 생산녹지로 답(畓)인 토지에 대하여 종교회관 건립을 이용목적으로 하는 토지거래계약의 허가를 받으면서 담당공무원이 관련법규상 허용된다고 하여 이를 신뢰하고 건축준비를 하였으나 그 후 토지형질변경허가신청을 불허가한 것은 신뢰보호의 원칙에 위반된다.

③ 병무청 담당부서의 담당공무원에게 공적 견해의 표명을 구하는 정식의 서면질의 등을 하지 아니한 채 총무과 민원팀장에 불과한 공무원이 민원봉사차원에서 상담에 응하여 안내한 것을 신뢰한 경우, 신뢰보호의 원칙이 적용되지 않는다.

④ 교통사고가 일어난 지 1년 10개월이 지난 뒤 그 교통사고를 일으킨 택시에 대하여 운송사업면허를 취소한 경우, 택시운송사업자로서는 「자동차운수사업법」의 내용을 잘 알고 있어 교통사고를 낸 택시에 대하여 운송사업면허가 취소될 가능성을 예상할 수 있었으므로 별다른 행정조치가 없을 것으로 자신이 믿고 있었다 하여도 신뢰의 이익을 주장할 수는 없다.

📢 (Point) ① 「개발이익환수에 관한 법률」에 정한 개발사업을 시행하기 전에, 행정청이 토지 지상에 예식장 등을 건축하는 것이 관계 법령상 가능한지 여부를 질의하는 민원예비심사에 대하여 <u>관련부서 의견으로 개발이익환수에 관한 법률에 '저촉사항 없음'이라고 기재하였다고 하더라도, 이후의 개발부담금부과처분에 관하여 신뢰보호의 원칙을 적용하기 위한 요건인, 개인에 대하여 신뢰의 대상이 되는 공적인 견해표명을 한 것이라고는 보기 어렵다</u>(대판 2006. 6. 9, 2004두46).

>> ANSWER

1.①

**2** 다음 중 공법관계와 사법관계에 관련한 설명 중 옳지 않은 것은?

① 일반 공무원 근무관계는 동의를 요하는 행정행위로 공법관계이다.

② 공중보건의, 서울시립무용단 채용은 공법상 계약으로 공법관계이다.

③ 창덕궁, 비원의 안내원 채용은 공법상 계약이다.

④ 수도공급관계는 공법관계이다.

🔊 Point ③ 창덕궁, 비원의 안내원 채용은 사법상 계약이다.

PLUS TIP 공법관계와 사법관계

ⓐ 공법관계
- 기부채납 행정재산에 대한 사용수익 허가
- 국유재산 무단점유자에 대한 변상금 부과
- 행정재산 사용수익자에 대한 사용료 부과, 국유재산 관리청의 사용료 부과
- 농지개량조합 직원의 근무관계
- 국가나 지방자치단체에 근무하는 청원경찰의 근무관계
- 서울시립무용단원의 위촉·해촉, 공중보건의사의 채용계약
- 전화요금 강제징수, 텔레비전 수신료 부과, 수도요금 부과징수
- 부가가치세 환급세액 지급청구(판례변경)(대판 2013.3.21.2011다95564전합)

ⓑ 사법관계
- 국유일반재산(잡종재산)의 매각, 임대, 대부료 납입고지
- 기부채납 공유재산에 대한 무상사용 수익허가
- 토지수용시의 협의취득, 폐천부지의 양여행위
- 서울지하철공사, 한국방송공사, 교직원의료보험공단 직원의 근무관계(단, 공단의 보험료 부과는 공법)
- 창덕궁 비원안내원 채용, 마사회소속 조교사 기수의 면허취소
- 철도, 지하철, 시영버스 이용
- 전기, 전화 가입 및 해지
- 국가를 당사자로 하는 계약에 관한 법률에 따른 입찰보증금 국고귀속조치(동법에 따른 입찰참가자격 제한은 공법)

**3** 다음은 주체를 기준으로 한 행정의 분류에 관한 설명이다. 타당한 것을 모두 고르시오.

> ⊙ 주체에 따라 국가행정 · 자치행정 · 위임행정으로 나눌 수 있다.
>
> ⓒ 자치행정이란 지방자치단체 기타 공공단체가 주체로 되어 있는 행정을 의미하는 것이 일반적인 견해이다.
>
> ⓒ 위임행정이란 국가가 지방자치단체나 지방자치단체의 기관에 위임하여 행하는 행정을 의미한다.
>
> ⓔ 공공단체란 넓은 의미에서 지방자치단체를 포함하지만, 협의에서는 공공조합 · 영조물법인 · 공재단을 의미한다.

① ⊙  
② ⊙ⓒ  
③ ⊙ⓒⓔ  
④ ⊙ⓒⓒⓔ

🔊(Point) ⓒ '위임행정'이란 국가가 지방자치단체 또는 지방자치단체의 기관에 위임하여 행하는 경우뿐만 아니라, 국가 · 지방자치단체가 단체 또는 사인에게 위임하여 행하는 경우도 포함된다.

**4** 다음 사인의 공법행위 중 그 자체만으로 법률효과가 완결되는 경우가 아닌 것은?

① 투표  
② 혼인신고  
③ 납세신고  
④ 행정심판제기

🔊(Point) ①②③ 투표행위, 국적이탈신고, 혼인신고, 납세신고 등은 자기완성적 공법행위에 해당한다.
④ 행정심판제기는 행정행위 등의 동기 또는 요건적 행위로서 행정행위와 결합함으로써 비로소 법적 효과가 발생한다.

> **PLUS TIP** 사인의 공법행위의 효과에 따른 분류
>
> • 자기완성적 공법행위: 당해 행위 그 자체만으로 법적 효과를 발생하는 공법행위를 말한다(투표행위, 출생신고, 혼인신고, 납세신고, 국적이탈신고, 합동행위 등). 이는 행정청이 그 수리를 거부할 수 없다.
> • 행정행위요건적 공법행위: 그 자체만으로는 행정행위의 일방당사자로서의 의사표시에 그치고 행정주체의 행위와 결합함으로써 비로소 법적 효과를 발생하는 공법행위를 말한다(각종 인 · 허가신청, 특허신청, 공법상 계약에서의 청약행위, 행정심판청구, 행정소송의 제기, 공무원 임용에 있어서의 동의, 행정계약에 있어서의 승낙 등). 이는 행정청이 그 수리 여부를 결정할 수 있다.

>> ANSWER

3.③  4.④

**5** 행정입법의 법적 성질에 관한 판례의 입장으로 옳지 않은 것은?

① 「주택건설촉진법 시행령」 제10조의3 제1항 [별표 1]은 「주택건설촉진법」 제7조 제2항의 위임규정에 터잡은 규정형식상 대통령령이므로 대외적으로 국민이나 법원을 구속하는 힘이 있다.

② 구 「청소년보호법」 제49조 제1항·제2항에 따른 동법 시행령 제40조 [별표 6]의 위반행위의 종별에 따른 과징금 처분기준은 법규명령에 해당하고 과징금처분기준의 수액은 최고한도액이 아니라 정액이다.

③ 국세청장의 훈령형식으로 되어 있는 「재산제세사무처리규정」은 「소득세법 시행령」의 위임에 따라 「소득세법 시행령」의 내용을 보충하는 기능을 가지므로 「소득세법 시행령」과 결합하여 대외적 효력을 갖는다.

④ 「도로교통법 시행규칙」 제53조 제1항이 정한 [별표 16]의 운전면허행정처분기준은 부령의 형식으로 되어 있으나, 그 규정의 성질과 내용이 행정청 내부의 사무처리준칙을 규정한 것에 지나지 아니하므로 대외적으로 국민이나 법원을 기속하는 효력이 없다.

**(Point)** ② 구 「청소년보호법」(1999.2.5. 법률 제5817호로 개정되기 전의 것) 제49조 제1항, 제2항에 따른 같은 법 시행령 (1999.6.30. 대통령령 제16461호로 개정되기 전의 것) 제40조 [별표 6]의 위반행위의 종별에 따른 과징금 처분기준은 법규명령이기는 하나 모법의 위임규정의 내용과 취지 및 헌법상의 과잉금지의 원칙과 평등의 원칙 등에 비추어 같은 유형의 위반행위라 하더라도 그 규모나 기간·사회적 비난 정도·위반행위로 인하여 다른 법률에 의하여 처벌받은 다른 사정·행위자의 개인적 사정 및 위반행위로 얻은 불법이익의 규모 등 여러 요소를 종합적으로 고려하여 사안에 따라 적정한 과징금의 액수를 정하여야 할 것이므로 그 수액은 정액이 아니라 최고한도액이다(대판 2001. 3. 9, 99두5207).

**》ANSWER**

5.②

**6** 행정행위의 부관에 관한 설명으로 옳지 않은 것은? (다툼이 있는 경우 판례에 의함)

① 행정행위의 부관은 부담의 경우를 제외하고는 독립하여 행정소송의 대상이 될 수 없다.

② 행정행위의 부관으로 철회권의 유보가 되어 있는 경우라 하더라도 그 철회권의 행사에 대해서는 행정행위의 철회의 제한에 관한 일반원리가 적용된다.

③ 행정청이 부담을 부가하기 전에 상대방과 협의하여 부담의 내용을 협약의 형식으로 미리 정하는 것은 부담 또한 단독행위로서 행정행위로서의 본질을 갖는다는 점에서 허용되지 않는다.

④ 행정처분이 발하여진 후 새로운 부담을 부가하거나 이미 부가되어 있는 부담의 범위 또는 내용 등을 변경하는 사후부담은, 법률에 명문의 규정이 있거나 그것이 미리 유보되어 있는 경우 또는 상대방의 동의가 있는 경우에 허용되는 것이 원칙이다.

🔊 (Point) ③ 수익적 행정처분에 있어서는 법령에 특별한 근거규정이 없다고 하더라도 그 부관으로서 부담을 붙일 수 있고, 그와 같은 부담은 행정청이 행정처분을 하면서 일방적으로 부가할 수도 있지만 <u>부담을 부가하기 이전에 상대방과 협의하여 부담의 내용을 협약의 형식으로 미리 정한 다음 행정처분을 하면서 이를 부가할 수도 있다.</u> 행정청이 수익적 행정처분을 하면서 부가한 부담의 위법 여부는 처분 당시 법령을 기준으로 판단하여야 하고, 부담이 처분 당시 법령을 기준으로 적법하다면 처분 후 부담의 전제가 된 주된 행정처분의 근거 법령이 개정됨으로써 행정청이 더 이상 부관을 붙일 수 없게 되었다 하더라도 곧바로 위법하게 되거나 그 효력이 소멸하게 되는 것은 아니다. 따라서 행정처분의 상대방이 수익적 행정처분을 얻기 위하여 행정청과 사이에 행정처분에 부가할 부담에 관한 협약을 체결하고 행정청이 수익적 행정처분을 하면서 협약상의 의무를 부담으로 부가하였으나 부담의 전제가 된 주된 행정처분의 근거 법령이 개정됨으로써 행정청이 더 이상 부관을 붙일 수 없게 된 경우에도 곧바로 협약의 효력이 소멸하는 것은 아니다(대판 2009. 2. 12, 2005다65500).

**7** 확약에 관한 설명으로 옳지 않은 것은? (다툼이 있는 경우 판례에 의함)

① 확약에 관한 일반법은 없다.

② 유효한 확약은 권한을 가진 행정청에 의해서만 그리고 권한의 범위 내에서만 발해질 수 있다.

③ 확약이 있은 후에 사실적·법률적 상태가 변경되었다면, 그와 같은 확약은 행정청의 별다른 의사표시를 기다리지 않고 실효된다.

④ 어업권면허에 선행하는 우선순위결정은 행정청이 우선권자로 결정된 자의 신청이 있으면 어업권면허처분을 하겠다는 것을 약속하는 행위로서 그 우선순위결정에 공정력과 불가쟁력이 인정된다.

🔊 (Point) ④ 어업권면허에 선행하는 우선순위결정은 행정청이 우선권자로 결정된 자의 신청이 있으면 어업권면허처분을 하겠다는 것을 약속하는 행위로서 강학상 확약에 불과하고 행정처분은 아니므로, 우선순위결정에 공정력이나 불가쟁력과 같은 효력은 인정되지 아니하며, 따라서 우선순위결정이 잘못되었다는 이유로 종전의 어업권면허처분이 취소되면 행정청은 종전의 우선순위결정을 무시하고 다시 우선순위를 결정한 다음 새로운 우선순위결정에 기하여 새로운 어업권면허를 할 수 있다(대판 1995. 1. 20, 94누6529).

>> **ANSWER**
6.③  7.④

**8** 행정절차와 관련한 판례의 입장으로 옳은 것은?

① 행정청이 구 「관광진흥법」의 규정에 의하여 유원시설업자 지위승계신고를 수리하는 처분을 하는 경우, 종전 유원시설업자에 대하여는 「행정절차법」상 처분의 사전통지절차를 거칠 필요가 없다.

② 불이익처분을 하면서 행정청과 당사자 사이의 합의에 의해 청문절차를 배제하기로 하였더라도 청문을 실시하지 않아도 되는 예외사유에 해당하지 아니한다.

③ 부과처분에 앞서 보낸 과세예고통지서에 납세고지서의 필요적 기재사항이 제대로 기재되어 있었더라도, 납세고지서에 그 기재사항의 일부가 누락되었다면 이유제시의 하자는 치유의 대상이 될 수 없다.

④ 「도로법」 제25조 제3항에 의한 도로구역변경고시의 경우는 「행정절차법」상 사전통지나 의견청취의 대상이 되는 처분에 해당한다.

📢(Point) ② 행정청이 당사자와 사이에 도시계획사업의 시행과 관련한 협약을 체결하면서 관계 법령 및 행정절차법에 규정된 청문의 실시 등 의견청취절차를 배제하는 조항을 둔 경우, 청문 예외사유에 해당하지 않는다. 행정청이 당사자와 사이에 도시계획사업의 시행과 관련한 협약을 체결하면서 관계 법령 및 행정절차법에 규정된 청문의 실시 등 의견청취절차를 배제하는 조항을 두었다고 하더라도, 국민의 행정참여를 도모함으로써 행정의 공정성·투명성 및 신뢰성을 확보하고 국민의 권익을 보호한다는 행정절차법의 목적 및 청문제도의 취지 등에 비추어 볼 때, 위와 같은 협약의 체결로 청문의 실시에 관한 규정의 적용을 배제할 수 있다고 볼 만한 법령상의 규정이 없는 한, 이러한 협약이 체결되었다고 하여 청문의 실시에 관한 규정의 적용이 배제된다거나 청문을 실시하지 않아도 되는 예외적인 경우에 해당한다고 할 수 없다(대판 2004. 7. 8, 2002두8350).

**9** 개인정보보호에 대한 설명으로 옳지 않은 것은?

① 정보주체는 개인정보처리자가 「개인정보 보호법」을 위반한 행위로 손해를 입으면 개인정보처리자에 게 손해배상을 청구할 수 있으며, 이 경우 그 정보주체는 고의 또는 과실을 입증해야 한다.

② 「개인정보 보호법」상 '개인정보처리자'란 업무를 목적으로 개인정보파일을 운용하기 위하여 스스로 또는 다른 사람을 통하여 개인정보를 처리하는 공공기관, 법인, 단체 및 개인 등을 말한다.

③ 「개인정보 보호법」상 '개인정보'란 살아있는 개인에 관한 정보로서 사자(死者)나 법인의 정보는 포함되지 않는다.

④ 「행정절차법」도 비밀누설금지 · 목적 외 사용금지 등 개인의 정보보호에 관한 규정을 두고 있다.

🔊 (Point) ① 해당 손해에 대한 고의 또는 과실의 입증은 개인정보처리자의 할 일이지 정보주체가 할 일이 아니다.

② '개인정보처리자'란 업무를 목적으로 개인정보파일을 운용하기 위하여 스스로 또는 다른 사람을 통하여 개인정보를 처리하는 공공기관, 법인, 단체 및 개인 등을 말한다〈개인정보 보호법 제2조 제5호〉.

③ 개인정보란 살아 있는 개인에 관한 정보로서 다음의 어느 하나에 해당하는 정보를 말한다〈개인정보 보호법 제2조 제1호〉.

④ 누구든지 청문을 통하여 알게 된 사생활이나 경영상 또는 거래상의 비밀을 정당한 이유 없이 누설하거나 다른 목적 으로 사용하여서는 아니 된다〈행정절차법 제37조 제6항〉.

> **PLUS TIP** 개인정보 보호법 제39조(손해배상책임)
>
> ㉠ 정보주체는 개인정보처리자가 이 법을 위반한 행위로 손해를 입으면 개인정보처리자에게 손해배상을 청구 할 수 있다. 이 경우 그 개인정보처리자는 고의 또는 과실이 없음을 입증하지 아니하면 책임을 면할 수 없다.
>
> ㉡ 개인정보처리자의 고의 또는 중대한 과실로 인하여 개인정보가 분실 · 도난 · 유출 · 위조 · 변조 또는 훼손 된 경우로서 정보주체에게 손해가 발생한 때에는 법원은 그 손해액의 3배를 넘지 아니하는 범위에서 손 해배상액을 정할 수 있다. 다만, 개인정보처리자가 고의 또는 중대한 과실이 없음을 증명한 경우에는 그 러하지 아니하다.

**>> ANSWER**

9.①

10 「민원 처리에 관한 법률」에 대한 내용으로 옳지 않은 것은?

① 민원을 처리하는 담당자는 담당 민원을 신속·공정·친절·적법하게 처리하여야 한다.

② 행정기관의 장은 민원실에 민원의 신청에 필요한 사항을 게시하거나 편람을 비치하여 편의를 제공하여야 한다.

③ 행정기관의 장은 민원에 대한 처리결과를 민원인에게 문서로만 통지할 수 있다.

④ 행정기관의 장은 법령의 규정 또는 위임이 있는 경우를 제외하고는 민원 처리의 절차 등을 강화하여서는 아니 된다.

🔊 Point ③ 행정기관의 장은 접수된 민원에 대한 처리를 완료한 때에는 그 결과를 민원인에게 문서로 통지하여야 한다. 다만, 기타민원의 경우와 통지에 신속을 요하거나 민원인이 요청하는 등 대통령령으로 정하는 경우에는 구술 또는 전화로 통지할 수 있다(민원 처리에 관한 법률 제27조).

11 다음 중 대집행에 관한 설명으로 옳은 것은?

① 계고, 대집행영장의 통지, 대집행 실행, 비용납부명령은 모두 행정쟁송의 대상이 된다.

② 대집행의 실시 여부는 원칙적으로 기속사항이다.

③ 대집행의 일반법은 「경찰관 직무집행법」이다.

④ 부작위의무 위반도 대집행의 대상이 된다.

🔊 Point ① 계고와 대집행영장의 통지는 통지로서 준법률행위적 행정행위, 대집행의 실행은 권력적 사실행위, 비용납부명령은 행정행위로서 모두 행정쟁송의 대상이 되는 '처분 등'에 해당한다.
② 대집행의 실시 여부는 원칙적으로 관할 행정청의 재량사항이다.
③ 대집행의 일반법은 「행정대집행법」이다.
④ 대집행은 대체적 작위의무의 위반을 대상으로 하는 바, 부작위의무 위반에 대하여는 직접 대집행을 할 수 없고 부작위의무 위반으로 인한 결과를 시정하기 위한 대체적 작위의무를 과한 후 그 대체적 작위의무의 불이행이 있는 경우에 비로소 대집행을 해야 한다.

>> ANSWER
10.③  11.①

## 12 행정상 즉시강제에 관한 설명이 아닌 것은?

① 행정상 즉시강제의 법적 성질은 권력적 사실행위이다.

② 행정상 강제집행이 가능한 경우에는 행정상 즉시강제는 인정되지 않는다.

③ 불가피하게 행정상 즉시강제수단이 활용되어야 하는 경우일지라도 그 수단은 비례원칙의 적용을 받아야 한다.

④ 위법한 행정상 즉시강제는 언제나 행정쟁송의 대상이 된다.

**(Point)** ④ 위법한 행정상 즉시강제라고 하여도 언제나 행정쟁송의 대상이 되는 것은 아니다. 행정상 즉시강제의 취소나 변경을 구할 법률상의 이익이 있는 자는 행정상 쟁송의 제기를 통해 위법한 즉시강제에 대해 다툴 수 있다. 행정상 즉시강제는 수인의무를 내포하는 행정행위로서의 성질도 갖기 때문이다. 그러나 즉시강제가 완성되어 버리면 취소나 변경을 구할 협의의 소의 이익이 없기 때문에, 실제상 행정상 쟁송은 행정상 즉시강제가 장기간에 걸쳐 계속되는 경우에만 의미를 갖는다.

## 13 다음 중 통고처분에 관한 설명으로 옳지 않은 것은?

① 통고처분은 조세범·관세범 등에 대해 인정되고 있다.

② 통고처분에 따라 납부하여야 하는 금액의 성질은 형법상의 벌금이 아니다.

③ 통고처분은 검사가 부과하며 형사소송절차에 따라 형사처벌을 하기 위한 선행절차이다.

④ 헌법재판소 판례는 통고처분에 대해 행정쟁송대상으로서의 처분성을 부정하고 있다.

**(Point)** ③ 정식재판에 갈음하는 제도이므로 형사처벌을 하기 위한 선행절차가 아니다.

> **PLUS TIP** 통고처분
>
> ⊙ 의의 : 주로 조세범·관세범·출입국사범·교통사범·경범죄사범 등에 대해 행정청이 일정한 벌금·과료·몰수를 명하는 제도이다.
> ⓛ 통고처분권자 : 국세청장, 지방국세청장, 세무서장, 관세청장, 세관장, 출입국사무소장, 경찰서장 등이다.
> ⓒ 효과 : 통고처분을 받은 자가 이행하지 않으면 통고처분은 효력을 상실하며, 경찰서장 등 행정기관의 고발에 의하여 통상의 형사소송절차로 이행 불복시 소송을 제기함이 없이 그대로 방치하면 효력이 소멸하므로 이는 행정쟁송법상 처분에 해당하지 않는다(통설·판례).

**>> ANSWER**

12.④  13.③

**14** 다음 중 행정형벌에 관한 설명으로 옳지 않은 것은?

① 행정형벌을 과하기 위해서는 원칙적으로 고의·과실을 요한다.

② 행정형벌에서는 형사미성년자를 처벌하는 경우도 있다.

③ 법인에 대하여도 재산형을 과할 수 있다.

④ 타인의 비행으로 인한 책임은 인정하지 않는다.

🔊(Point) ④ 행정법규는 감독자나 법정대리인도 처벌하는 규정을 두는 경우가 있다. 다만, 이는 엄밀히 말하면 자기의 감독의무를 태만히 한 데 대한 과실책임을 묻는 것이라 할 수 있다.

① 형법상 형사범의 성립에는 원칙적으로 고의가 있음을 요건으로 한다.

② 행정범의 경우에는 형사미성년자 미처벌 규정을 배제 또는 제한하는 경우가 있다.

③ 형사범에서는 법인은 범죄능력이 없는 것으로 보나 행정범에 있어서는 법인에 대하여 재산형을 과하는 경우가 많다.

**15** 국가배상책임에 관한 설명 중 대법원 판례의 입장과 합치되는 것은?

① 국가배상청구소송은 행정소송으로 제기하여야 한다.

② 법관이 재판에서 법령규정을 따르지 아니한 잘못이 있는 경우에는 그것만으로 국가배상책임이 인정되어야 한다.

③ 「국가배상법」은 생명·신체의 침해에 대한 배상금의 지급만을 규정하고 있으므로 재산권 침해에 대해서는 배상금을 청구할 수 없다.

④ 현역병으로 입대하여 소정의 군사교육을 마친 다음 교도소의 경비교도로 전임된 자는 국가배상법 제2조 제1항 단서 소정의 어느 신분에도 해당하지 않으므로 국가배상을 청구하는 것을 방해받지 않는다.

🔊(Point) ④ 대법원은 "현역병으로 입영하여 소정의 군사교육을 마치고 병역법 제25조의 규정에 의하여 전임되어 구 교정시설경비교도대설치법 제3조에 의하여 경비교도로 임용된 자는 군인의 신분을 상실하고 군인과는 다른 경비교도로서의 신분을 취득하게 되었다고 할 것이어서 국가배상법 제2조 제1항 단서가 정하는 군인 등에 해당하지 아니한다."고 판시하였다(대판 1998. 2. 10, 97다45914).

① 국가배상청구소송은 실무상 민사소송절차에 의한다.

② 대법원은 "법관의 재판상 직무집행에 있어서 법령의 오해 또는 간과로 인한 허물이 있었다 하더라도 그 법관에게 당사자의 어느 편을 유리 또는 불리하게 이끌어가려는 고의가 있었다는 등 다른 특단의 사정이 없는 한 이는 사회통념상 허용될 만한 상당성이 있는 것으로서 위법성은 결여된다."고 판시하였다(대판 1983. 6. 15, 81나1281. 대판 2001. 4. 24, 2000다16114).

③ 대법원은 "국가배상법 제3조 제5항에 생명, 신체에 대한 침해로 인한 배상금의 지급을 규정하였을 뿐이고 재산권 침해에 대한 배상금의 지급에 관하여 명시적인 규정을 두지 아니하였으나 제3조 제4항의 규정이 재산권 침해로 인한 배상금의 지급의무를 배제하는 것이라고 볼 수는 없다."고 판시하였다(대판 1990. 12. 21, 90다6033).

>> ANSWER

14.④  15.④

## 16 명단공표에 관한 다음 설명 중 옳지 않은 것은?

① 명단공표는 사실행위로서 그 자체로는 아무런 법적 효과를 발생하지 않는다.

② 항고소송의 대상이 된다.

③ 국세징수사무처리규정 등에 규정을 두고 있다.

④ 프라이버시권을 침해할 수 있다.

(Point) ② 법적 효력이 없으므로 항고소송의 대상이 되지 않는다.

① 명단공표는 사실행위로서 그 자체로는 아무런 법적 효과를 발생하지 않는다.

③ 국세청 훈령인 국세징수사무처리규정 등에 그 규정이 있다.

④ 개인의 프라이버시권을 침해할 우려가 있다.

PLUS TIP  **의무확보수단으로서의 공표**

㉠ 개념 : 정법상의 의무 위반 또는 그 불이행에 대해 행정청이 그 사실을 일반에 공표함으로써 심리적 · 간접적 강제로 그 의무이행을 확보하려는 제도를 말한다. 고액조세체납자의 명단공표, 공해배출업소명단의 공개 등이 그 예이다.

㉡ 장점
  • 적극적으로 공표가 본래 공권력을 행사하는 것이 아니므로 절차의 제약을 받음 없이 간략 · 신속하게 발동할 수 있다.
  • 행정상의 의무 위반에 관해 일반적으로 사용되고 있는 행정형벌은 과형절차가 번잡하기 때문에 공표가 보다 경제적이다.
  • 실효성이 높으며, 직접 물리력을 행사하지 않고 목적을 달성할 수 있다.

㉢ 문제점
  • 공표가 남용될 경우 특히 사전절차와 같은 현실적인 구제방법이 확립되어 있지 않으므로 구제가 곤란하다.
  • 개인의 프라이버시권과의 어떻게 조화를 이룰 것인가의 문제가 제기된다.

㉣ 특징
  • 공표 그 자체는 어떠한 법적 효과도 따르지 않는 비권력적 사실행위에 불과하다. 따라서 이를 대상으로 취소소송을 제기할 수 없다.
  • 일반법적 근거는 없으나 몇몇 개별법이 이를 규정하고 있다.「공직자윤리법」,「아동 · 청소년의 성보호에 관한 법률」,「국세기본법」과 국세청 훈령인 국세징수사무처리규정이 고액체납자의 명단공표를 규정하고 있고 그 외「식품위생법」,「자원의 절약과 재활용 촉진에 관한 법률」등이 이를 규정하고 있다.

**>> ANSWER**

16.②

## 17 다음 설명 중 옳지 않은 것은? (다툼이 있는 경우 판례에 의함)

① 건설부장관(현 국토교통부장관)이 행한 국립공원지정처분에 따른 경계측량 및 표지의 설치 등은 처분이 아니다.

② 행정지도가 구술로 이루어지는 경우 상대방이 행정지도의 취지·내용 및 신분을 기재한 서면의 교부를 요구하면 당해 행정지도를 행하는 자는 직무수행에 특별한 지장이 없는 한 이를 교부하여야 한다.

③ 조례가 집행행위의 개입 없이도 그 자체로서 직접 국민의 구체적인 권리·의무나 법적 이익에 영향을 미치는 등의 법률상 효과를 발생하는 경우 그 조례는 항고소송의 대상이 되는 행정처분에 해당한다.

④ 행정계획은 현재의 사회·경제적 모든 상황의 조사를 바탕으로 장래를 예측하여 수립되고 장기간에 걸쳐 있으므로, 행정계획의 변경은 인정되지 않는다.

**Point** ④ 구 국토이용관리법(2002. 2. 4. 법률 제6655호 국토의계획및이용에관한법률 부칙 제2조로 폐지)상 주민이 국토이용계획의 변경에 대하여 신청을 할 수 있다는 규정이 없을 뿐만 아니라, 국토건설종합계획의 효율적인 추진과 국토이용질서를 확립하기 위한 국토이용계획은 장기성, 종합성이 요구되는 행정계획이어서 원칙적으로는 그 계획이 일단 확정된 후에 어떤 사정의 변동이 있다고 하여 그러한 사유만으로는 지역주민이나 일반 이해관계인에게 일일이 그 계획의 변경을 신청할 권리를 인정하여 줄 수는 없을 것이지만, 장래 일정한 기간 내에 관계 법령이 규정하는 시설 등을 갖추어 일정한 행정처분을 구하는 신청을 할 수 있는 법률상 지위에 있는 자의 국토이용계획변경신청을 거부하는 것이 실질적으로 당해 행정처분 자체를 거부하는 결과가 되는 경우에는 예외적으로 그 신청인에게 국토이용계획변경을 신청할 권리가 인정된다고 봄이 상당하므로, 이러한 신청에 대한 거부행위는 항고소송의 대상이 되는 행정처분에 해당한다(대법원 2003. 9. 23. 선고 2001두10936 판결).

① 건설부장관이 행한 국립공원지정처분은 그 결정 및 첨부된 도면의 공고로써 그 경계가 확정되는 것이고, 시장이 행한 경계측량 및 표지의 설치 등은 이미 확정된 경계를 인식, 파악하는 사실상의 행위로 봄이 상당하며, 위와 같은 사실상의 행위를 가리켜 공권력 행사로서의 행정처분의 일부라고 볼 수 없다(대판 1992. 10. 13. 92누2325).

② 행정지도가 말로 이루어지는 경우에 상대방이 제1항의 사항을 적은 서면의 교부를 요구하면 그 행정지도를 하는 자는 직무 수행에 특별한 지장이 없으면 이를 교부하여야 한다(「행정절차법」 제49조(행정지도의 방식) 제2항).

③ (두밀분교폐지)조례가 집행행위의 개입 없이도 그 자체로서 직접 국민의 구체적인 권리의무나 법적 이익에 영향을 미치는 등의 법류상의 효과를 발생하는 경우 그 조례는 항고소송의 대상이 되는 행정처분에 해당한다.

**» ANSWER**

17.④

18  다음 중 수용유사침해에 해당하는 것은?

① 공무원의 공석에서의 명예훼손발언
② 제방의 설치 하자로 인한 수해
③ 개발제한구역의 지정
④ 지하철공사로 인한 인근상점의 매출 감소

🔊 (Point) 수용유사침해란 보상규정을 결한 법률에 근거한 공용침해를 말하는 것으로 구 도시계획법은 개발제한구역의 지정을 규
정하면서도 보상규정을 두지 않아 학계에서는 이를 수용유사침해에 해당한다고 설명하였다. 다만, 판례는 위헌 무효로
판결함에 그치고 보상을 인정하지는 않았다.
① 결과제거청구권이 발생한다.
② 손해배상청구권이 발생한다.
④ 수용적 침해이론이 적용된다.

19  다음 중 행정심판위원회에 관한 설명으로 옳지 않은 것은?

① 위원회가 심판청구를 받은 후 법령의 개폐 또는 피청구인의 경정결정에 의하여 당해 심판청구에 대
한 재결을 행할 권한을 잃게 된 때에는 해당 위원회는 심판청구서·관계서류 및 그 밖의 자료를 새
로 재결할 권한을 가지게 된 위원회에 송부하여야 한다.
② 송부를 받은 위원회는 지체없이 그 사실을 심판 청구인, 피청구인 및 참가인에게 통지하여야 한다.
③ 중앙행정심판위원회의 회의는 위원장, 상임위원과 위원장이 매 회의마다 지정하는 비상임위원을 포
함하여 총 9인으로 구성한다.
④ 행정심판위원회 및 중앙행정심판위원회는 위원장 1인을 포함한 30인 이내의 위원으로 구성한다.

🔊 (Point) ④ 행정심판위원회는 위원장 1인을 포함한 50인 이내의 위원으로 구성하고, 중앙행정심판위원회는 위원장 1인을 포함
한 70명 이내의 위원으로 구성한다.

## 20 다음 설명 중 옳은 것은? (판례에 의함)

① 이미 확정된 과세처분에 대해 증액경정한 경우 행정소송의 대상은 원처분이다.

② 행정심판을 거쳐 행정소송이 제기된 경우 소송대상은 재결이다.

③ 과태료처분은 취소소송의 대상인 행정처분이 아니다.

④ 반복된 행위는 그 행위마다 처분이 된다.

**Point** ③ 과태료처분은 행정처분이 아니므로 취소소송의 대상이 아니다.

① 과세처분이 있은 후 증액경정처분이 있는 경우 당초 과세처분은 경정처분에 흡수되어 독립적인 존재가치를 상실하므로 원처분이 아닌 증액경정처분이 행정소송의 대상이 된다(대판 2000. 9. 22, 98두18510).

② 행정소송은 처분 등을 대상으로 하므로 재결은 그 대상이 아니고, 재결 자체에 고유한 위법이 있음을 이유로 하는 경우에는 소송의 대상이 된다.

④ 단 한 차례의 제출요구에 의하여서도 그 상대방은 서류제출의무를 부담하게 되는 것이고 따라서 그 뒤 추가로 하는 2, 3차의 제출요구는 그것이 동일한 내용의 요구를 반복하는 것인 경우에는 다른 특별한 사정이 없는 한 종전의 제출요구를 철회하고 상대방에게 별개의 새로운 제출요구를 하는 것이 아니라 그 제출을 독촉하거나 그 제출기한을 연기해 주는 통지로서의 의미를 가지는 것에 불과하다고 볼 것이므로, 이와 같은 경우에는 독립적인 행정처분이라 할 수 없다(대판 1994. 2. 22, 93누21156).

**>> ANSWER**

20.③

# 행정법

**1** 다음 중 행정의 의의에 관한 설명으로 옳지 않은 것은?

① 행정부에 의하여 행하여지는 국가작용이 성질상 입법에 속하든 사법에 속하든 모두 행정으로 보는 것은 형식적 의미의 행정이다.

② 소극설은 행정의 복잡·다양성으로 인해 행정의 개념을 적극적으로 정의할 수 없으므로 국가작용 중 입법과 사법을 제외한 나머지 작용을 행정이라 정의한다.

③ 개념징표설은 행정의 개념을 적극적으로 정의할 수 없고, 다만 묘사할 수 있을 뿐이라고 주장한다.

④ 국가작용의 성질상 차이가 있음을 전제로 하여 그 성질에 따라 행정을 입법·사법과 구별하여 그 의의를 정립하는 경우를 형식적 의미의 행정이라 한다.

🔊(Point) ④ 국가작용의 성질상 차이가 있음을 전제로 하여 그 성질에 따라 행정을 입법·사법과 구별하여 그 의의를 정립하는 경우를 실질적 의미의 행정이라 한다.

**2** 다음 중 행정법의 법원에 관한 설명으로 옳은 것은?

① 국가 상호간의 관계를 규율하는 공법으로서의 국제법은 행정법의 법원이 되지 못한다.

② 우리나라 다수설은 행정규칙의 법원성을 인정하지 않는다.

③ 행정선례법의 존재를 명문으로 인정한 경우도 있다.

④ 선례구속의 원칙은 영·미법계 국가보다는 대륙법계 국가에서 인정된다.

🔊(Point) ③ 국세기본법 제18조 제3항에서는 행정선례법의 존재를 명문으로 인정하고 있다. 즉, "세법의 해석 또는 국세행정의 관행이 일반적으로 납세자에게 받아들여진 후에는 그 해석 또는 관행에 의한 행위 또는 계산은 정당한 것으로 보며, 새로운 해석 또는 관행에 의하여 소급하여 과세되지 아니한다."고 규정하고 있다.
① 국제법도 행정법의 법원이 될 수 있다. 즉, 국제조약과 국제법규는 국내법에 해당하므로 행정법의 법원이 될 수 있다.
② 우리나라 다수설은 행정규칙의 법원성을 인정하고 있다.
④ 선례구속의 원칙은 불문법국가인 영·미법계 국가에서 인정된다.

>> ANSWER

1.④  2.③

**3** 다음 중 무하자재량행사청구권에 관한 대법원 판례의 내용으로 옳지 않은 것은?

① 검사 지원자 중 한정된 수의 임용대상자에 대한 임용결정은 한편으로는 그 임용대상에서 제외된 자에 대한 임용거부결정이라는 양면성을 지니는 것이다.

② 임용대상에서 제외한 자에 대한 임용거부의 의사표시는 본인에게 직접 고지되지 않았다고 하여도 본인이 이를 알았거나 알 수 있었을 때에 그 효력이 발생한 것으로 보아야 한다.

③ 법령상 검사임용신청 및 그 처리에 관한 명문규정이 없는 경우에는 조리상 임용권자는 임용신청자들에게 전형의 결과인 임용 여부의 응답을 해 줄 의무가 없다.

④ 임용신청자는 재량권의 한계일탈이나 남용이 없는 적법한 응답을 요구할 권리가 있다.

📢 Point ③ 검사의 임용 여부는 임용권자의 자유재량에 속하는 사항이나 명문의 규정이 없더라도 조리상 임용권자는 임용신청자들에게 전형의 결과인 임용 여부의 응답을 해 줄 의무가 있다고 할 것이며, 응답할 것인지 여부조차도 임용권자의 편의재량사항이라고는 할 수 없다(대판 1991. 2. 12, 90누5825).

> **PLUS TIP** 무하자재량행사청구권
>
> ㉠ 개인이 행정청에 대하여 하자 없는, 즉 적법한 재량처분을 구하는 적극적 공권을 말한다.
> ㉡ 재량행위에만 인정되는 것으로 행정청이 재량권의 한계를 준수하면서 처분을 할 것을 구할 수 있는 절차적 권리(형식적 공권)일 뿐 특정 처분을 행할 것을 요구할 수 있는 실체적 권리는 아니다.
> ㉢ 무하자재량행사청구권으로 인해 재량행위에서도 원고적격을 인정할 수 있게 된다.
> ㉣ 행정청에 재량권의 한계를 준수할 법적 의무가 있어야 하고 관계법규의 목적·취지가 공익 외에 개인의 이익도 보호하고 있어야 한다.

**4** 다음 중 사인의 공법행위에 해당하지 않는 것은?

① 국회의원 선거행위

② 영업허가신청

③ 공무원임명에 대한 동의

④ 국유토지의 사용허가신청

📢 Point ④ 국유토지는 이를 도로부지 등으로 사용하기로 결정하지 아니하는 한 원칙적으로 일반(구 잡종)재산의 성질을 지니며 이러한 일반재산의 사용허가신청은 그 표현에도 불구하고 그것은 사법행위로서의 당해 토지의 사용을 위한 임대차계약의 청약행위에 해당한다고 할 것이다.

**» ANSWER**

3.③  4.④

**5** **다음 법규명령과 행정규칙에 관한 내용 중 타당한 것은?**

① 행정규칙은 상급행정기관이 하급행정기관의 권한 행사를 지휘·감독하기 위하여 발하는 명령으로서 훈령이나 지방자치단체의 조례가 이에 해당한다.

② 법규명령은 법률로부터 독립하여 발해지는 명령이므로 법률의 수권이 없는 경우에도 규제의 대상이나 벌칙을 정할 수 있다.

③ 법규명령은 그 주체·내용·절차·형식이 법에 정한 요건에 적합하다면 공포를 필요로 하지 않고 유효하게 성립하여 효력을 발한다.

④ 행정규칙은 행정권이 정립하는 일반적인 규정으로 법규의 성질을 가지지 않는 것을 말하며 그 예로서 훈령, 예규, 지시, 일일명령 등이 있다.

🔊 (Point) ① 지방자치단체의 조례는 기본적으로 주민과 지방자치단체간의 권리·의무를 규정하는 것이므로 법규인 자치법규이다.
②③ 법규명령은 법규를 내용으로 하는 행정입법, 즉 국민에 의무를 과하거나 권리를 제한하는 명령을 말한다. 법률의 위임(수권)이 없으면 행정기관은 이를 정립할 수 없고, 제정된 명령은 관보 등에서 공포되어야 효력을 발생한다.

PLUS TIP **법규명령과 행정규칙의 비교**

| 구분 | 법규명령 | 행정규칙 |
|---|---|---|
| 제정기관 | 행정기관 | |
| 형식 | 추상적·일반적 법조형식 | |
| 법원성 | 인정 | |
| 의의·본질 | • 공권력으로 발동되며, 일반 국민에게 권리·의무를 지우는 법규성을 가진다.<br>• 형식적으로는 행정이지만 실질적으로는 입법이다. | • 특별권력으로 발동되며, 행정조직 내부의 사항만을 규율하므로 법규성이 없다.<br>• 형식적·실질적 모두 행정 |
| 구속력 | 일반국민뿐만 아니라 집권자도 구속되는 일반적·양면적 구속력이 인정된다. | 특별권력 내부의 하명을 받은 상대방만을 구속하는 일면적 구속력이 인정된다. |
| 위반 시 | 위법행위가 되며 하자 있는 행위로서 행정소송의 대상이 된다. | 위반하더라도 적법·유효하므로 행정소송을 제기할 수 없다. |
| 근거 | 헌법 등 상위명령의 근거가 있어야 하며, 위임명령은 개별적·구체적 위임이 있어야 한다. | 법률의 근거를 요하지 않으며 행정권의 권능으로 제정된다. |
| 형성<br>효력 | 명령의 종류를 밝힌 조문형식이며 관보게재를 통한 공포로서 효력 발생 | 문서(훈령·지시·예규·통첩 등)의 형식을 취하나 구두로도 가능하며 해당 행정기관에 도달만 하면 효력이 발생 |
| 소멸·변경 | 법령의 폐지·취소, 해제조건의 성취, 상위법령의 개폐, 근거법령의 소멸 등으로 소멸·변경 | 법규명령의 소멸사유 이외에도 비교적 자유로이 소멸·변경 |

**6** 다음 중 강학상 특허에 대한 설명으로 옳지 않은 것은?

① 특정인을 위하여 권리나 능력 등 법률상의 힘을 설정하는 행정행위이다.

② 특허법상의 특허가 이에 해당한다.

③ 특허는 형성적 행위로서 명령적 행위인 허가와 구별된다.

④ 물적 특허는 이전될 수 있다.

(Point) ② 특허법상의 특허는 확인에 해당한다.

> **PLUS TIP** 특허
>
> ㉠ 의의 : 광의로는 특정 상대방을 위하여 새로이 권리를 설정하는 행위(공기업특허, 공물사용권의 특허, 광업허가, 어업면허 등), 능력을 설정하는 행위(공법인의 설립행위 등), 포괄적 법적 지위를 설정하는 행위(공무원임명, 귀화허가 등)를 말한다. 이 중에서 권리를 설정하는 행위를 협의의 특허라 한다.
> ㉡ 성질 : 재량행위에 해당한다.
> ㉢ 대상 : 특정인에게 행하여지며 불특정 다수에게는 행하여지지 않는다.
> ㉣ 출원 : 특허는 출원을 필요요건으로 하며 출원이 없거나 그 취지에 반하는 특허는 완전한 효력을 발생할 수 없다.
> ㉤ 수정특허 : 인정되지 않는다.
> ㉥ 취득한 권리 : 공권인 것이 보통이나 사권(광업권, 어업권 등)인 경우도 있다.
> ㉦ 예 : 귀화허가, 어업면허, 광업허가, 공기업특허, 자동차운수사업면허, 공물사용특허, 도로점용허가, 공용수용권 설정, 공유수면매립면허, 하천도강료징수권 설정, 도시가스사업허가 등

**7** 「행정절차법」상 행정지도절차에 관한 내용으로 옳지 않은 것은?

① 행정기관이 동일한 행정목적의 실현을 위하여 다수의 상대방에게 행정지도를 하고자 할 때에는 행정지도에 공통적인 내용이 되는 사항을 공표하는 것이 원칙이다.

② 행정기관은 행정지도의 상대방이 당해 행정지도에 따르지 아니한 경우 최소한의 범위 내에서 불이익한 조치를 할 수 있다.

③ 행정지도는 그 상대방의 의사에 반하여 부당하게 강요해서는 안된다.

④ 행정지도를 행하는 자는 그 상대방에게 당해 행정지도의 취지, 내용 및 신분을 밝혀야 한다.

(Point) ② 행정기관은 행정지도의 상대방이 행정지도에 따르지 아니하였다는 것을 이유로 불이익한 조치를 하여서는 아니된다〈행정절차법 제48조 제2항〉. 따라서 최소한의 불이익한 조치도 취해서는 아니된다.

**8** 다음 중 비공식적 행정작용에 관한 설명으로 옳지 않은 것은?

① 비공식적 행정작용은 명시적인 법적 근거가 없어도 허용된다는 것이 다수설이다.

② 비공식적 행정작용은 행정기관과 사인 간에 행하여지기 때문에 제3자의 지위보장에 적합한 행위형식이다.

③ 비공식적 행정작용은 사실행위로서 아무런 법적 효과를 발생하지 않는 작용이므로 처분성이 인정되지 않는다.

④ 비공식적 행정작용도 행정법의 일반원칙에 의한 구속을 받는다.

🔊 **Point** 비공식적 행정작용 … 넓은 의미로는 그 요건·효과·절차 등이 일반적으로 법에 의해 정해지지 않으며 법적 구속력을 발생하지 않는 일체의 행정작용을 말하지만, 일반적으로 좁은 의미로는 공식적인 행정작용(행정입법, 행정행위, 공법상 계약 등)의 준비행위 또는 그 대체적인 것으로 행해지는 행정청과 국민간의 협의·합의 등을 말한다.

② 비공식적 행정작용은 통상 행정청과 상대방의 양자관계에서 행해지므로 이해관계에 있는 제3자에게 불리하게 작용될 가능성이 많다.

① 비공식적 행정작용은 법적 근거가 없으므로 법치국가의 원리상 허용되지 않는다는 소수 견해도 있으나 일반적으로 그 허용성을 인정하는 것이 다수설이다.

④ 비공식적 행정작용은 법적 구속력이 없는 것이므로 이는 신뢰보호의 원칙, 신의성실의 원칙, 행정의 자기구속의 원칙 등을 매개로 하여서도 법적 구속성이 인정될 수 없다. 하지만 그것이 무제한의 자유를 허용하는 것은 아니므로 비공식적 행정작용에도 일정한 법적 한계는 존재한다.

**9** 「공공기관의 정보공개에 관한 법률」상 정보공개에 대한 판례의 입장으로 옳지 않은 것은?

① 국가정보원이 그 직원에게 지급하는 현금급여 및 월초수당에 관한 정보는 비공개대상 정보에 해당한다.

② 법무부령으로 제정된 「검찰보존사무규칙」상의 기록의 열람·등사의 제한규정은 구 「공공기관의 정보공개에 관한 법률」제9조 제1항 제1호의 '다른 법률 또는 법률에 의한 명령에 의하여 비공개사항으로 규정된 경우'에 해당한다.

③ '감사·감독·검사·시험·규제·입찰계약·기술개발·인사관리·의사결정과정 또는 내부검토과정에 있는 사항 등으로서 공개될 경우 업무의 공정한 수행에 현저한 지장을 초래한다고 인정할 만한 상당한 이유가 있는 정보'란 공개될 경우 업무의 공정한 수행이 객관적으로 현저하게 지장을 받을 것이라는 고도의 개연성이 존재하는 경우를 말한다.

④ 비공개대상인 '법인 등의 경영·영업상 비밀'은 「부정경쟁방지 및 영업비밀보호에 관한 법률」제2조 제2호에 규정된 '영업비밀'에 한하지 않고, '타인에게 알려지지 아니함이 유리한 사업활동에 관한 일체의 정보' 또는 '사업활동에 관한 일체의 비밀사항'을 말한다.

🔊 **Point** ② 「검찰보존사무규칙」이 「검찰청법」제11조에 기하여 제정된 법무부령이기는 하지만, 그 사실만으로 같은 규칙 내의 모든 규정이 법규적 효력을 가지는 것은 아니다. 기록의 열람·등사의 제한을 정하고 있는 같은 규칙 제22조는 법률상의 위임근거가 없어 행정기관 내부의 사무처리준칙으로서 행정규칙에 불과하므로, 위 규칙상의 열람·등사의 제한이 공공기관의 정보공개에 관한 법률 제9조 제1항 제1호의 '다른 법률 또는 법률에 의한 명령에 의하여 비공개사항으로 규정된 경우'에 해당한다고 볼 수 없다(대판 2006. 5. 25, 2006두3049).

**>> ANSWER**

8.② 9.③

10 다음 중 행정강제에 대한 내용으로 옳은 것은?

① 직접강제는 의무불이행의 경우에 직접 의무자의 신체 또는 재산에 실력을 가하여 의무의 이행이 있는 것과 동일한 상태를 실현하는 작용이다.
② 즉시강제는 행정상 의무의 불이행에 대하여 장래에 향하여 실력으로 그 의무를 이행시키는 작용이다.
③ 행정상 강제징수에 대한 일반법으로 「국세기본법」이 있다.
④ 대집행은 법률에 의해 직접 명해진 행위가 이행되지 않는 경우에는 곧바로 행하는 것이 원칙이다.

> (Point) ② 행정상 의무의 불이행에 대하여 장래에 향하여 실력으로 그 의무를 이행시키는 것은 강제집행이다.
> ③ 행정상 강제징수에 대한 일반법은 국세징수법이다.
> ④ 대집행은 일정한 절차하에 인정된다. 곧바로 행할 수 없으며 원칙적으로 상당한 이행기간을 부여하여야 한다.

> **PLUS TIP** 행정의 의무이행확보수단
>
> ㉠ 직접적 의무이행확보수단(행정강제)
> • 강제집행 : 대집행, 집행벌, 직접강제, 강제징수
> • 즉시강제(행정조사)
> ㉡ 간접적 의무이행확보수단
> • 행정벌 : 행정형벌, 행정질서벌
> • 새로운 의무이행확보수단 : 금전적 제재, 공급거부, 명단의 공포, 관허사업의 제한, 차량 등의 사용금지, 수익적 행정행위의 철회, 해외여행의 제한, 세무조사

11 다음 중 행정심판의 대상이 될 수 없는 것은?

① 행정청의 부당한 처분
② 대통령의 위법한 처분
③ 국무총리의 부작위
④ 도지사의 취소처분

> (Point) ② 행정심판은 행정청의 위법·부당한 처분 또는 부작위를 대상으로 한다. 다만, 대통령의 처분 또는 부작위에 대해서는 행정심판법이 명문으로 행정심판의 대상에서 제외하고 있다〈행정심판법 제3조 제2항〉. 그 외에 검사의 불기소처분, 세관장이나 경찰서장의 통고처분도 특별한 구제수단이 마련되어 있으므로 행정심판의 대상이 될 수 없다. 또한 행정심판의 재결도 행정심판의 대상이 되지 않는다.

**12** 다음 중 행정상 대집행에 관한 설명으로 옳은 것은?

① 행정상 대집행을 행하는 것은 의무자가 대체적 작위의무 또는 부작위의무를 이행하지 않은 경우이다.

② 행정청이 대집행을 행하기 위하여는 사전에 법원의 허가를 필요로 한다.

③ 대집행에 소요된 비용은 행정청이 부담하고 의무자로부터 징수할 수 없다.

④ 대집행은 행정청이 스스로 행할 수 있지만 사인인 제3자에게 행하게 할 수도 있다.

> **Point** ④ 당해 행정청은 스스로 대집행을 실행하거나 청부계약 등에 의해 민간인에게 대집행의 실행(건물의 철거 등)을 행하게 할 수 있다. 그러나 계고, 대집행영장의 발부 등의 처분은 사인에게 행하게 할 수 없다.
> ① 행정대집행은 행정상의 대체적 작위의무의 불이행에 대하여만 실행할 수 있다.
> ② 행정대집행은 행정상의 강제집행의 수단으로서 행정청의 독자적인 판단에 따라 스스로 이를 행할 수 있으며 사전에 법원의 허가를 요하지 않는다.
> ③ 대집행에 소요된 경비는 종국적으로는 의무자가 부담하고 행정청은 국세체납처분의 예에 따라 이를 의무자로부터 강제적으로 징수할 수 있다.

**13** 다음은 행정의 실효성 확보수단에 대해 설명한 것이다. 가장 적절하지 않은 것은? (다툼이 있으면 판례에 의함)

① 공급거부란 행정법상의 의무를 위반하거나 불이행한 자에 대해 일정한 재화나 서비스의 공급을 거부하는 행정작용을 말한다.

② 가산금은 세법상의 의무의 성실한 이행을 확보하기 위하여 세법에 의하여 산출된 세액에 가산하여 징수하는 금액을 말한다.

③ 이행강제금은 의무의 불이행시에 일정액수의 금전납부의무가 부과될 것임을 의무자에게 미리 계고함으로써 의무의 이행을 확보하는 수단을 말한다.

④ 명단의 공표란 행정법상의 의무 위반 또는 불이행이 있는 경우 그 위반자의 성명, 위반사실 등을 일반에게 공개하여 명예 또는 신용에 침해를 가함으로써 심리적인 압박을 가하여 행정법상 의무이행을 확보하는 수단을 말한다.

> **Point** ② 가산세에 대한 설명이다. 가산금은 국가 또는 지방자치단체에 대한 납세의무자가 그 납기까지 조세를 납부 또는 납입하지 아니한 경우에, 조세체납처분을 하기 위한 전제로서 납세의무의 이행을 최고(催告)하기 위하여 과세권자가 독촉을 하면서 징수하는 금액이다. 2020. 1. 1. 이후로 납부고지 전에 적용되는 「국세기본법」에 따른 납부불성실가산세와 납부고지 후에 적용되는 「국세징수법」의 가산금이 「국세기본법」에 따른 납부지연가산세로 일원화되어 시행된다.

**» ANSWER**

12.④  13.②

**14** 행정행위에 대한 설명으로 옳지 않은 것은? (다툼이 있는경우 판례에 의함)

① 개발제한구역 내의 건축물의 용도변경에 대한 예외적 허가는 그 상대방에게 제한적이므로 기속행위에 속하는 것이다.

② 농지처분의무통지는 단순한 관념의 통지에 불과하다고 볼 수 없고, 상대방인 농지소유자의 의무에 직접 관계되는 독립한 행정처분으로서 항고소송의 대상이 된다.

③ 행정청이 (구)「식품위생법」규정에 의하여 영업자지위승계신고를 수리하는 처분은 종전의 영업자의 권익을 제한하는 처분에 해당하므로, 행정청은 이를 처리함에 있어 종전의 영업자에 대하여 처분의 사전통지, 의견청취 등 「행정절차법」상의 처분절차를 거쳐야 한다.

④ 부담은 행정청이 행정행위를 하면서 일방적으로 부가할 수도 있지만 부담을 부가하기 이전에 상대방과 협의하여 부담의 내용을 협약의 형식으로 미리 정한 다음 행정행위를 하면서 부가할 수도 있다.

🔊 (Point) ② 농지처분의무통지는 단순한 관념의 통지에 불과하다고 볼 수는 없고, 상대방인 농지소유자의 의무에 직접 관계되는 독립한 행정처분으로서 항고소송의 대상이 된다(대판 2003. 11. 14, 2001두8742).
③ 행정청이 구 식품위생법 규정에 의하여 영업자지위승계신고를 수리하는 처분은 종전의 영업자의 권익을 제한하는 처분이라 할 것이고 따라서 종전의 영업자는 그 처분에 대하여 직접 그 상대가 되는 자에 해당한다고 봄이 상당하므로, 행정청으로서는 위 신고를 수리하는 처분을 함에 있어서 행정절차법 규정 소정의 당사자에 해당하는 종전의 영업자에 대하여 위 규정 소정의 행정절차를 실시하고 처분을 하여야 한다(대판 2003. 2. 14. 2001두7015).
④ 수익적 행정처분에 있어서는 법령에 특별한 근거규정이 없다고 하더라도 그 부관으로서 부담을 붙일 수 있고, 그와 같은 부담은 행정청이 행정처분을 하면서 일방적으로 부가할 수도 있지만 부담을 부가하기 이전에 상대방과 협의하여 부담의 내용을 협약의 형식으로 미리 정한 다음 행정처분을 하면서 이를 부가할 수도 있다(대판 2009. 2. 12. 2005다65500).

**15** 다음 중 과태료에 관한 설명으로 옳지 않은 것은?

① 조례로 정할 수 있다.
② 행정청이 직접 부과·징수한다.
③ 형법총칙이 적용되지 않는다.
④ 일반적으로 「비송사건절차법」에 의한다.

🔊 (Point) ④ 과태료 부과절차는 질서위반행위규제법에 의한다.
① 과태료는 지방자치법의 규정에 의해 조례로 정할 수 있다.
② 과태료는 행정청이 직접 부과·징수한다.
③ 행정질서벌인 과태료에는 형법총칙이 적용되지 않는다.

>> ANSWER
14.① 15.④

## 16 국가배상책임의 요건에 대한 판례의 입장으로 옳은 것은?

① 사인이 지방자치단체로부터 공무를 위탁받아 공무에 종사하는 경우 공무의 위탁이 일시적이고 한정적인 사항에 관한 활동이라면 국가배상법상 공무원에 해당하지 아니한다.

② 국가배상법상 공무원의 직무에는 사경제의 주체로서 하는 작용이 포함된다.

③ 인사업무담당 공무원이 다른 공무원의 공무원증 등을 위조하여 대출받은 경우, 인사업무담당 공무원의 공무원증 위조행위는 실질적으로 직무행위에 속하지 아니하므로 대출은행은 국가배상청구를 할 수 없다.

④ 유흥주점의 화재로 여종업원들이 사망한 경우, 담당 공무원의 유흥주점의 용도변경, 무허가 영업 및 시설기준에 위배된 개축에 대하여 시정명령 등 식품위생법상 취하여야 할 조치를 게을리 한 직무상 의무위반행위와 여종업원들의 사망 사이에는 상당인과관계가 존재하지 아니한다.

🔊 (Point) ④ 소방공무원이 화재 전 유흥주점에 대하여 구 소방법상 시정조치를 명하지 않은 직무상 의무 위반으로 인한 유흥주점 화재사고에 따른 여종업원들의 사망에 대하여 인과관계를 인정하였으나(대판 2008. 4. 20, 2005다48994) 동일한 사안에서 공무원의 식품위생법상 취하여야 할 조치를 게을리한 직무상 의무위반행위와 사망은 인과관계를 부정하였다.
① 일시적이고 한정적인 경우도 공무원으로 본다.
② 사경제 활동은 직무집행으로 보지 아니하는 광의설이 다수설과 판례이다.
③ 공무원의 위조에 의한 것은 국가배상의 대상이 된다.

## 17 다음 중 수용적 침해이론에 관한 설명으로 옳지 않은 것은?

① 예측할 수 없는 피해 등 보상규정을 두기 어려운 경우에 적용된다.

② 적법한 행정작용으로 인한 비정형적 손실이 발생한 경우에 관한 이론이다.

③ 우리나라 대법원도 이를 인정하고 있다.

④ 행정기관이 의도하지 않은 손실이 발생하는 경우에 대상이 된다.

🔊 (Point) 독일 연방사법재판소에 의하여 정립된 이론으로서 적법한 공행정작용의 비전형적이고 비의도적인 부수적 효과로서 발생한 개인의 재산권에 대한 피해를 전보하려는 것을 그 내용으로 한다. 이러한 손해에 대해 보상규정이 없는 경우 그 침해의 위법성을 불문하고 이를 전보하고자 구성한 법리이다.
③ 우리나라 대법원은 아직 이를 명시적으로 언급한 판결이 없다.

>> ANSWER

16.④ 17.③

**18** 다음 설명 중 옳지 않은 것은? (다툼이 있는 경우 판례에 의함)

① 원고가 단지 1회 훈령에 위반하여 요정출입을 하다가 적발된 정도라면, 면직처분보다 가벼운 징계처분으로서도 능히 위 훈령의 목적을 달성할 수 있다고 볼 수 있는 점에서 이 사건 파면처분은 이른바 비례의 원칙에 어긋난 것으로 위법하다고 판시하였다.

② 수입 녹용 중 일정성분이 기준치를 0.5% 초과하였다는 이유로 수입 녹용 전부에 대하여 전량 폐기 또는 반송 처리를 지시한 처분은 재량권을 일탈·남용한 경우에 해당한다고 판시하였다.

③ 청소년유해매체물로 결정·고시된 만화인 사실을 모르고 있던 도서대여업자가 그 고시일로부터 8일 후에 청소년에게 그 만화를 대여한 것을 사유로 그 도서대여업자에게 금 700만원의 과징금이 부과된 경우, 그 과징금부과처분은 재량권을 일탈·남용한 것으로서 위법하다고 판시하였다.

④ 사법시험 제2차 시험에 과락제도를 적용하고 있는 (구)사법시험령 제15조 제2항은 비례의 원칙, 과잉금지의 원칙, 평등의 원칙에 위반되지 않는다고 판시하였다.

📢 (Point) ② 지방식품의약품안전청장이 수입 녹용 중 전지 3대를 절단부위로부터 5cm까지의 부분을 절단하여 측정한 회분함량이 기준치를 0.5% 초과하였다는 이유로 수입 녹용 전부에 대하여 전량 폐기 또는 반송처리를 지시한 경우, 녹용 수입업자가 입게 될 불이익이 의약품의 안전성과 유효성을 확보함으로써 국민보건의 향상을 기하고 고가의 한약재인 녹용에 대하여 부적합한 수입품의 무분별한 유통을 방지하려는 공익상 필요보다 크다고는 할 수 없으므로 위 폐기 등 지시처분이 재량권을 일탈·남용한 경우에 해당하지 않는다(대법원 2006. 4. 14. 선고 2004두3854 판결).

① 원심이 원고가 단지 1회 훈령에 위반하여 요정 출입을 하다가 적발된 것만으로는 … 원고의 비행정도라면 이보다 가벼운 징계처분으로서도 능히 위 훈령의 목적을 달할 수 있다고 볼 수 잇는 점, 징계처분 중 면직 처분은 적어도 공무원의 신분을 그대로 보유케 하는 것이 심히 부당하다고 볼 정도의 비행이 있는 경우에 한하는 점 등에 비추어 이 사건 파면처분은 이른바 비례의 원칙에 어긋난 것으로서 … 심히 그 재량권의 범위를 넘어서 한 위법한 처분이라고 아니할 수 없다고 판시한 것은 정당하여 아무 잘못이 없다(대판 1967. 5. 2. 67누24).

③ 청소년유해매체물로 결정·고시된 만화인 사실을 모르고 있던 도서대여업자가 그 고시일로부터 8일 후에 청소년에게 그 만화를 대여한 것을 사유로 그 도서대여업자에게 금 700만 원의 과징금이 부과된 경우, 그 도서대여업자에게 청소년유해매체물인 만화를 청소년에게 대여하여서는 아니된다는 금지의무의 해태를 탓하기는 가혹하므로 그 과징금부과처분은 재량권을 일탈·남용한 것으로서 위법하다(대판 2001. 7. 27. 99두9490).

④ 사법시험령 제15조 제2항이 사법시험의 제2차시험에서 '매과목 4할 이상'으로 과락 결정의 기준을 정한 것을 두고 과락 점수를 비합리적으로 높게 설정하여 지나치게 엄격한 기준에 해당한다고 볼 정도는 아니므로, 비례의 원칙 내지 과잉금지에 위반하였다고 볼 수 없다(대판 2007. 1. 11. 2004두10432).

>> ANSWER

18.②

## 19 「국가배상법」에 대한 설명으로 옳지 않은 것은? (다툼이 있는 경우 판례에 의함)

① 판례는 「자동차손해배상 보장법」은 배상책임의 성립 요건에 관하여는 「국가배상법」에 우선하여 적용된다고 판시하였다.

② 헌법재판소는 「국가배상법」제2조 제1항 단서 중 군인에 관한 부분은 이중배상금지규정에 대하여 헌법에 위반되지 아니한다고 판시하였다.

③ 생명 · 신체의 침해로 인한 국가배상을 받을 권리는 양도는 가능하지만, 압류는 하지 못한다.

④ 판례는 「국가배상법」제5조의 영조물의 설치 · 관리상의 하자로 인한 손해가 발생한 경우, 피해자의 위자료 청구권이 배제되지 아니한다고 판시하였다.

(Point) ③ 생명 · 신체의 침해로 인한 국가배상을 받을 권리는 양도하거나 압류하지 못한다〈「국가배상법」 제4조(양도 등 금지)〉.

① 자동차손해배상보장법은 국가배상법에 우선하여 적용되는 것이므로 자동차사고로 인하여 자동차손해배상보장법 3조 소정의 손해배상을 지방자치단체에 소구하는 경우에는 배상심의회의 결정을 거치지 않아도 무방하다(대법원 1975. 8. 29. 선고 판결).

② 국가배상법 제2조 제1항 단서 중 군인에 관한 부분은 헌법 제29조 제1항에 의하여 보장되는 국가배상청구권을 제한하는 헌법 제29조 제2항 중 군인에 관한 부분에 직접 근거하고, 실질적으로 그 내용을 같이하는 것이므로 헌법에 위반되지 아니한다[헌재 2018. 5. 31. 2013헌바22, 2015헌바147(병합)].

④ 국가배상법 제5조 제1항의 영조물의 설치. 관리상의 하자로 인한 손해가 발생한 경우 같은 법 제3조 제1항 내지 제5항의 해석상 피해자의 위자료 청구권이 반드시 배제되지 아니한다(대법원 1990. 11. 13. 선고 90다카25604 판결).

### PLUS TIP

국가배상법 제2조 제1항 단서 중 군인에 관련되는 부분을, 일반국민이 직무집행 중인 군인과의 공동불법행위로 직무집행 중인 다른 군인에게 공상을 입혀 그 피해자에게 공동의 불법행위로 인한 손해를 배상한 다음 공동불법행위자인 군인의 부담부분에 관하여 국가에 대하여 구상권을 행사하는 것을 허용하지 않는다고 해석한다면, 이는 위 단서 규정의 헌법상 근거규정인 헌법 제29조가 구상권의 행사를 배제하지 아니하는데도 이를 배제하는 것으로 해석하는 것으로서 합리적인 이유 없이 일반국민을 국가에 대하여 지나치게 차별하는 경우에 해당하므로 헌법 제11조, 제29조에 위반되며, 또한 국가에 대한 구상권은 헌법 제23조 제1항에 의하여 보장되는 재산권이고 위와 같은 해석은 그러한 재산권의 제한에 해당하며 재산권의 제한은 헌법 제37조 제2항에 의한 기본권제한의 한계 내에서만 가능한데, 위와 같은 해석은 헌법 제37조 제2항에 의하여 기본권을 제한할 때 요구되는 비례의 원칙에 위배하여 일반국민의 재산권을 과잉제한하는 경우에 해당하여 헌법 제23조 제1항 및 제37조 제2항에도 위반된다(헌재 1994. 12. 29. 93헌바21). → 한정위헌

**>> ANSWER**

19.③

**20** 행정처분에 대한 판례의 태도로 옳지 않은 것은?

① 과세처분이 있은 후 조세부과의 근거가 되었던 법률규정에 대해 위헌결정이 내려진 경우 그 조세채권의 집행을 위한 체납처분은 그 하자가 중대·명백하여 당연무효이다.

② 부당한 공동행위의 자진신고자가 한 감면신청에 대해 공정거래위원회가 감면불인정 통지를 한 것은 항고소송의 대상인 행정처분으로 볼 수 없다.

③ 행정주체가 구체적인 행정계획을 입안·결정할 때 가지는 형성의 자유의 한계에 관한 법리는 주민의 입안 제안 또는 변경신청을 받아들여 도시관리계획결정을 할 때에도 동일하게 적용된다.

④ 한국방송공사 사장에 대한 해임처분의 무효확인 또는 취소소송 계속 중 임기가 만료되어 그 해임처분의 무효확인 또는 취소로 그 지위를 회복할 수는 없더라도 해임처분일부터 임기만료일까지 기간에 대한 보수 지급을 구할 수 있는 경우에는 해임처분의 무효확인 또는 취소를 구할 법률상 이익이 있다.

🔊 (Point) ② 부당한 공동행위 자진신고자 등의 시정조치 또는 과징금 감면신청에 대한 감면불인정 통지는 항고소송의 대상이 되는 행정처분에 해당한다고 보아야 한다(대판 2012. 9. 27, 2010두3541).

① 위헌결정 전에 이미 형성된 법률관계에 기한 후속처분이라도 그것이 새로운 위헌적 법률 관계를 생성·확대하는 경우라면 이를 허용할 수 없다는 것을 전제로, 조세 부과의 근거가 되었던 법률규정이 위헌으로 선언된 경우, 비록 그에 기한 과세처분이 위헌결정 전에 이루어졌고, 과세처분에 대한 제소기간이 이미 경과하여 조세채권이 확정되었으며, 조세채권의 집행을 위한 체납처분의 근거규정 자체에 대하여는 따로 위헌결정이 내려진 바 없다고 하더라도, 위와 같은 위헌결정 이후에 조세채권의 집행을 위한 새로운 체납처분에 착수하거나 이를 속행하는 것은 더 이상 허용되지 않고, 나아가 이러한 위헌결정의 효력에 위배하여 이루어진 체납처분은 그 사유만으로 하자가 중대하고 객관적으로 명백하여 당연무효라고 보아야 한다(대판 2012. 2. 16, 2010두10907).

③ 행정주체가 구체적인 행정계획을 입안·결정할 때에 가지는 비교적 광범위한 형성의 자유는 무제한적인 것이 아니라 행정계획에 관련되는 자들의 이익을 공익과 사익 사이에서는 물론이고 공익 상호 간과 사익 상호 간에도 정당하게 비교교량하여야 한다는 제한이 있는 것이므로, 행정주체가 행정계획을 입안·결정하면서 이익형량을 전혀 행하지 않거나 이익형량의 고려 대상에 마땅히 포함시켜야 할 사항을 빠뜨린 경우 또는 이익형량을 하였으나 정당성과 객관성이 결여된 경우에는 행정계획결정은 형량에 하자가 있어 위법하게 된다. 이러한 법리는 행정주체가 구 국토의 계획 및 이용에 관한 법률 제26조에 의한 주민의 도시관리계획 입안제안을 받아들여 도시관리계획결정을 할 것인지를 결정할 때에도 마찬가지이고 나아가 도시계획시설구역 내 토지 등을 소유하고 있는 주민이 장기간 집행되지 아니한 도시계획시설의 결정권자에게 도시계획시설을 변경할 것인지를 결정하는 경우에도 동일하게 적용된다고 보아야 한다〈대판 2012. 1. 12, 2010두5806〉

④ 해임처분 무효확인 또는 취소 소송 계속 중 임기가 만료되어 해임처분의 무효확인 또는 취소로 그 지위를 회복할 수는 없다 할지라도, 그 무효확인 또는 취소로 인하여 해임처분일부터 임기만료일까지의 기간에 대한 보수 지급을 구할 수 있는 경우에는 해임처분의 무효확인 또는 취소를 구할 법률상 이익이 있다. 해임권자와 보수지급의무자가 다른 경우에도 마찬가지이다〈대판 2012. 2. 23, 2011두5001〉.

**>> ANSWER**

20.②

# 행정법

## 1 다음 중 통치행위에 관한 설명 중 옳지 않은 것은?

① 통치행위의 개념을 인정한다 하더라도 무제한의 자유행위를 의미하는 것은 아니므로 헌법상의 국민 주권원리, 비례의 원칙 등을 위배하여 행사할 수 없다.

② 비록 고도의 정치적 성격을 띤 집행부의 행위일지라도 헌법 또는 법률에 행사절차와 요건이 구체적으로 규정되어 있거나, 국민의 기본권 보장에 중대한 영향을 미치는 행위는 사법심사의 대상이다.

③ 헌법재판소는 헌법의 수호와 국민의 기본권 보장을 사명으로 하는 국가기관이므로 비록 고도의 정치적 결단에 의하여 행해지는 국가작용이라고 할지라도 그것이 국민의 기본권 침해와 직접 관련되는 경우에는 당연히 헌법재판소의 심판대상이 된다.

④ 통치행위는 법으로부터의 자유이므로 헌법재판 등에 의한 통제 및 국회나 국민여론에 의한 정치적 통제도 가능하다.

🔊 (Point) ④ 통치행위는 법률로부터의 자유이지 법으로부터의 자유는 아니므로 헌법재판 등에 의한 통제는 가능하고 국회나 국민여론에 의한 정치적 통제도 가능하다.

> **PLUS TIP** 통치행위의 법적 문제 통제
>
> 통치행위는 법률로부터의 자유이지 법으로부터의 자유는 아니므로 헌법재판 등에 의한 통제는 가능하고 국회나 국민여론에 의한 정치적 통제도 가능하다.
>
> ㉠ 정치적 통제
> • 국회에 의한 통제 : 정치기관인 국회는 정치문제의 하나인 통치행위를 통제할 수 있다.
> • 여론에 의한 통제 : 명문으로 규제하고 있지는 않지만 위법한 통치행위에 대하여 헌법 전문의 '불의에 항거한 4·19 민주이념을 계승하고'라고 한 것을 근거로 국민은 저항권을 행사할 수 있다.
> ㉡ 사법적 통제 : 통치행위가 국민의 권리이익을 침해하는 경우 구제수단이 없기 때문에 우선 목적에 의한 구속을 받아 통치권이 일탈·남용된 경우에 사법심사가 가능하다고 해석하는 것이 국민의 권익구제에 유리하다고 할 것이다.
> • 법원에 의한 통제 : 통치행위가 사법심사의 대상이 아니라고 하였다.
> • 헌법재판소에 의한 통제 : 통치행위 중 국민의 기본권을 침해하는 것에 대하여 제한적인 범위 내에서 심판의 대상으로 인정하고 있다.

>> ANSWER

1.④

**2** 신뢰보호원칙의 구체적인 표현형태가 아닌 것은?

① 행정청의 확약

② 법규명령·행정규칙의 소급적 변경 금지

③ 행정절차법에 있어 이유부기제도의 도입

④ 수익적 행정행위에 있어서 직권취소의 제한

📢(Point) ③ 이유부기제도는 행정의 사전구제절차로서 신뢰보호원칙과 관련이 없다.

> **PLUS TIP** 신뢰보호의 원칙
>
> ⊙ 의의 : 행정기관의 일정한 명시적·묵시적 언동으로 인한 개인의 보호가치 있는 신뢰를 보호해야 한다는 원칙을 말한다. 영·미법상의 '금반언의 법리(Estoppel)'와 같은 의미이다.
> ⓒ 근거 : 법적 안정성의 원칙에서 도출된다고 보는 것이 다수의 견해이다. 실정법상으로는 국세기본법 제18조 제3항과 행정절차법 제4조 제2항에서 이를 명문으로 규정하고 있다.
> ⓒ 신뢰보호의 요건 : 선행조치, 보호가치, 상대방의 조치, 인과관계, 선행조치에 반하는 처분
> ② 보호의 내용 : 존속보호를 원칙으로 하되 그것이 불가능할 경우 보상보호에 의한다.
> ⓜ 효과 : 이 원칙에 반하면 위법이나 다만 취소할 수 있음에 그치는 것이 원칙이고 중대·명백한 위반일 경우에만 무효로 된다.
> ⓗ 신뢰보호의 한계 : 법률적합성과 법적 안정성 중 어느 쪽에 우위를 두는가에 따라 신뢰보호의 한계가 정해진다. 법률적합성 우위설, 동위설, 이익교량설 등이 대립하고 있으나 이익교량설이 우리나라 통설·판례이다.
> ⊗ 신뢰보호의 적용례 : 위법한 수익적 행정행위의 취소 제한, 적법한 행정행위의 철회 제한, 행정계획의 변경, 행정의 확약, 실권의 법리

**3** 다음 중 공법상 계약에 관한 설명으로 옳지 않은 것은?

① 행정계약은 공법상 계약과 사법상 계약을 포함하는 개념이다.

② 법률유보의 원칙은 적용되지 않으나 법률우위의 원칙은 적용된다는 것이 통설이다.

③ 공정력, 확정력, 자력집행력 등은 인정되지 않는 것이 원칙이다.

④ 「민법」의 계약에 관한 규정이 적용되므로 계약의 상대방의 의사에 따라 급부내용을 자유로이 변경할 수 있다.

📢(Point) ④ 행정계약 또는 공법상 계약은 그 특성상 부합계약성, 계약강제성 등이 인정되며, 그 내용이 계속적 급부인 경우에는 사법상의 원리가 수정되어 계약의 해제·해지가 제한된다.

① 행정계약에는 공법상 계약과 사법상 계약이 있다.

② 법률우위의 원칙이 적용된다.

③ 공법상 계약의 당사자는 기본적으로 대등한 의사력을 가지므로 행정주체의 우월한 지위에만 인정되는 공정력·확정력·자력집행력 등은 인정되지 않는 것이 원칙이다.

» ANSWER
2.③ 3.④

**4** 다음 판례의 견해 중 옳지 않은 것은?

① 주거지역 내의 제한면적을 초과한 연탄공장건축허가 처분으로 불이익을 받고 있는 제3거주자는 당해 행정처분의 취소를 소구할 법률상 자격이 있다.

② 환경영향평가대상지역 안의 주민들이 그 대상사업인 전원(電源)개발사업실시계획승인처분과 관련하여 갖는 환경상 이익이 직접적·구체적 이익을 가지므로 위 주민들은 그 침해를 이유로 위 처분의 취소를 구할 원고적격이 있다.

③ 선박운항 사업면허 처분에 대하여 기존업자는 행정처분 취소를 구할 법률상 이익이 있다.

④ 동일한 사업구역 내의 동종의 사업용 화물자동차면허대수를 늘리는 보충인가처분에 대하여 기존업자에게 그 취소를 구할 법률상 이익은 없다.

📢 (Point) ④ 동일한 사업구역 내의 동종의 사업용 화물자동차면허대수를 늘리는 보충인가처분에 대하여 기존업자에게 그 취소를 구할 법률상 이익이 있다(대법원 1992. 7. 10. 선고 91누9107).

> **PLUS TIP** 사인의 공권 관련 판례
>
> ㉠ 인근주민의 원고적격을 인정한 경우
> - 연탄공장건축허가취소소송(대판 1975. 5. 13. 73누96)
> - LPG충전소설치허가취소소송(대판 1983. 7. 12. 83누59)
> - 도시계획결정처분취소소송(대판 1995. 9. 26. 94누14544)
> - 전원개발사업실시계획승인처분취소소송(대판 1998. 9. 22. 97누19571)
> ㉡ 경업자의 원고적격을 인정한 경우
> - 선박운항사업면허취소소송(대판 1969. 12. 30. 69누106)
> - 자동차운송사업의 노선연장허가취소소송(대판 1975. 7. 22. 73누173)
> - 시외버스정류장설치허가취소소송(대판 1975. 7. 22. 75누12)
> - 광구의 증구허가취소소송(대판 1982. 7. 22. 81누271)
> - 1약종상영업소이전허가취소소송(대판 1988. 6. 14. 87누873)
> - 화물자동차증차인가취소소송(대판 1992. 7. 10. 91누9107)
> - 하천부지점용허가취소소송(대판 1993. 10. 8. 93누5017)
> ㉢ 원고적격을 부정한 경우
> - 판례는 공물의 일반 사용(도로의 통행, 공원의 산책, 하천에서의 수영 등)을 반사적 이익으로 보고 있다.
> - 공중목욕탕영업허가는 특허가 아닌 허가이고 신규영업허가에 대한 기존업자의 이익은 반사적 이익이다.
> - 의사의 진료의무를 규정한 의료법으로 인해 환자가 받는 이익은 반사적 이익이므로 의사가 진료를 거부해도 이는 처벌대상이 될 뿐 환자는 진료를 요구할 수 없다.
> - 약사의 한약제조권 인정에 대한 한의사의 이익은 반사적 이익이다.

**>> ANSWER**

4.④

**5** 다음 중 기간 계산에 관한 설명 중 옳지 않은 것은?

① 정기간을 일·주·월·년으로 정한 때에는 기간의 초일은 산입하지 않는다.

② 기간의 말일이 토요일 또는 공휴일에 해당한 때에는 기간은 그 익일로 만료한다.

③ 천재지변 기타 당사자 등의 책임 없는 사유로 기간을 지킬 수 없는 경우에는 그 사유가 끝나는 날까지 기간의 진행이 정지된다.

④ 연령계산에는 출생일을 산입하지 않는다.

**Point** ④ 연령계산에는 출생일을 산입한다〈민법 제158조〉.

**PLUS TIP** 행정법상의 사건 기간

㉠ 기산점
  • 초일불산입의 원칙 : 기간을 일·주·월·년으로 정한 때에는 익일부터 기산하는 것이 원칙이다.
  • 예외(초일산입)
   - 그 기간이 오전 0시로부터 시작한 때에는 초일을 산입한다〈민법 제157조〉.
   - 연령에 있어서는 시간과 관계없이 출생일을 산입한다〈민법 제158조〉.
   - 국회의 회기는 집회 당일로부터 기산한다.
   - 민원사무처리기간의 계산에 있어서는 초일을 산입한다.
   - 공소시효기간, 구속기간은 초일을 산입한다.
   - 인감증명서발행일은 발행일로부터 기산한다.
  • 기간을 시·분·초로 정한 경우에는 즉시부터 기산한다〈민법 제156조〉.
㉡ 만료점 : 기간을 일·주·월·년으로 정한 때에는 그 기간의 말일이 종료됨으로서 만료되나 그 말일이 공휴일인 때에는 그 익일에 만료된다.
㉢ 역산 : 기간의 역산에도 초일불산입의 원칙이 적용된다. 선거일 3일 전이라고 규정한 경우, 초일인 선거일을 빼고 선거일 전일부터 계산한다.

## 6 행정규칙에 대한 설명으로 옳지 않은 것은?

① 훈령, 지시, 예규, 일일명령 등 행정기관이 그 하급기관이나 소속 공무원에 대하여 일정한 사항을 지시하는 문서는 지시문서이다.

② 대법원은 교육부장관이 내신성적산정지침을 시·도 교육감에게 통보한 것은 행정조직 내부에서 내신성적평가에 관한 심사기준을 시달한 것에 불과하다고 보아 위 지침을 행정처분으로 볼 수 없다고 판단하였다.

③ 대법원은 제재적 처분의 기준이 부령 형식으로 규정되어 있더라도 그것은 행정청 내부의 사무처리준칙을 정한 것에 지나지 아니하여 대외적으로 국민이나 법원을 기속하는 효력이 없고, 당해 처분의 적법여부는 위 처분기준뿐만 아니라 관계 법령의 규정내용과 취지에 따라야 한다고 판단하였다.

④ 대법원은 행정적 편의를 도모하기 위해 법령의 위임을 받아 제정된 절차적 규정을 법령보충적 행정규칙으로 본다.

**Point** ④ 법인은 법인세 신고 시 세무조정사항을 기입한 소득금액조정합계표와 유보소득 계산 서류인 적정유보초과 소득조정명세서(을) 등을 신고서에 첨부하여 제출하여야 하는데, 위 소득금액조정합계표 작성요령 제4호 단서는 잉여금 증감에 따른 익금산입 및 손금산입 사항의 처분인 경우 익금산입은 기타 사외유출로, 손금산입은 기타로 구분하여 기입한다고 규정하고 있고, 위 적정유보초과소득조정명세서(을) 작성요령 제6호는 각 사업연도 소득금액계산상 배당·상여·기타소득 및 기타 사외유출은 소득금액조정합계표의 배당·상여·기타소득 및 기타 사외유출 처분액을 기입한다고 규정하고 있는바, <u>위와 같은 작성요령은 법률의 위임을 받은 것이기는 하나 법인세의 부과징수라는 행정적 편의를 도모하기 위한 절차적 규정으로서 단순히 행정규칙의 성질을 가지는 데 불과하여 관세관청이나 일반국민을 기속하는 것이 아니므로</u>, 비록 납세의무자가 소득금액조정합계표 작성요령 제4호 단서에 의하여 잉여금 증감에 따라 익금산입된 금원을 기타 사외유출로 처분하였다고 하더라도 그 금원이 사회에 유출된 것이 분명하지 아니한 경우에는 이를 기타 사외유출로 보아 유보소득을 계산함에 있어 공제할 수 없다.(대법원 2003. 9. 5, 2001두403)

**>> ANSWER**

6.④

**7** 다음 취소에 관한 설명 중 옳지 않은 것은?

① 쟁송취소는 추상적인 위법성을 이유로 행정행위의 적법성을 위한 취소인 데 반해, 직권취소는 구체적 위법사유에 기하면서 행정목적 실현이라는 공익적 요구를 위한 취소이다.

② 직권취소에서는 위법성이 있는 한 이익의 비교형량을 함이 없이 취소됨이 원칙이지만, 쟁송취소는 취소에 의해 침해되는 제 이익간의 비교형량을 통해 구체적 타당성이 있도록 하여야 한다.

③ 직권취소는 행정목적의 실현을 위해 행정행위의 적극적 변경을 내용으로 할 수 있으나, 쟁송취소는 원칙적으로 행정행위의 일부취소만을 내용으로 하는 변경만이 허용된다.

④ 쟁송취소는 소송법상의 절차를 거쳐 행하여지나, 직권취소는 특별한 규정이 없는 한 행정절차법 규정의 적용을 받는다.

🔊(Point) ② 직권취소는 개개의 구체적인 행정목적에 비추어 '취소를 통해 얻을 수 있는 적법성 등의 이익'과 '취소를 제한하여 행정행위의 효력을 유지함으로써 얻을 수 있는 제 이익'을 비교형량하여 취소여부를 개별적으로 결정하여야 한다. 반면 쟁송취소는 취소시 고려해야 할 이익을 얻고 있는 제3자가 있다 하더라도 추상적인 위법성이 있는 한 취소하는 것이 원칙이다.

PLUS TIP 직권취소와 쟁송취소

| 구분 | 직권취소 | 쟁송취소 |
|---|---|---|
| 취소권자 | 처분청·감독청 | 처분청(이의신청), 행정심판위원회(행정심판), 법원(행정소송) |
| 대상 | 주로 수익적 행정행위 | 주로 침익적 행정행위 |
| 내용 | 적극적 변경 가능 | 행정심판은 변경 가능, 행정소송은 인용·기각만 가능 |
| 기간 | 법정되어 있지 않음 | 제기기간 등의 법정 |
| 효력 | 원칙적으로 소급효 | 원칙적으로 소급효 |
| 취소권의 제한 | • 침익적 행정행위는 제한없음<br>• 수익적 행정행위, 포괄적 신분설정행위, 불가변력이 발생한 행위, 인가행위 등은 제한됨 | • 원칙적으로 자유롭게 취소할 수 있음<br>• 사정재결과 사정판결에 있어 공공복리에 현저하게 적합하지 않은 때에는 취소할 수 없음 |

» ANSWER
7.②

**8** 절차상 하자에 대한 설명으로 옳지 않은 것은? (다툼이 있는 경우 판례에 의함)

① 구 「학교보건법」상 학교환경위생정화구역에서의 금지행위 및 시설의 해제 여부에 관한 행정처분을 하면서 학교환경위생정화위원회의 심의를 누락한 흠은 행정처분을 위법하게 하는 취소사유가 된다.

② 다른 법령 등에서 청문절차를 거치도록 규정하고 있지 않은 경우에는 원칙적으로 청문을 거치지 않고 다른 의견청취절차만 거치더라도 위법하지 않다.

③ 대법원은 청문통지서가 반송되었거나, 행정처분의 상대방이 청문일시에 불출석했다는 이유로 청문을 실시하지 않을 경우에도 위법하지 않다고 보는 입장이다.

④ 대법원은 신청에 대한 거부처분은 「행정절차법」상의 사전통지의 대상이 되는 '당사자의 권익을 제한하는 처분'에 해당하지 않는다는 입장이다.

📢 **Point** ③「행정절차법」제21조 제4항 제3호는 침해적 행정처분을 할 경우 청문을 실시하지 않을 수 있는 사유로서 "당해 처분의 성질상 의견청취가 현저히 곤란하거나 명백히 불필요하다고 인정될 만한 상당한 이유가 있는 경우"를 규정하고 있으나, 여기에서 말하는 '의견청취가 현저히 곤란하거나 명백히 불필요하다고 인정될 만한 상당한 이유가 있는지 여부'는 당해 행정처분의 성질에 비추어 판단하여야 하는 것이지, 청문통지서의 반송 여부, 청문통지의 방법 등에 의하여 판단할 것은 아니며, 또한 행정처분의 상대방이 통지된 청문일시에 불출석하였다는 이유만으로 행정청이 관계 법령상 그 실시가 요구되는 청문을 실시하지 아니한 채 침해적 행정처분을 할 수는 없을 것이므로, 행정처분의 상대방에 대한 청문통지서가 반송되었다거나, 행정처분의 상대방이 청문일시에 불출석하였다는 이유로 청문을 실시하지 아니하고 한 침해적 행정처분은 위법하다(대판 2001. 4. 13, 2000두3337).

**》 ANSWER**

8.③

**9** 「공공기관의 정보공개에 관한 법률」상의 정보공개에 관한 설명으로 옳지 않은 것은?

① 컴퓨터에 의해 처리되는 정보도 공개대상정보로 규정되어 있다.

② 특정인을 식별할 수 있는 개인에 관한 정보는 공개할 수 없음이 원칙이다.

③ 모든 국민은 정보의 공개를 청구할 권리를 가지며, 일부 외국인도 정보공개청구가 가능하다.

④ 정보공개거부에 대한 구제수단으로 행정소송법상의 행정소송과 달리 특수한 정보공개소송을 인정하고 있다.

> **Point** ④ 정보공개거부에 대한 쟁송방법으로는 행정심판법에 따른 행정심판, 행정소송법상의 행정소송이 있다.
> ① 정보란 공공기관이 직무상 작성 또는 취득하여 관리하고 있는 문서(전자문서를 포함한다)·도면·사진·필름·테이프·슬라이드 및 그 밖에 이에 준하는 매체 등에 기록된 사항을 말한다(공공기관의 정보공개에 관한 법률 제2조 제1호).
> ② 해당 정보에 포함되어 있는 성명·주민등록번호 등 개인에 관한 사항으로서 공개될 경우 개인의 사생활의 비밀 또는 자유를 침해할 우려가 있다고 인정되는 정보는 비공개대상정보이다(공공기관의 정보공개에 관한 법률 제9조 제1항 제6호).
> ③ 모든 국민은 정보의 공개를 청구할 권리를 가진다(공공기관의 정보공개에 관한 법률 제5조 제1항). 또한 국내에 일정한 주소를 두고 거주하거나 학술·연구를 위하여 일시적으로 체류하는 외국인 및 국내에 사무소를 두고 있는 법인 또는 단체는 정보공개를 청구할 수 있다(공공기관의 정보공개에 관한 법률 시행령 제3조).

**10** 행정상 강제집행에 대한 판례의 입장으로 옳은 것은?

① 「건축법」상 무허가 건축행위에 대한 형사 처분과 시정명령 위반에 대한 이행강제금의 부과는 헌법 제13조 제1항이 금지하는 이중처벌에 해당한다.

② 이행강제금은 부작위의무나 비대체적 작위의무에 대한 강제집행 수단이므로, 대체적 작위의무의 위반의 경우에 이행강제금은 부과할 수 없다.

③ 구 「토지수용법」상 피수용자가 기업자에 대하여 부담하는 수용대상 토지의 인도의무에는 명도도 포함되고, 이러한 명도의무는 특별한 사정이 없는 한 「행정대집행법」상 대집행의 대상이 된다.

④ 「국세징수법」상 압류재산에 대한 공매에서 체납자에 대한 공매통지는 항고소송의 대상이 되지 아니한다.

> **Point** ① 「건축법」 제78조에 의한 무허가 건축행위에 대한 형사 처분과 「건축법」 제83조 제1항에 의한 시정명령 위반에 대한 이행강제금의 부과는 그 처벌 내지 제재대상이 되는 기본적 사실관계로서의 행위를 달리하며, 또한 그 보호법익과 목적에서도 차이가 있으므로 헌법 제13조 제1항이 금지하는 이중처벌에 해당한다고 할 수 없다(헌재결 2004. 2. 26, 2001헌바80).
> ② 대체적작위의무는 대집행이 가능하나 이행강제금 부과 역시 가능하다.
> ③ 인도나 명도는 대집행의 대상이 아니다.

>> ANSWER
9.④  10.④

Day 9 **123**

## 11  이행강제금에 대한 다음의 설명 중 옳지 않은 것은?

① 이행강제금은 장래를 향한 이행강제가 그 직접적인 목적인 데 비하여, 행정벌은 과거의 의무 위반에 대한 제재적 성격을 갖는 것이다.

② 이행강제금에는 일사부재리 원칙이 적용되지 않기 때문에 동일한 의무불이행에 대하여 반복하여 부과할 수 있다.

③ 이행강제금과 행정벌을 병행하여 부과할 경우에도 이중처벌금지의 원칙에 반하지 않는다.

④ 이행강제금은 의무이행을 위해 설정한 기한을 경과한 후에 의무의 이행이 있는 경우에도 부과할 수 있다.

(Point) ④ 이행강제금은 현재 존속하고 있는 의무불이행만을 대상으로 하며 의무이행이 있은 때에는 설령 이행시기가 의무이행을 위하여 설정한 기한을 경과한 뒤라도 부과할 수 없으며 또한 의무자가 의무를 이행하지 아니한 경우에도 의무의 내용이 다른 방법으로 사실상 실현되었을 때에는 부과할 수 없다.

> **PLUS TIP**  이행강제금
>
> ㉠ 의의 : 이행강제금이란 비대체적 작위의무 또는 부작위의무를 이행하지 않는 경우에 일정한 기한까지 의무를 이행하지 않으면 과태료 등을 과할 것을 계고함으로써 의무자에게 심리적 압박을 가하여 그 이행을 간접적으로 강제하기 위하여 부과하는 금전부담을 말한다
>
> ㉡ 구별개념
> • 대집행과의 구별 : 대집행은 직접적 · 물리적 강제수단이지만, 이행강제금은 금전적인 제재수단이다. 또한 대집행은 대체적 작위의무에만 적용되나, 이행강제금은 비대체적 작위 · 부작위의무에 적용된다.
> • 행정벌과의 구별 : 이행강제금은 장래의 의무이행을 확보하는 수단이나, 행정벌은 과거의 의무 위반에 대한 제재이다. 따라서 양자는 병과될 수 있다.
>
> ㉢ 특징
> • 이행강제금은 의무불이행의 상태가 계속되는 경우에는 법정최고액의 한도 내에서 의무이행 시까지 반복부과가 가능하다.
> • 이행강제금은 장래의 의무이행을 확보하기 위한 수단이므로 이행명령을 받은 자가 그 명령을 이행한 경우에는 이행강제금을 부과할 수 없다.
> • 이행강제금은 일신전속성이 있으므로 상속되지 않는다.

**» ANSWER**

11.④

## 12 행정상 즉시강제에 대한 설명으로 옳은 것은? (다툼이 있는 경우 판례에 의함)

① 구 「음반·비디오물 및 게임물에 관한 법률」상 등급분류를 받지 아니한 게임물을 발견한 경우 관계 행정청이 관계공무원으로 하여금 이를 수거·폐기하게 할 수 있도록 한 규정은 헌법상 영장주의와 피해 최소성의 요건을 위배하는 과도한 입법으로 헌법에 위반된다.

② 재범의 위험성이 현저한 자를 상대로 긴급히 보호할 필요가 있는 경우에 단기간의 동행보호를 허용한 구 「사회안전법」상 동행보호규정은 사전영장주의를 규정한 헌법규정에 반한다.

③ 「식품위생법」상 영업소 폐쇄명령을 받은 후에도 계속하여 영업을 하는 경우 해당 영업소를 폐쇄하는 조치는 행정상 즉시강제의 수단에 해당한다.

④ 손실발생의 원인에 대하여 책임이 없는 자가 경찰관의 적법한 보호조치에 자발적으로 협조하여 재산 상의 손실을 입은 경우, 국가는 손실을 입은 자에 대하여 정당한 보상을 하여야 한다.

🔊 (Point) ①② 대법원은 사회안전법 사건에서, 헌법재판소는 「음반비디오물 및 게임물에 관한 법률」에 대한 위헌법률심판제청사건에서 각각 절충설에 입각하여 판시하였다. 단, 다수설과 대법원은 절충설에 있어 원칙은 영장이 필요하나 예외를 허용하는 형식이나 헌법재판소는 즉시강제가 급박성을 본질로 하여 영장의 필요를 원칙으로 하면 목적달성이 아니된다고 보아 원칙적으로 영장주의가 적용되지 아니하고 예외적으로 영장이 필요하다고 보는 입장이다.
　　③ 「식품위생법」 제79조의 영업소의 폐쇄조치는 직접강제 사례이다.

## 13 다음 중 통고처분에 관한 설명으로 옳지 않은 것은?

① 통고처분은 준사법적 행정행위로서의 성격을 갖는다.

② 통고처분을 받은 자가 이를 이행하지 아니하면 강제집행을 받는다.

③ 통고처분은 취소소송의 대상이 되지 아니한다.

④ 조세범, 관세범, 출입국사범, 교통사범 등에 적용된다.

🔊 (Point) ①④ 통고처분이란 조세범·관세범·출입국관리사범·교통사범·경범죄사범 등 일정한 범칙행위에 대해 관할 행정청이 정식재판에 갈음하여 일정한 벌금 또는 과료에 상당하는 금액의 납부를 명하는 준사법적 행정행위를 말한다.
　　②③ 범칙자가 일정한 기간 내에 이를 이행하지 않으면 통고처분의 효력은 상실되고 관할 행정청의 고발에 의하여 정식 형사소송절차로 이행하게 된다. 따라서 범칙자가 통고처분에 대해 불복하고자 할 때에는 취소소송을 제기할 것이 아니라 이를 이행하지 않음으로써 관할 행정청의 고발을 기다려 정식 형사소송절차를 밟으면 된다. 따라서 통고처분은 취소소송의 대상이 되는 처분이 아니라는 것이 통설·판례이다.

>> ANSWER

12.④　13.②

## 14 다음 내용 중 옳지 않은 것은?

① 공표는 특별한 법적 근거가 필요없다고 판례는 이해하고 있다.

② 수도공급계약은 사법적 법률행위이나 단수처분은 행정쟁송의 대상이 되는 처분이다.

③ 공표는 사실행위로서 그 자체로는 아무런 법적 효과를 발생하지 않는다.

④ 전기·전화공급을 하지 말아 줄 것을 요청한 행위는 항고소송의 대상이 되는 행정처분이다.

> (Point) ①③ 다수설·판례의 견해이다.
>
> ② 당해 급부가 공법적 형식인가 사법적 형식인가에 따라 행정소송 또는 민사소송에 의해 구제받을 수 있다. 대법원은 수도공급관계를 공법관계로 보아 단수처분을 행정처분이라 하였다(대판 1979.12.28. 79누218).
>
> ④ 전기·전화의 공급자에게 그 위법건축물에 대한 전기·전화공급을 하지 말아 줄 것을 요청한 행위는 권고적 성격의 행위에 불과한 것으로서, 전기·전화공급자나 특정인의 법률상 지위에 직접적인 변동을 가져오는 것은 아니므로 이를 항고소송의 대상이 되는 행정처분이라고 볼 수 없다(대판 1996. 3. 22. 96누433).

## 15 「행정심판법」상 위원회에 대한 설명으로 옳지 않은 것은?

① 중앙행정심판위원회의 비상임위원은 일정한 요건을 갖춘 사람 중에서 중앙행정심판위원회 위원장의 제청으로 국무총리가 성별을 고려하여 위촉한다.

② 중앙행정심판위원회의 회의는 위원장, 상임위원 및 위원장이 회의마다 지정하는 비상임위원을 포함하여 총 15명으로 구성한다.

③ 「행정심판법」제10조에 의하면, 위원장은 제척신청이나 기피신청을 받으면 제척 또는 기피 여부에 대한 결정을 한다.

④ 중앙행정심판위원회는 위원장 1명을 포함하여 70명 이내의 위원으로 구성한다.

> (Point) ② 중앙행정심판위원회의 회의(제6항에 따른 소위원회 회의는 제외한다)는 위원장, 상임위원 및 위원장이 회의마다 지정하는 비상임위원을 포함하여 총 9명으로 구성한다〈「행정심판법」제8조(중앙행정심판위원회의 구성) 제5항〉.
>
> ① 중앙행정심판위원회의 비상임위원은 제7조 제4항 각 호의 어느 하나에 해당하는 사람 중에서 중앙행정심판위원회 위원장의 제청으로 국무총리가 성별을 고려하여 위촉한다〈동법 제8조(중앙행정심판위원회의 구성) 제4항〉.
>
> ③ 위원장은 제척신청이나 기피신청을 받으면 제척 또는 기피 여부에 대한 결정을 하고, 지체 없이 신청인에게 결정서 정본(正本)을 송달하여야 한다〈동법 제10조(위원의 제척·기피·회피) 제6항〉.
>
> ④ 중앙행정심판위원회는 위원장 1명을 포함하여 70명 이내의 위원으로 구성하되, 위원 중 상임위원은 4명 이내로 한다〈동법 제8조(중앙행정심판위원회의 구성) 제1항〉.

>> ANSWER

14.④ 15.②

**16** 행정상 손해배상에 대한 설명으로 옳지 않은 것은 몇 개인가? (다툼이 있는 경우 판례에 의함)

> ㉠ 법령해석에 여러 견해가 있어 관계 공무원이 신중한 태도로 어느 일설을 취하여 처분한 경우, 위법한 것으로 판명되었다고 하더라도 그것만으로 배상책임을 인정할 수 없다.
>
> ㉡ 법령에 명시적으로 공무원의 작위의무가 규정되어 있지 않은 경우라 할지라도 공무원의 부작위로 인한 국가배상 책임을 인정할 수 있다.
>
> ㉢ 실질적으로 직무행위가 아니거나 또는 직무행위를 수행한다는 행위자의 주관적 의사가 없는 공무원의 행위는 국가배상법 상 공무원의 직무행위가 될 수 없다.
>
> ㉣ 국가배상법 상 과실을 판단할 경우 보통 일반의 공무원을 그 표준으로 하고 반드시 누구의 행위인지 가해공무원을 특정하여야 한다.
>
> ㉤ 재판행위로 인한 국가배상에 있어서 위법은 판결 자체의 위법이 아니라 법관의 공정한 재판을 위한 직무수행상의무의 위반으로서의 위법이다.
>
> ㉥ 서울특별시 강서구 교통할아버지사건과 같은 경우 공무를 위탁받아 수행하는 일반 사인(私人)은 국가배상법 제2조 제1항에 따른 공무원이 될 수 없다.

① 2개          ② 3개

③ 4개          ④ 5개

🔊 Point ㉢ '직무를 집행함에 당하여(현행법상 직무를 집행하면서)'라 함은 행위 자체의 외관을 객관적으로 관찰하여 공무원의 직무행위로 보여질 때에는 비록 그것이 실질적으로 직무행위가 아니거나 또는 행위자로서는 주관적으로 공무집행의 의사가 없었다고 하더라도 그 행위는 공무원이 '직무를 집행함에 당하여' 한 것으로 보아야 한다(대판 2005. 1. 14. 2004다26805).

㉣ 국가배상법상 과실은 행정처분의 담당공무원이 보통 일반의 공무원을 표준으로 하여 볼 때 객관적 주의의무를 결하여 그 행정처분이 객관적 정당성을 상실하였다고 인정될 정도에 이른 경우를 말한다(대판 2003. 11. 27. 2001다33789 · 33796 · 33802 · 33819). 그러나 가해공무원이 반드시 개별적으로 특정될 필요는 없다(대판 1995. 11. 10. 95다23897).

㉥ 지방자치단체가 '교통할아버지 봉사활동 계획'을 수립한 후 관할 동장으로 하여금 '교통할아버지'를 선정하게 하여 어린이 보호, 교통안내, 거리질서 확립 등의 공무를 위탁하여 이를 집행하게 하였다면 '교통할아버지' 활동을 하는 범위 내에서는 국가배상법 제2조에 규정된 지방자치단체의 '공무원'에 해당한다(=지방자치단체의 손해배상책임 인정). (대판 2001. 1. 5. 98다39060)

>> ANSWER

16.②

**17 행정상 손실보상에 대한 판례의 입장으로 옳은 것은?**

① 정비기반시설과 그 부지의 소유·관리·유지관계를 정한 「도시 및 주거환경정비법」 제65조 제2항의 전단에 따른 정비기반시설의 소유권 귀속은 헌법 제23조 제3항의 수용에 해당한다.

② 법률 제3782호 「하천법」 중 개정법률 부칙 제2조의 규정에 의한 보상청구권의 소멸시효가 만료된 구 「하천구역 편입토지보상에 관한 특별조치법」 제2조에 의한 손실보상청구권은 사법상의 권리이고 그에 관한 쟁송도 민사소송절차에 의하여야 한다.

③ 헌법재판소는 구 「도시계획법」상 개발제한구역의 지정으로 일부 토지소유자에게 사회적 제약의 범위를 넘는 가혹한 부담이 발생하는 경우에 보상규정을 두지 않은 것은 위헌성이 있는 것이고, 보상의 구체적 기준과 방법은 입법자가 입법정책적으로 정할 사항이라고 결정하였다.

④ 헌법재판소는 생업의 근거를 상실하게 된 자에 대하여 일정 규모의 상업용지 또는 상가분양권 등을 공급하는 생활대책이 헌법 제23조 제3항이 규정하는 정당한 보상에 포함된다고 결정하였다.

📢(Point) ① 정비기반시설과 그 부지의 소유·관리·유지관계를 정한 「도시 및 주거환경정비법」 제65조 제2항의 전단에 따른 정비 기반시설의 소유권 귀속은 헌법 제23조 제3항의 수용에 해당하지 않고 이 사건 법률조항이 그에 대한 보상의 의미를 가지는 것도 아니므로 정당한 보상의 원칙은 문제되지 않는다〈헌재 2013. 10. 23, 2011헌바355〉.

③ 개발제한구역제도 자체는 합헌, 단 예외적인 경우 위헌이라 하여 보상이 아니라, 보상입법의무의 부과를 통해 문제를 해결한다. 「도시계획법」 제21조에 규정된 개발제한구역제도 그 자체는 원칙적으로 합헌적인 규정인데, <u>다만 개발제한구역의 지정으로 말미암아 일부 토지소유자에게 사회적 제약의 범위를 넘는 가혹한 부담이 발생하는 예외적인 경우에 대하여 보상규정을 두지 않은 것에 위헌성이 있는 것이다.</u> 어떠한 수단에 의하든 비례원칙을 유지할 수 있는 합리적인 권리구제수단이면 족한 것이고, 보상의 구체적 기준과 방법은 헌법재판소가 결정할 성질의 것이 아니라 광범위한 입법형성권을 가진 입법자가 입법정책적으로 정할 사항이므로, 입법자가 보상입법을 마련함으로써 위헌적인 상태를 제거할 때까지 위 조항을 형식적으로 존속케 하기 위하여 헌법불합치결정을 하는 것인바, 입법자는 되도록 빠른 시일 내에 보상입법을 하여 위헌적 상태를 제거할 의무가 있고, 행정청은 보상입법이 마련되기 전에는 새로 개발제한구역을 지정하여서는 아니 되며, 토지소유자는 보상입법을 기다려 그에 따른 권리행사를 할 수 있을 뿐 개발제한구역의 지정이나 그에 따른 토지재산권의 제한 그 자체의 효력을 다투거나 위 조항에 위반하여 행한 자신들의 행위의 정당성을 주장할 수는 없다〈헌재 1988. 12. 24, 89헌마214〉.

>> **ANSWER**
17.③

**18** 다음 중 희생보상청구권의 요건에 해당하지 않는 것은?

① 행정상 공권력 행사

② 적법한 행위

③ 재산권 침해

④ 특별한 희생

(Point) ③ 희생보상청구권은 생명·건강·명예·자유 등과 같은 비재산적 법익의 침해에 대한 보상을 말하므로 재산권 침해는 그 요건이 될 수 없다.

PLUS TIP 희생보상청구권의 요건

㉠ 행정상 적법한 공권력 행사에 의한 침해이어야 한다.
㉡ 공공필요에 의한 침해이어야 한다.
㉢ 생명·건강·명예·자유 등 비재산권에 대한 침해이어야 한다.
㉣ 특별한 희생이 있어야 한다.

**19** 판례상 원고적격이 인정되지 않은 것은?

① 원자로 시설부지 인근 주민들이 방사성물질 등에 의한 생명·신체의 안전침해를 이유로 부지사전승인처분의 취소를 구하는 경우

② 환경영향평가대상지역 안의 주민들이 전원개발사업 실시계획승인처분의 취소를 구할 경우

③ 1일 50t의 쓰레기를 소각하는 시설의 부지경계선으로부터 300m 안의 주민들이 폐기물소각시설의 입지지역을 결정·고시한 처분의 무효확인을 구하는 경우

④ 담배 일반소매인으로 지정되어 있는 기존업자가 신규 담배 구내소매인 지정처분을 다투는 경우

(Point) ④ 구내소매인과 일반소매인 사이에서는 구내소매인의 영업소와 일반소매인의 영업소 간에 거리 제한을 두지 아니할 뿐 아니라 건축물 또는 시설물의 구조와 상주인원 및 이용인원 등을 고려하여 동일 시설물 내 2개소 이상의 장소에 구내소매인을 지정할 수 있으며, 이 경우 일반소매인이 지정된 장소가 구내소매인 지정대상이 된 때에는 동일 건축물 또는 시설물 안에 지정된 일반소매인은 구내소매인으로 보고, 구내소매인이 지정된 건축물 등에는 일반소매인을 지정할 수 없으며, 구내소매인은 담배진열장 및 담배소매점 표시판을 건물 또는 시설물의 외부에 설치하여서는 아니 된다고 규정하는 등 일반소매인의 입장에서 구내 소매인과의 과당경쟁으로 인한 경영의 불합리를 방지하는 것을 그 목적으로 할 수 있다고 보기 어려우므로, 일반소매인으로 지정되어 영업을 하고 있는 기존업자의 신규 구내소매인에 대한 이익은 법률상 보호되는 이익이 아니라 단순한 사실상의 반사적 이익이라고 해석함이 상당하므로, 기존 일반소매인은 신규 구내소매인 지정처분의 취소를 구할 원고적격이 없다(대판 2008. 4. 10, 2008두402).

>> ANSWER

18.③ 19.④

**20** 대법원 판례에 의할 때 행정쟁송의 대상이 되는 '처분'이 아닌 것은?

① 분교를 폐교하는 도의 조례

② 위법건물 단속기관이 수도공급기관에 수도공급을 거부하도록 요청하는 행위

③ 국유재산 무단점유자에 대한 변상금 부과처분

④ 지방노동위원회가 노동쟁의에 대하여 행한 중재회부 결정

🔊 Point ② 위법건물 단속기관이 수도공급기관에 수도공급거부를 요청하는 행위는 특정인의 법률상 지위에 직접적 변동을 가져오는 것은 아니므로 행정처분에 해당하지 않는다(대판 1996. 3. 23, 96누433).

PLUS TIP 행정쟁송법상 처분

ⓐ 처분의 범위
• 처분은 행정행위를 중심으로 하되 권력적 사실행위도 포함한다(다수설).
• 행정행위인 한 법률행위적 행정행위, 준법률행위적 행정행위가 모두 포함되고 예비결정, 부분허가 등도 각각 독립적인 행정행위이므로 처분에 해당한다.
• 거부처분도 처분이므로 취소소송의 대상이 된다.
• 행정행위의 부관 중 부담은 독립한 취소소송의 대상이 된다.
• 일반 · 구체적 규율인 일반처분도 처분에 포함된다.
• 일반 · 추상적 규율인 행정입법은 취소소송의 대상이 되지 아니하나 행정입법에 의하여 직접 권리가 침해되는 경우에는 처분성이 인정된다(두밀분교폐지조례).
• 행정심판의 재결은 원처분주의의 원칙상 원칙적으로 취소소송의 대상이 될 수 없으나 재결 자체에 고유한 위법이 있는 경우에는 예외적으로 취소소송의 대상이 될 수 있다.
• 통치행위, 단순한 법령의 해석, 비권력적 사실행위, 행정지도, 공법상 계약, 행정청의 내부적 행위, 행정기관 상호 간의 행위는 처분이 아니므로 취소소송의 대상이 되지 아니한다.
ⓑ 처분성을 인정한 판례 : 지방의회의 의장선거, 지방의회 의장에 대한 불신임의결, 소속장관의 변상명령, 대집행의 계고, 도시계획결정, 공시지가결정, 입찰가격제한조치, 국유재산사용료부과처분, 행정재산사용 · 수익의 허가 · 취소, 직접 국민의 권리에 영향을 미치는 조례, 국립교육대학 학생에 대한 퇴학처분
ⓒ 처분성을 부인한 판례 : 공정거래위원회의 고발의결, 검사의 불기소처분, 검찰총장의 재항고기각결정, 교통법규 위반에 대한 벌점부과행위, 경찰서장의 통고처분, 내신성적산정기준에 관한 시행지침, 행정청간 국유재산이관협정, 고충심사결정, 대학교원에 대한 임용권자의 재임용여부결정, 토지대장 · 가옥대장에의 등재, 자동차운전면허대장에의 등재, 당연퇴직의 통보, 상수원보호구역의 지정통보, 재결결과의 통보, 의료보호진료비 심사결과통지, 도지사의 어업권등록행위, 환지계획

>> ANSWER

20.②

# 행정법

## 1 비례원칙에 대한 설명으로 옳지 않은 것은? (다툼이 있는 경우 판례에 의함)

① 「도로교통법」 제148조의2 제1항 제1호의 '「도로교통법」 제44조 제1항을 2회 이상 위반한' 것에 구 「도로교통법」 제44조 제1항을 위반한 음주운전 전과도 포함된다고 해석하는 것은 비례원칙에 위반된다.

② 협의의 비례원칙인 상당성의 원칙은 재량권 행사의 적법성의 기준에 해당한다.

③ 침해행정인가 급부행정인가를 가리지 아니하고 행정의 전영역에 적용된다.

④ 「행정절차법」은 행정지도의 원칙으로 비례원칙을 규정하고 있다.

Point ① 「도로교통법」 제148조의2 제1항 제1호는 「도로교통법」 제44조 제1항을 2회 이상 위반한 사람으로서 다시 같은 조 제1항을 위반하여 술에 취한 상태에서 자동차 등을 운전한 사람에 대해 1년 이상 3년 이하의 징역이나 500만 원 이상 1,000만 원 이하의 벌금에 처하도록 규정하고 있는데, 「도로교통법」 제148조의2 제1항 제1호에서 정하고 있는 '「도로교통법」 제44조 제1항을 2회 이상 위반한' 것에 개정된 「도로교통법」이 시행된 2011.12.9. 이전에 구 「도로교통법」(2011.6.8. 법률 제10790호로 개정되기 전의 것) 제44조 제1항을 위반한 음주운전 전과까지 포함되는 것으로 해석하는 것이 형벌불소급의 원칙이나 일사부재리의 원칙 또는 비례의 원칙에 위배된다고 할 수 없다(대판 2012. 11. 29, 2012도10269).

## 2 다음 중 「개인정보 보호법」에 의하여 규정된 정보주체의 권리가 아닌 것은?

① 개인정보 보호에 관한 사항을 심의할 권리

② 개인정보의 처리에 관한 정보를 제공받을 권리

③ 개인정보에 대하여 열람을 요구할 권리

④ 개인정보의 처리로 인하여 발생한 피해를 구제받을 권리

Point 정보주체의 권리〈개인정보 보호법 제4조〉
㉠ 개인정보의 처리에 관한 정보를 제공받을 권리
㉡ 개인정보의 처리에 관한 동의 여부, 동의 범위 등을 선택하고 결정할 권리
㉢ 개인정보의 처리 여부를 확인하고 개인정보에 대하여 열람(사본의 발급을 포함한다)을 요구할 권리
㉣ 개인정보의 처리 정지, 정정·삭제 및 파기를 요구할 권리
㉤ 개인정보의 처리로 인하여 발생한 피해를 신속하고 공정한 절차에 따라 구제받을 권리

>> ANSWER
1.① 2.①

## 3  다음 설명 중 옳지 않은 것은?

① 「행정절차법」은 신뢰보호의 원칙을 규정하고 있다.

② 실권의 법리를 신의성실의 원칙에 바탕을 둔 파생원칙으로 인정한 판례가 있다.

③ 신뢰보호의 원칙과 법률적합성 원칙이 충돌하는 경우에는 이익형량을 하여야 한다는 이익교량설이 우리나라의 통설·판례이다.

④ 대법원 판례에 의하면 신뢰보호 원칙의 요건이 되는 공적 견해표명은 처분청 자신이 하여야 하고 소속공무원이 하여서는 안 된다.

**(Point)** ④ 신뢰보호 원칙의 요건이 되는 '공적 견해표명'은 처분청 자신이 아닌 소속공무원이 한 경우도 포함된다. 즉, 대법원은 "신의성실의 원칙 내지 금반언의 원칙은 합법성을 희생하여서라도 납세자의 신뢰를 보호함이 정의·형평에 부합하는 것으로 인정되는 특별한 사정이 있는 경우에 적용되는 것으로서 납세자의 신뢰보호라는 점에 그 법리의 핵심적 요소가 있는 것이므로 위 요건의 하나인 과세관청의 공적 견해표명이 있었는지의 여부를 판단하는 데 있어 반드시 행정조직상의 형식적인 권한분장에 구애될 것은 아니고 담당자의 조직상의 지위와 임무, 당해 언동을 하게 된 구체적인 경위 및 그에 대한 납세자의 신뢰가능성에 비추어 실질에 의하여 판단하여야 한다."고 판시하였다(대판 1996. 1. 23, 95누13746).

① 행정절차법 제4조 제2항은 "행정청은 법령 등의 해석 또는 행정청의 관행이 일반적으로 국민들에게 받아들여진 때에는 공익 또는 제3자의 정당한 이익을 현저히 해할 우려가 있는 경우를 제외하고는 새로운 해석 또는 관행에 의하여 소급하여 불리하게 처리하여서는 아니된다."고 하여 신뢰보호 원칙을 규정하고 있다.

② 대법원은 실권의 법리를 신의성실의 원칙에 바탕을 둔 파생원칙으로 인정하였다(대판 1988. 4. 27, 87누915).

**>> ANSWER**

3.④

**4** 다음 중 행정주체가 될 수 없는 것은?

① 국세청장

② 서울특별시

③ 서울대학교병원

④ 대한민국

📢 **(Point)** ① 행정주체에는 국가, 공공단체, 공무수탁사인 등이 있다. 권리의무의 귀속주체만이 행정주체가 될 수 있는 바, 국세청장은 권리의무의 귀속주체가 아니라 행정주체를 위해 권한을 행사하는 행정관청에 불과하다.

> **PLUS TIP** 행정주체의 종류
>
> ㉠ 국가
> ㉡ 공공단체
> • 지방자치단체 : 국가 영토의 일부지역을 그 구성 단위로 하여 그 지역 안의 주민을 통치하는 포괄적 자치권을 가진 공공단체이다.
> • 공공조합(공법상의 사단법인) : 특정한 행정목적을 위해 일정한 자격을 가진 사람으로 구성된 사단법인을 말한다. 상공회의소, 변호사회, 의사회, 약사회, 국민건강보험공단, 농협 등이 이에 해당한다.
> • 영조물법인 : 일정한 행정목적 달성을 위해 설립된 인적·물적 결합체(영조물)에 공법상의 법인격을 부여한 경우를 말한다. 한국은행, 한국방송공사, 한국전력공사, 한국도로공사, 한국토지공사, 서울대학교병원, 적십자병원, 과학기술원, 국제공항관리공단 등이 이에 속한다.
> • 공법상 재단 : 국가나 지방자치단체가 출연한 재산을 관리하기 위해 설립된 재단법인을 말한다. 한국정신문화연구원, 한국학술진흥재단 등이 있다.
> ㉢ 공무수탁사인 : 특정 행정의 수행을 위해 법규상 공권력이 부여되는 경우 자신의 명의로 공행정작용을 수행하는 사인 또는 사기업을 말한다. 종업원의 조세를 원천징수하는 사기업, 토지수용법에 따라 개인의 토지를 수용하는 사업시행자, 일정한 경찰사무 또는 호적사무를 수행하는 상선의 선장, 별정우체국장, 학위를 수여하는 사립대학장 등이 이에 해당한다.

**≫ ANSWER**

4.①

**5** 공법상의 소멸시효 또는 제척기간에 관한 사항으로 옳지 않은 것은?

① 제척기간은 중단·정지가 가능하다.

② 제척기간은 일반적으로 소멸시효기간보다 짧다.

③ 시효기간은 권리를 행사할 수 있을 때부터 진행한다.

④ 행정심판제기기간은 제척기간이다.

🔊 (Point) ① 제척기간에는 중단·정지제도가 없다.

> **PLUS TIP**  소멸시효와 제척기간
>
> | 구분 | 소멸시효 | 제척기간 |
> |---|---|---|
> | 취지 | • 권리 불행사에 대한 제재, 사실상태 보호를 그 주된 목적으로 한다.<br>• 제척기간보다 장기인 경우가 보통이다. | • 법률관계의 신속한 안정을 그 목적으로 한다.<br>• 소멸시효보다 단기인 경우가 보통이다. |
> | 중단·정지제도 | 인정 | 부정 |
> | 기간 | 기간 장기(원칙상 5년) | 단기(길어야 1년) |
> | 일반적 규정 | 일반적 규정 있음(국가재정법 제96조 등) | 없음(각 개별법에서 규정) |

**6** 다음 중 확약에 관한 내용으로 옳은 것은?

① 예비결정이나 부분인가는 확약과는 다르다.

② 기속행위의 경우는 확약이 허용되지 않는다.

③ 본처분과는 다른 별도의 법적 근거가 있어야 허용된다.

④ 요건사실의 완성 후에는 확약을 할 수 없다.

🔊 (Point) ① 예비결정이나 부분허가는 한정된 사항에 대하여 종국적으로 규율하는 행정행위의 효과를 발생하는 점에서, 종국적 규율(행정행위)에 대한 약속에 지나지 않는 확약과 구별된다.

② 확약은 일반 국민에게 예고이익이나 대처이익을 주므로, 재량행위는 물론이고 기속행위에 대하여도 확약을 하지 못하게 할 이유가 없다.

③ 본처분을 할 수 있는 권한을 가진 경우에 그에 대한 확약 여부에 대하여, 본처분을 할 수 있는 권한 속에 확약할 수 있는 권한이 포함되어 있다고 보는 것이 다수의 견해이므로 확약에 별도의 법적 근거가 없어도 된다(본처분을 할 수 있는 권한 속에 포함되어 있다).

④ 요건사실의 완성 후에 확약 여부에 관한 견해의 다툼이 있으나, 일반적으로는 확약할 수 있다는 것이 다수의 견해이다.

>> ANSWER

5.① 6.①

**7 행정입법에 대한 판례의 입장으로 옳은 것은?**

① 행정입법부작위는 부작위위법확인소송의 대상이 된다.

② 의료기관의 명칭표시판에 진료과목을 함께 표시하는 경우 진료과목의 글자 크기를 제한하고 있는 구 「의료법 시행규칙」 제31조는 그 자체로서 국민의 구체적인 권리의무나 법률관계에 직접적인 변동을 초래하므로 항고소송의 대상이 되는 행정처분이라 할 수 있다.

③ 법률의 위임에 의하여 효력을 갖는 법규명령의 경우 구법에 위임의 근거가 없어 무효였더라도 사후에 법개정으로 위임의 근거가 부여되면 그때부터는 유효한 위임명령이 된다.

④ 국립대학의 대학입학고사 주요요강은 행정쟁송의 대상인 행정처분에 해당되지만 헌법소원의 대상인 공권력의 행사에는 해당되지 않는다.

> **Point** ① 행정소송은 구체적 사건에 대한 법률상 분쟁을 법에 의하여 해결함으로써 법적 안정을 기하자는 것이므로 부작위위법확인소송의 대상이 될 수 있는 것은 구체적 권리의무에 관한 분쟁이어야 하고 추상적인 법령에 관하여 제정의 여부 등은 그 자체로서 국민의 구체적인 권리의무에 직접적 변동을 초래하는 것이 아니어서 행정소송의 대상이 될 수 없으므로 이 사건 소는 부적법하다(대법원 1992.5.8, 91누11261).
>
> ② 의료기관의 명칭표시판에 진료과목을 함께 표시하는 경우 그 글자의 크기를 의료기관 명칭을 표시하는 글자 크기의 2분의 1 이내로 제한하고 있지만, 위 규정은 그 위반자에 대하여 과태료를 부과하는 등의 별도의 집행행위 매개 없이는 그 자체로서 국민의 구체적인 권리의무나 법률관계에 직접적인 변동을 초래하지 아니하므로 항고소송의 대상이 되는 행정처분이라고 할 수 없다(대법원 2007.4.12, 2005두15168).
>
> ④ 국립대학인 서울대학교의 "94학년도 대학입학고사주요요강"은 사실상의 준비행위 내지 사전안내로서 행정쟁송의 대상이 될 수 있는 행정처분이나 공권력의 행사는 될 수 없지만 그 내용이 국민의 기본권에 직접 영향을 끼치는 내용이고 앞으로 법령의 뒷받침에 의하여 그대로 실시될 것이 틀림없을 것으로 예상되어 그로 인하여 직접적으로 기본권 침해를 받게 되는 사람에게는 사실상의 규범작용으로 인한 위험성이 이미 현실적으로 발생하였다고 보아야 할 것이므로 이는 헌법소원의 대상이 되는 헌법재판소법 제68조 제1항 소정의 공권력의 행사에 해당된다고 할 것이며, 이 경우 헌법소원 외에 달리 구제방법이 없다(헌재 1992.10.1, 92헌마68·76)

>> ANSWER
7.③

**8**   다음 중 행정행위에 관하여 올바르게 짝지은 것은?

① 법령위반건축물의 철거명령 – 확인

② 공유수면매립의 면허 – 허가

③ 합격증 발급 – 공증

④ 광업권 설정의 허가 – 허가

📢 (Point) ① 법령위반건축물의 철거명령은 하명이다.
② 공유수면매립의 면허는 특허이다.
④ 광업권 설정의 허가는 특허이다.

**PLUS TIP**   행정행위의 종류

⊙ 하명
• 의무의 내용에 따른 분류 : 작위하명(소방협력, 위법건축물의 철거), 부작위하명(통행금지), 수인하명(대집행 실행의 수인의무), 급부하명(조세부과)
• 행정분야에 따른 분류 : 조직하명(선거실시), 경찰하명(통행금지), 재정하명(조세부과), 군정하명(징집영장 발부) 등

ⓛ 허가
• 대인적 허가(운전면허, 의사면허, 약사면허 등)
• 대물적 허가(건축허가, 차량검사합격처분 등)
• 혼합적 허가(가스사업허가, 총포류제조업허가 등)

ⓒ 면제 : 예방접종면제, 조세면제 등

ⓔ 특허 : 귀화허가, 어업면허, 광업허가, 공기업특허, 자동차운수사업면허, 공물사용특허, 도로점용허가, 공용 수용권 설정, 공유수면매립면허, 하천도강료징수권 설정, 도시가스사업허가 등

ⓜ 인가 : 사업양도의 인가, 비영리법인설립인가, 공공조합설립인가, 사립대설립인가, 지방채기채승인, 토지거 래계약허가, 하천사용권양도인가, 특허기업요금인가 등

ⓗ 대리
• 감독상의 대리(감독청에 의한 공법인의 정관작성 및 임원임명 등)
• 협의 불성립의 경우의 조정(토지수용위원회의 재결, 노사분쟁의 조정 등)
• 사무관리(압류재산의 공매처분, 행려병자의 유류품처분 등)

ⓢ 확인 : 당선인결정, 국가시험합격자결정, 소득금액결정, 도로·하천구역설정, 신체검사, 발명특허, 교과서의 검인정, 도시계획상의 지역·지구·구역 지정, 이의신청결정, 행정심판재결 등

ⓞ 공증 : 등기·등록(부동산등기, 외국인등록, 광업권등록 등), 등재(토지대장에 등재 등), 기재(의사록에 기재 등), 합격증발급, 영수증교부, 여권발급, 검인의 날인 등

ⓩ 통지
• 관념의 통지(토지세목의 공고, 특허출원의 공고, 귀화의 고시 등)
• 의사의 통지(납세독촉, 대집행계고 등)

ⓧ 수리 : 각종 신청서·신고서의 수리(혼인신고 수리 등), 이의신청서의 수리, 행정심판청구서의 수리 등

**» ANSWER**

8.③

**9** 「행정절차법」상의 처분절차에 관한 설명으로 옳지 않은 것은? (다툼이 있는 경우 판례에 의함)

① 행정청은 신청에 구비서류의 미비 등 흠이 있는 경우에는 보완에 필요한 상당한 기간을 정하여 지체 없이 신청인에게 보완을 요구하여야 한다.

② 당사자 등은 공표된 처분기준이 명확하지 아니한 경우 해당 행정청에 그 해석 또는 설명을 요청할 수 있으며 이 경우 해당 행정청은 특별한 사정이 없으면 그 요청에 따라야 한다.

③ 퇴직연금의 환수결정과 같이 법령상 확정된 불이익처분의 경우에도 당사자에게 의견진술의 기회를 주지 않았다면 「행정절차법」위반이 된다.

④ 행정처분의 상대방이 통지된 청문일시에 불출석하였다는 이유만으로는 관계법령상 요구되는 청문절차없이 침해적 행정처분을 할 수는 없다.

📢 **Point** ③ 퇴직연금의 환수결정에 앞서 당사자에게 의견진술의 기회를 주지 아니하여도 행정절차법 제22조 제3항이나 신의칙에 어긋나지 아니한다(대판 2000.11.28, 99두5443).
　① 행정청은 신청에 구비서류의 미비 등 흠이 있는 경우에는 보완에 필요한 상당한 기간을 정하여 지체 없이 신청인에게 보완을 요구하여야 한다(행정절차법 제17조 제5항).
　② 당사자등은 공표된 처분기준이 명확하지 아니한 경우 해당 행정청에 그 해석 또는 설명을 요청할 수 있다. 이 경우 해당 행정청은 특별한 사정이 없으면 그 요청에 따라야 한다(행정절차법 제20조 제3항).
　④ 행정처분의 상대방이 청문일시에 불출석하였다는 이유로 청문을 실시하지 아니하고 한 침해적 행정처분은 위법하다 (대판 2001.04.13, 2000두3337).

**10** 직접강제에 관한 다음 설명 중 옳지 않은 것은?

① 직접강제는 직접적으로 의무자의 신체, 재산 또는 그 양자에 실력을 가하여 의무의 이행을 확보하는 행위이다.

② 무허가 영업소에 대한 사업장의 폐쇄, 물건의 봉인 등은 직접강제의 예에 속한다.

③ 대집행은 대체적 작위의무에 대한 의무이행 확보수단인 데 비하여, 직접강제는 비대체적 작위의무에 대한 수단이다.

④ 현행법하에서 직접강제에 관한 일반법은 없으며 각 단행법에서 개별적으로 인정하고 있다.

📢 **Point** ③ 직접강제는 행정상 의무의 불이행이 있는 경우에 직접적으로 의무자의 신체, 재산 또는 그 양자에 실력을 하여 의무의 이행이 있었던 것과 동일한 상태를 실현하는 작용을 말하는데 이러한 직접강제는 비대체적 작위의무뿐만 아니라 대체적 작위의무에 대하여도 급박한 사정에 의하여 대집행을 할 수 없는 때에 발하는 제2차적인 강제집행수단이며 부작위의무, 수인의무 등 모든 의무의 불이행에 대하여 발하여질 수 있다.

» ANSWER
9.③　10.③

**11** 다음 중 대집행을 할 수 있는 경우는?

① 의사가 환자의 치료를 거부하는 경우

② 사람이 거주하고 있는 토지와 건물을 인도해야 하는 경우

③ 감염병 예방주사를 맞지 아니하는 경우

④ 공원에 설치한 불법시설물을 철거하지 아니하는 경우

📢(Point) ④ 대집행은 대체적 작위의무를 이행하지 않는 경우에만 가능하다.

PLUS TIP  대집행

| 대집행의 대상이 되는 경우<br>(대체적 작위의무) | 대집행의 대상이 되지 않는 경우 |
|---|---|
| • 위법건물철거의무<br>• 교통장해물제거의무<br>• 위험축대파괴의무<br>• 불법광고판철거의무<br>• 건물의 이전 · 개량 · 청소 의무 | • 비대체적 작위의무 : 증인출석의무, 의사의 진료의무, 전문가의 감<br>  정의무, 토지 · 건물의 인도의무, 건물명도의무, 국유지퇴거의무<br>• 부작위의무 : 허가 없이 영업하지 아니할 의무, 야간통행금지의무<br>• 수인의무 : 전염병 예방접종, 신체검사, 건강진단 받을 의무 |

**12** 다음 판례 중 옳지 않은 것은?

① 외국환관리법 제21조, 제23조는 단속법규에 불과하므로 그에 저촉되는 행위의 사법상 효력은 유효하다.

② 광천음료수제조업허가는 그 성질상 제조업자에게 권리를 설정하는 특허에 해당하므로 국가가 그에 대하여 재량권을 갖는 것은 당연하다.

③ 「주세법」상 주류제조업의 면허를 받은 자의 이익은 단순한 사실상의 반사적 이익에 그치는 것이 아니라 「주세법」의 규정에 따라 보호되는 이익이다.

④ 기본행위인 하천 공사에 관한 권리 · 의무 양도계약이 무효일 때에는 그 보충행위인 허가처분도 별도의 취소조치를 기다릴 필요없이 당연무효이다.

📢(Point) ② 광천음료수제조업허가는 성질상 일반적 금지에 대한 해제에 불과하므로 허가권자는 허가신청이 소정의 요건을 구비한 때에는 이를 반드시 허가하여야 한다(대판 1993. 2. 12, 92누5959).

① 대판 1983. 3. 22, 83다51

③ 1989. 12. 22, 89누46

④ 1980. 5. 27, 79누196

## 13 행정벌에 대한 설명으로 옳지 않은 것은? (다툼이 있는 경우 판례에 의함)

① 조세범처벌절차에 의하여 범칙자에 대한 세무관서의 통고 처분은 행정소송의 대상이 아니다.

② 구 「대기환경보전법」에 따라 배출허용기준을 초과하는 배출가스를 배출하는 자동차를 운행하는 행위를 처벌하는 규정은 과실범의 경우에 적용하지 아니한다.

③ 행정청은 질서위반행위가 종료된 날(다수인이 질서위반행위에 가담한 경우에는 최종행위가 종료된 날을 말한다)부터 5년이 경과한 경우에는 해당 질서위반행위에 대하여 과태료를 부과할 수 없다.

④ 임시운행허가기간을 벗어난 무등록차량을 운행한 자는 과태료와 별도로 형사 처분의 대상이 된다.

🔊 (Point) ② 구 대기환경보전법(1992.12.8. 법률 제4535호로 개정되기 전의 것)의 입법목적이나 제반 관계규정의 취지 등을 고려하면, 법정의 배출허용기준을 초과하는 배출가스를 배출하면서 자동차를 운행하는 행위를 처벌하는 위 법 제57조 제6호의 규정은 자동차의 운행자가 그 자동차에서 배출되는 배출가스가 소정의 운행 자동차 배출허용기준을 초과한다는 점을 실제로 인식하면서 운행한 고의범의 경우는 물론 과실로 인하여 그러한 내용을 인식하지 못한 과실범의 경우도 함께 처벌하는 규정이다.(대법원 1993. 9. 10, 92도1136)

① 조세범처벌절차에 의하여 범칙자에 대한 세무관서의 통고 처분은 행정소송의 대상이 아니다(대판 1995. 6. 29, 95누4674).

③ 행정청은 질서위반행위가 종료된 날(다수인이 질서위반행위에 가담한 경우에는 최종행위가 종료된 날을 말한다)부터 5년이 경과한 경우에는 해당 질서위반행위에 대하여 과태료를 부과할 수 없다(질서위반행위규제법 제19조 제1항).

④ 행정법상의 질서벌인 과태료의 부과처분과 형사처벌은 그 성질이나 목적을 달리하는 별개의 것이므로 행정법상의 질서벌인 과태료의 부과처분과 형사처벌은 그 성질이나 목적을 달리하는 별개의 것이므로 행정법상의 질서벌인 과태료를 납부한 후에 형사처벌을 한다고 하여 이를 일사부재리의 원칙에 반하는 것이라곤 할 수는 없다(대판 1996. 4. 12, 96도158).

>> ANSWER

13.②

**14** 행정벌에 대한 설명으로 옳지 않은 것은? (다툼이 있는 경우 판례에 의함)

① 과태료는 행정상의 질서유지를 위한 행정질서벌에 해당할 뿐 형벌이라 할 수 없어 죄형법정주의의 규율 대상에 해당하지 않는다.

② 행정형벌은 행정법상 의무위반에 대한 제재로 과하는 처벌로 법인이 법인으로서 행정법상 의무자인 경우 그 의무위반에 대하여 형벌의 성질이 허용하는 한도 내에서 그 법인을 처벌하는 것은 당연하며, 행정범에 관한 한 법인의 범죄능력을 인정함이 일반적이나, 지방자치단체와 같은 공법인의 경우는 범죄능력 및 형벌능력 모두 부정된다.

③ 과태료 재판은 이유를 붙인 결정으로써 하며, 결정은 당사자와 검사에게 고지함으로써 효력이 발생하고, 당사자와 검사는 과태료 재판에 대하여 즉시항고할 수 있으며 이 경우 항고는 집행정지의 효력이 있다.

④ 행정청이 질서위반행위에 대하여 과태료를 부과하고자 하는 때에는 미리 당사자에게 과태료 부과의 원인이 되는 사실, 과태료 금액 및 적용법령 등을 통지하고 10일 이상의 기간을 정하여 의견을 제출할 기회를 주어야 한다.

**Point** ② 헌법 제117조, 지방자치법 제3조 제1항, 제9조, 제93조, 도로법 제54조, 제83조, 제86조의 각 규정을 종합하여 보면, 국가가 본래 그의 사무의 일부를 지방자치단체의 장에게 위임하여 그 사무를 처리하게 하는 기관위임사무의 경우에는 지방자치단체는 국가기관의 일부로 볼 수 있는 것이지만, <u>지방자치단체가 그 고유의 자치사무를 처리하는 경우에는 지방자치단체는 국가기관의 일부가 아니라 국가기관과는 별도의 독립한 공법인이므로, 지방자치단체 소속 공무원이 지방자치단체 고유의 자치사무를 수행하던 중 도로법 제81조 내지 제85조의 규정에 의한 위반행위를 한 경우에는 지방자치단체는 도로법 제86조의 양벌규정에 따라 처벌대상이 되는 법인에 해당한다</u>(대법원 2005. 11. 10. 선고 2004도2657 판결).

① 헌재 1998. 5. 28. 96헌바83

③ 과태료 재판은 이유를 붙인 결정으로써 한다〈「질서위반행위규제법」 제36조(재판) 제1항〉. 결정은 당사자와 검사에게 고지함으로써 효력이 생긴다〈동법 제37조(결정의 고지) 제1항〉. 당사자와 검사는 과태료 재판에 대하여 즉시항고를 할 수 있다. 이 경우 항고는 집행정지의 효력이 있다〈동법 제38조(항고) 제1항〉.

④ 행정청이 질서위반행위에 대하여 과태료를 부과하고자 하는 때에는 미리 당사자(제11조 제2항에 따른 고용주등을 포함한다)에게 대통령령으로 정하는 사항을 통지하고, 10일 이상의 기간을 정하여 의견을 제출할 기회를 주어야 한다. 이 경우 지정된 기일까지 의견 제출이 없는 경우에는 의견이 없는 것으로 본다〈동법 제16조(사전통지 및 의견제출 등) 제1항〉.

**» ANSWER**

14.②

**15** 행정의 실효성 확보에 대한 설명으로 옳은 것은?

① 「경찰관 직무집행법」은 직접강제에 관한 일반적 근거를 규정하고 있다.

② 행정대집행을 실행할 때 대집행 상대방이 저항하는 경우에 대집행 책임자가 실력행사를 하여 직접강제를 할 수 있다는 것이 판례의 입장이다.

③ 행정조사의 상대방이 조사를 거부하는 경우에 공무원이 실력행사를 하여 강제로 조사할 수 있는지 여부에 대해서는 견해가 대립한다.

④ 조세체납자의 관허사업 제한을 명시하고 있는 「국세징수법」 관련 규정은 부당결부금지원칙에 반하여 위헌이라는 것이 판례의 입장이다.

>Point ③ 비록 부정적인 견해가 다수를 차지하지만 긍정적인 견해 또한 있으며 여기에 대해서 서로 견해가 대립하고 있다.
> ① 「경찰관 직무집행법」에는 직접강제에 관한 일반적 근거를 규정하고 있지 않으며 이에 대한 규정은 소수의 몇몇 개별 법률에 명시되어 있다.
> ② 행정대집행 실행 시 대집행 상대방이 저항할 경우 대집행 책임자가 실력행사를 하여 이를 직접강제 할 수 있다는 판례는 아직 없다.
> ④ 조세체납자의 관허사업 제한을 명시하고 있는 「국세징수법」 관련 규정이 부당결부금지원칙에 반하여 위헌이라는 판례는 아직 없다.

**16** 행정상 손해배상에 관한 설명으로 옳지 않은 것은? (다툼이 있는 경우 판례에 의함)

① 「국가배상법」이 정한 손해배상청구의 요건인 '공무원의 직무'에는 국가나 지방자치단체의 권력적 작용뿐만 아니라 비권력적 작용도 포함되지만 단순한 사경제의 주체로서 하는 작용은 포함되지 않는다.

② 지방자치단체장이 설치하여 관할 지방경찰청장에게 관리권한이 위임된 교통신호기 고장에 의한 교통사고가 발생한 경우 해당 지방자치단체뿐만 아니라 국가도 손해배상책임을 진다.

③ 어떠한 행정처분이 후에 항고소송에서 취소되었다면 그 기판력에 의하여 당해 행정처분은 곧바로 공무원의 고의 또는 과실로 인한 것으로서 불법행위를 구성한다.

④ 생명·신체의 침해로 인한 국가배상을 받을 권리는 양도하거나 압류하지 못한다.

>Point ③ 행정청이 관계 법령의 해석이 확립되기 전에 어느 한 설을 취하여 업무를 처리한 것이 결과적으로 위법하게 되어 그 법령의 부당집행이라는 결과를 빚었다고 하더라도 처분 당시 그와 같은 처리 방법 이상의 것을 성실한 평균적 공무원에게 기대하기 어려웠던 경우라면 특별한 사정이 없는 한 이를 두고 공무원의 과실로 인한 것이라고는 할 수 없기 때문에, 그 행정처분이 후에 항고소송에서 취소되었다고 할지라도 당해 행정처분이 곧바로 공무원의 고의 또는 과실로 인한 불법행위를 구성한다고 단정할 수는 없다(대판 1997. 7. 11, 97다7608).

>> ANSWER

15.③  16.③

## 17 손실보상의 지급방법에 대한 설명으로 옳은 것은?

① 손실보상의 원칙적인 방법은 금전보상이다. 금전의 지급방법은 후불, 일괄불, 분할불을 원칙으로 한다.

② 현물보상이란 수용할 물건에 대신하여 일정한 시설물이나 다른 토지를 제공하는 보상방법이다.

③ 채권보상이란 물건에 대한 이용제한으로 종래의 이용목적에 따라 물건을 사용하기 곤란해진 경우 상대 방에게 그 물건의 매수청구권을 인정하고 물건을 매수함으로써 실질적으로 보상을 행하는 방법이다.

④ 사업인정을 받은 사업의 경우 대통령령으로 정하는 부재부동산 소유자의 토지에 대한 보상금이 대통 령령으로 정하는 일정 금액을 초과할 경우 그 금액에 대해서는 채권보상을 할 수 없다.

Point ① 손실보상의 원칙적인 방법은 금전보상이다. 금전의 지급방법은 선불, 개별불, 전액일시불을 원칙으로 한다.
③ 매수보상에 대한 설명이다.
④ 채권보상은 사업시행자가 국가, 지방자치단체, 그 밖의 대통령령으로 정하는 「공공기관의 운영에 관한 법률」에 따라 지정·고시된 공공기관 및 공공단체인 경우에 토지소유자나 관계인이 원하는 경우 또는 사업인정을 받은 사업의 경 우 대통령령으로 정하는 부재부동산 소유자의 토지에 대한 보상금이 대통령령으로 정하는 일정 금액을 초과하는 경 우로서 그 초과금액에 대해 보상하는 경우에 해당 사업시행자가 발행하는 채권으로 지급할 수 있다〈공익사업을 위 한 토지 등의 취득 및 보상에 관한 법률 제63조 제7항〉.

## 18 다음 설명 중 옳은 것은? (다툼이 있는 경우 판례에 의함)

① 「자동차손해배상 보장법」은 배상책임의 성립요건에 관하여 「국가배상법」에 우선하여 적용된다.

② 「개인정보 보호법」상 단체소송을 허가하거나 불허가하는 법원의 결정에 대하여는 더 이상 소송으로 다툴 수 없다.

③ 행정심판에 있어서 사건의 심리·의결에 관한 사무에 관여하는 직원에게는 「행정심판법」 제10조의 위원의 제척·기피·회피가 적용되지 않는다.

④ 「공익사업을 위한 토지 등의 취득 및 보상에 관한 법률」상 행정청이 아닌 사업시행자가 이주대책을 수립·실시하는 경우에 이주정착지에 대한 도로 등 통상적인 생활기본시설에 필요한 비용은 지방자 치단체가 부담하여야 한다.

Point ② 단체소송을 허가하거나 불허가하는 결정에 대하여는 즉시 항고할 수 있다〈개인정보보호법 제55조 제2항〉.
③ 사건의 심리·의결에 관한 사무에 관여하는 위원 아닌 직원에게도 법의 규정을 준용한다〈행정심판법 제10조 제8항〉.
④ 이주대책의 내용에는 이주정착지에 대한 도로, 급수시설, 배수시설, 그 밖의 공공시설 등 통상적인 수준의 생활기본 시설이 포함되어야 하며, 이에 필요한 비용은 사업시행자가 부담한다. 다만, 행정청이 아닌 사업시행자가 이주대책 을 수립·실시하는 경우에 지방자치단체는 비용의 일부를 보조할 수 있다〈공익사업을 위한 토지 등의 취득 및 보상 에 관한 법률 제78조 제4항〉.

>> ANSWER
17.② 18.①

**19** 항고소송의 제소기간에 대한 설명으로 옳지 않은 것은?

① 취소소송의 제소기간은 불변기간이다.

② 법원은 취소소송의 제소기간을 확장하거나 단축할 수 없으나 주소 또는 거소가 멀리 떨어진 곳에 있는 자를 위하여 부가기간을 정할 수 있다.

③ 행정청이 행정심판청구를 할 수 있다고 잘못 알려 행정심판청구를 한 경우 취소소송의 제소기간은 행정심판재결서 정본을 송달받은 날부터 기산한다.

④ 부작위위법확인소송은 행정심판 등 전심절차를 거친 경우에도 제소기간의 제한을 받지 않는다는 것이 판례의 입장이다.

🔊(Point) ④ 부작위위법확인의 소는 부작위상태가 계속되는 한 그 위법의 확인을 구할 이익이 있다고 보아야 하므로 원칙적으로 제소기간의 제한을 받지 않는다. 그러나 행정소송법 제38조 제2항이 제소기간을 규정한 같은 법 제20조를 부작위위법확인소송에 준용하고 있는 점에 비추어 보면, 행정심판 등 전심절차를 거친 경우에는 행정소송법 제20조가 정한 제소기간(처분 등이 있음을 안 날부터 90일) 내에 부작위위법확인의 소를 제기하여야 한다(대판 2009. 7. 23, 2008두10560).

**20** 행정상 결과제거청구권의 내용에 관한 설명으로 옳지 않은 것은?

① 당해 행정작용으로 인한 부수적인 불이익의 제거도 행정상 결과제거청구권의 대상이 될 수 있다.

② 행정상 결과제거청구권은 원칙적으로 제3자에게 일정한 행위를 하도록 요구할 수 있는 것은 아니다.

③ 행정상 결과제거청구권은 결과제거로 인하여 원래의 상태나 이와 같은 가치를 갖는 상태의 회복이 사실상 가능하고 법률상 허용되어야 한다.

④ 행정상 결과제거청구권은 위법적인 상태가 그 사이에 적법하게 된 경우에는 더 이상 주장되지 못한다.

🔊(Point) ① 행정상 결과제거청구권은 행정작용으로 발생한 직접적인 위법적 결과만을 대상으로 한다. 당해 행정작용으로 인한 부수적인 불이익의 제거는 다른 청구권의 대상이 될 뿐이다.

> **PLUS TIP** 행정상 결과제거청구권의 성립요건
>
> ㉠ 행정작용(권력작용, 사실행위 등 모두 포함)으로 인한 침해가 있어야 한다.
> ㉡ 위법한 상태가 지속되고 있어야 한다.
> ㉢ 개인의 법률상의 이익이 침해되고 있어야 한다.
> ㉣ 원상회복이 가능하고 법적으로 허용되며 행정청의 수인한계 내의 것인 때에만 인정된다. 원상회복조치에 과다한 비용이 소요되는 경우에는 이 권리는 인정되지 않고 그로 인한 손해배상만이 인정된다.

>> ANSWER
19.④  20.①

# PART
# 03

# 행정학

1 다음 중 경영과 구분되는 행정의 속성으로 보기 어려운 것은?

① 행정은 독점성을 지니고 있어 경쟁성이 없거나 극히 제약된다.

② 행정은 강제적 · 정치적 권력을 가진다.

③ 행정은 공익을 최고의 궁극적인 목표가치로 삼는다.

④ 행정은 목표달성을 위해 협동적이고 집단적인 노력을 필요로 한다.

📢(Point) ④ 목표달성을 위한 협동적이고 집단적인 노력은 행정과 경영 모두에서 강조된다.

PLUS TIP 행정과 경영의 차이점

| 구분 | 행정 | 경영 |
|---|---|---|
| 목적 | 공익, 질서유지 등 다원적 목적(공익) | 이윤 극대화라는 일원적 목적(사익) |
| 주체 | 국가 또는 공공기관 | 기업 |
| 정치적 성격 | 강함 | 상대적으로 약함 |
| 권력수단 | 강제적 · 정치적 권력수단 이용 | 공리적 권력(권력수단 없음) |
| 법적 규제 | 엄격 | 완화 |
| 규모, 영향력 | 광범위 | 협소 |
| 독점성 등 | 독점성, 비경쟁성, 비능률성 | 비독점성, 경쟁성, 능률성 |
| 활동의 긴급성 | 있음 | 없음(약함) |
| 노동권의 제약 | 많음 | 적음 |
| 기대수준 | 높음 | 낮음 |
| 신분보장 | 강함 | 약함 |
| 기타 성격 | 공개성, 평등성, 획일성, 타율성 | 비밀성, 불평등성, 자율성 |

>> ANSWER

1.④

2 정부의 역할에 대한 입장을 바르게 설명하는 것만 모두 고른 것은?

> ㉠ 진보주의 정부관에 따르면, 정부에 대한 불신이 강하고 정부실패를 우려한다.
> ㉡ 공공선택론의 입장은 정부를 공공재의 생산자로 규정하고, 대규모 관료제에 의한 행정의 효율성을 높이는 것이 중요하다고 본다.
> ㉢ 보수주의 정부관은 자유방임적 자본주의를 옹호한다.
> ㉣ 신공공서비스론 입장에 따르면, 정부의 역할은 시민들로 하여금 공유된 가치를 창출하고 충족시킬 수 있도록 봉사하는 데 있다.
> ㉤ 행정국가 시대에는 최대의 봉사가 최선의 정부로 받아들여졌다.

① ㉠㉡㉢                                 ② ㉡㉢㉣
③ ㉢㉣㉤                                 ④ ㉠㉣㉤

📢(Point) ㉠ 진보주의 정부관이 아닌 보수주의 정부관에 대한 설명이다.
　　　 ㉡ 공공선택론의 입장은 정부를 공공재의 생산자로 규정하고 있으며 대규모 관료제에 의한 행정보다 관료제를 타파하고 관할권의 중첩 및 다양한 의사결정단위의 잠재적 거부권 행사가 행정의 효율성을 증진시킨다고 본다.


3 공익에 대한 설명으로 가장 옳지 않은 것은?

① 과정설은 개인의 사익을 초월한 공동체 전체의 공익이 따로 있다고 보는 견해이다.
② 실체설은 사회 전 구성원의 총효용을 극대화함으로써 공익에 도달할 수 있다고 보는 견해이다.
③ 과정설은 공익이 사익의 총합이거나 사익 간의 타협·조정 과정을 통해 얻어지는 것으로 보는 견해이다.
④ 실체설은 사회공동체 내지 국가의 모든 가치를 포괄하는 절대적인 선의 가치가 있다고 보는 견해이다.

📢(Point) ① 실체설에 대한 설명. 과정설은 사익과 무관한 공익은 없다고 본다.
　　　 ②④ 실체설은 공익을 전체효용의 극대화, 도덕적 절대가치, 공유하는 이익으로 이해한다. 전체효용의 극대화를 강조하는 입장은 사회구성원의 효용을 계산한 다음 전 구성원의 총효용을 극대화함으로써 공익에 도달할 수 있다고 보며 (공동체이익은 공동체 구성원의 이익을 모두 모은 것), 소비자의 효용이나 만족의 극대화를 추구하는 공리주의자나 후생경제학자의 관점이다. 도덕적 절대가치를 공익의 실체로 보는 관점에서는 사회공동체나 국가의 모든 가치를 포괄하는 절대적인 선의 가치가 있다고 가정한다.

>> ANSWER
2.③  3.①

**4** 정책영향의 평가에 대한 타당성의 측면에 대한 설명 중 옳지 않은 것은?

① 구성의 타당성은 처리, 결과, 모집단 및 상황들에 대한 이론적 구성요소들이 성공적으로 조작된 정도를 말한다.

② 결론의 타당성은 만일 정책의 결과가 존재하고 이것이 제대로 조작화되었다고 할 때, 이에 대한 효과를 찾아낼 만큼 충분히 정밀하고 강력하게 연구 설계가 된 정도를 말한다.

③ 내용적 타당성이란 조작화된 변수들 간의 실질적 내용이 일치하는 정도를 말한다.

④ 내적타당성이란 조작화된 결과에 대하여 찾아낸 효과가 다른 경쟁적 원인들에 의해서가 아니라 조작화된 처리에 의한 것이라는 추정의 정도를 말한다.

📢 (Point) 정책평가의 타당성에는 내적 타당성, 외적 타당성, 구성적 타당성, 통계적 결론의 타당성 등이 있으며 내용적 타당성은 해당되지 않는다. 내용적 타당성이란 시험의 타당도 중 하나로 시험내용이 직무수행 능력요소와 부합되는지를 의미하는 것이다.

**PLUS TIP** Cook과 Campbell의 정책평가 타당성 종류

| 종류 | 내용 |
|---|---|
| 내적 타당성 | 조작화된 결과에 대하여 찾아낸 효과가 다른 경쟁적인 원인(외생변수)들에 의해서라기보다는 조작화된 처리(원인변수)에 기인된 것이라고 볼 수 있는 정도 |
| 외적 타당성 | 실험결과를 다른 상황에까지 일반화(이론화)시킬 수 있는지의 정도 |
| 구성적 타당성 | 처리, 결과, 모집단 및 상황들에 대한 이론적 구성요소들이 성공적으로 조작화 된 정도 |
| 통계적 결론의 타당성 | 정밀하고 강력하게 연구설계(평가기획)가 이루어진 정도로서 제1종 및 제2종 오류가 발생하지 않은 정도 |

**5** 정책유형과 그 사례를 바르게 연결한 것은?

① 분배정책(distribution policy) - 사회간접자본의 구축, 환경오염방지를 위한 기업 규제

② 경쟁적 규제정책(competitive regulatory policy) - TV · 라디오 방송권의 부여, 국공립학교를 통한 교육서비스

③ 보호적 규제정책(protective regulatory policy) - 작업장 안전을 위한 기업 규제, 국민건강보호를 위한 식품위생 규제

④ 재분배정책(redistribution policy) - 누진세를 통한 사회보장지출 확대, 항공노선 취항권의 부여

**» ANSWER**

4.③ 5.③

(Point) ① 환경오염방지를 위한 기업 규제는 보호적 규제정책에 해당한다.
② 국공립학교를 통한 교육서비스는 분배정책에 해당한다.
④ 항공노선 취항권의 부여는 경쟁적 규제정책에 해당한다.

PLUS TIP Ripley & Franklin의 정책유형

㉠ 분배정책 : 행정서비스의 제공이나 이득·기회의 배분과 관련된 정책
㉡ 경쟁적 규제정책 : 다수의 경쟁자 중에서 경쟁범위를 제한하려는 정책(진입규제 등)으로 희소한 자원의 분배와 관련된 정책
㉢ 보호적 규제정책 : 민간 활동이 허용 또는 제한되는 조건을 설정함으로써 일반대중을 보호하려는 정책
㉣ 재분배정책 : 고소득층으로부터 저소득층으로의 소득 이전을 목적으로 하는 정책

## 6 사업구조(divisional structure)에 대한 설명과 가장 거리가 먼 것은?

① 산출물에 기반한 사업부서화 방식이다.
② 사업부서들은 자율적으로 운영되므로 각 기능의 조정은 부서 내에서 이루어진다.
③ 규모의 경제에 따른 효율성을 확보할 수 있다.
④ 기능구조보다 환경변화에 신축적이고 대응적일 수 있다.

(Point) ③은 공동기능별로 조직을 편제하는 기능별구조의 장점에 해당한다.

PLUS TIP 기능구조와 사업구조

| 구분 | 기능구조 | 사업구조 |
|---|---|---|
| 의의 | • 조직 전체업무를 공동기능별로 부서화하는 방식<br>• 동일집단 구성원은 기본적으로 동일한 기술소유 | 산출물에 기반을 둔 부서화 방식 |
| 특징 | • 기능의 중복을 막아 효율성을 높일 수 있음<br>• 특정 기능과 관련된 조직 구성원들의 지식과 기술이 통합적으로 활용<br>• 비슷한 기술과 경력을 가진 구성원들 사이에 응집력이 강함<br>• 구성원에 대한 관리자의 감독이 용이 | • 기능구조보다 분권적인 조직구조<br>• 사업구조의 각 부서는 자기 완결적 단위로서 기능 간 조정이 용이하므로 환경변화에 신축적<br>• 다양한 고객만족 제고<br>• 성과에 대한 책임소재가 분명해져 성과관리체제에 유리 |

>> ANSWER
6.③

**7** 비공식조직과 공식조직에 관한 설명으로 옳지 않은 것은?

① 비공식조직이 내재적 규율 중심이라면 공식조직은 외재적 규율에 의존한다.

② 비공식조직이 이성적 조직이라면 공식조직은 감성적 조직이다.

③ 비공식조직이 비가시적 조직이면 공식조직은 가시적 조직이다.

④ 공식조직이 인위적 조직이라면 비공식조직은 자연발생적 조직이다.

**Point** 공식조직과 비공식조직

| 공식조직 | 비공식조직(자생집단) |
|---|---|
| • 인위적 · 계획적 형성 | • 자연발생적 형성 |
| • 이성과 능률의 논리에 입각 | • 감정과 대인관계의 논리에 입각 |
| • 전체적 질서 | • 부분적 질서 |
| • 외면적 존재 | • 내면적 존재 |
| • 규범의 성문화 | • 규범의 불문화 |

**8** 다음은 조직 내 인간의 행동에 영향을 미치는 동기이론에 대한 설명이다. 옳은 것은?

① 매슬로우(Maslow)는 두 가지 이상의 욕구가 하나의 행동으로 발현될 수 있다고 하였다.

② 앨더퍼(Alderfer)와 매슬로우는 욕구 만족 시 욕구 발로의 전진적 · 상향적 진행만을 강조한다는 공통점이 있다.

③ 맥크릴랜드(McClelland)는 개인의 행동을 동기화시키는 욕구는 학습되는 것으로, 개인마다 욕구의 계층에 차이가 있다고 주장하였다.

④ 샤인(Schein)의 복잡한 인간모형은 연구 자료가 중요 사건기록법을 근거로 수집되었다는 한계가 있다.

**Point** D. McClelland는 모든 사람이 공통적으로 비슷한 욕구의 계층을 가지고 있다고 주장한 Maslow의 이론을 비판하며, 개인의 행동을 동기화시키는 욕구는 학습되는 것이므로 개인마다 욕구의 계층에 차이가 있다고 주장하였다.

① Maslow는 하나의 욕구에 의해 하나의 행동이 유발된다고 보았다.

② Alderfer는 욕구 만족 시 발생하는 욕구 발로의 전진적 · 상향적 진행뿐만 아니라 욕구 좌절로 인한 후진적 · 하향적 퇴행을 제시하였다.

④ Herzberg의 동기-위생 연구는 연구 자료가 중요 사건기록법을 근거로 수집되었기 때문에 편견이 내포되었을 가능성이 높다.

>> ANSWER

7.② 8.③

**9** 다음 중 동기부여 이론에 대한 설명으로 가장 옳지 않은 것은?

① 브룸(V. Vroom)의 기대이론 – 성취욕구, 권력욕구, 자율 욕구가 구성될 때 동기부여가 기대될 수 있다고 본다.

② 앨더퍼(C. Alderfer)의 ERG 이론 – 매슬로우의 욕구 이론을 수정하여 개인의 기본욕구를 존재욕구, 관계욕구, 성장욕구의 3단계로 구분하였다.

③ 매슬로우(A. H. Maslow)의 욕구이론 – 5단계의 욕구체계 중 가장 하위의 욕구는 생리적 욕구이다.

④ 포터(L. Porter)와 로울러(E. Lawler)의 기대이론 – 성과의 수준이 업무만족의 원인이 된다고 본다.

🔊(Point) ① McClleland의 성취동기이론에 대한 설명이다.

> **PLUS TIP** V.Vroom의 동기기대이론(VIE)
>
> ㉠ 개념 : 개인의 동기는 자신의 노력이 어떠한 성과를 가져올 것인가 하는 기대와, 그러한 성과가 보상을 가져다주리라는 수단성에 대한 기대감의 복합적 함수에 의해 결정된다.
> ㉡ 동기 유발에 영향을 미치는 요인
> • 가치(Valence) : 행위의 결과로 얻게 되는 보상에 부여하는 가치. 유의성이라고도 한다.
> • 수단성(Instrumentality) : 행위의 1차적 결과가 2차적 결과로서의 보상을 초래할 가능성
> • 기대(Expectancy) : 자신의 행동을 통해 1차적 결과물을 가져올 수 있으리라는 자신감

**10** 목표관리(MBO)와 조직발전(OD)의 유사점에 관한 내용으로 옳지 않은 것은?

① Y론적 인간관에 입각하여 민주적 관리전략을 강조한다.

② 결과지향적 목표를 추구한다.

③ 환경에의 적응능력에 무관심한 단순한 성향이다.

④ 평가와 환류를 중시한다.

🔊(Point) ③ MBO의 성향이며 OD는 환경에의 적응능력을 중요시하는 다각적 성향이다.

> **PLUS TIP** 목표관리(MBO)와 조직발전(OD)의 유사점
>
> ㉠ Y이론적 인간관 내지 자아실현인관에 입각하여 민주적 관리전략을 강조
> ㉡ 결과지향적 목표의 추구, 인간발전의 중시
> ㉢ 개인과 조직의 목표의 조화·통합 중시, 조직전체의 유기적인 협조체제의 강조
> ㉣ 최고관리층의 이해와 지원을 요구, 평가와 환류 중시

11  다음은 토마스(Thomas)가 제시한 대인적 갈등관리방안과 관련되는 내용이다. 각각의 내용이 바르게 연결된 것은?

> ㉠ 상대방의 이익을 희생하여 자신의 이익을 추구하는 경우이다.
> ㉡ 자신의 이익이나 상대방의 이익 모두에 무관심한 경우이다.
> ㉢ 자신과 상대방 이익의 중간 정도를 만족시키려는 경우이다.
> ㉣ 자신의 이익을 희생하여 상대방의 이익을 만족시키려는 경우이다.

① ㉠ 강제, ㉡ 회피, ㉢ 타협, ㉣ 포기
② ㉠ 경쟁, ㉡ 회피, ㉢ 타협, ㉣ 순응
③ ㉠ 위협, ㉡ 순응, ㉢ 타협, ㉣ 양보
④ ㉠ 경쟁, ㉡ 회피, ㉢ 순응, ㉣ 양보

📢 Point 토마스와 킬맨(K. Thomas & R. Kilmann)의 대인적 갈등의 관리방안

» ANSWER
11.②

**12** 인사행정 제도에 대한 설명으로 가장 옳은 것은?

① 직위분류제는 계급제에 비해 탄력적 인사관리가 가능한 장점을 가진다.

② 엽관주의는 정당에의 충성도와 공헌도를 임용기준으로 삼았기 때문에 민주주의와 전혀 관련이 없다.

③ 실적주의는 정치적 중립을 지향하여 인사행정을 소극화, 형식화시켰다.

④ 직업공무원제는 원칙적으로 개방형 충원 및 전문가 주의에 입각하고 있다.

🔊 **(Point)** ③ 실적주의는 엽관주의와 정실주의를 타파하는데 초점을 두었다. 이로 인해 인사기능이 집권화 · 법제화됨에 따라 신축성을 결여한 채 경직적으로 운영되고, 상대적으로 유능한 인재의 유치라는 적극적인 측면보다는 부적격자의 배제라는 소극적 측면에 중점을 두게 되었다. 또한 반엽관주의에 지나치게 집착하여 기술성 · 수단성 위주의 경직적 인사행정이 이뤄졌고 인간적 요인이 과소평가되어 능력발전이나 사기에 대한 고려가 부족하여 인사행정의 형식화(경직성 · 비융통성) · 비인간화를 초래했다.

① 직위분류제는 동일 직렬에서의 승진이나 전보는 가능하나, 다른 직무로의 전직이 어렵기 때문에 계급제에 비하여 인사관리의 탄력성과 신축성이 낮다(인사관리의 수평적 융통성 낮음).

② 엽관주의는 정당에의 충성도와 공헌도를 임용 기준으로 삼는다. 국민의 지지를 받은 정당의 당원이 공직에 임명되므로 국민의사를 존중하는 민주통제 강화, 책임행정의 구현에 기여한다. 엽관제에 의해 임명된 공무원은 직업공무원에 비해 국민의 요구를 더욱 적극적으로 행정에 반영하므로 행정의 민주성 · 대응성을 높인다.

④ 직업공무원제는 폐쇄형 충원 및 일반행정가주의에 입각하고 있다.
직위분류제는 개방형 충원 및 전문행정가주의에 입각하고 있다.

## 13 선발시험의 타당성과 신뢰성에 대한 옳은 설명은?

① 시험의 신뢰성은 시험과 기준의 관계이며, 재시험법은 시험의 횡적 일관성을 조사하는 것이다.

② 동시적 타당성 검증에서는 시험합격자를 대상으로 시험성적과 일정기간을 기다려야 나타나는 근무실적을 시차를 두고 수집 하여 비교하는 것이다.

③ 내용타당성은 직무에 정통한 전문가 집단이 시험의 구체적 내용이나 항목이 직무의 성공적 임무 수행에 얼마나 적합한 지를 판단하여 검증하게 된다.

④ 현재 근무하고 있는 재직자에게 시험을 실시한 결과 근무실적이 좋은 재직자가 시험성적도 좋았다면, 그 시험은 구성적 타당성을 갖추었다고 인정할 수 있다.

📢(Point) ③ 내용적 타당도의 검증은 시험출제자가 아닌, 직무의 지식·기술 등에 정통한 전문가집단이 시험의 구체적 내용이 직무의 성공적 수행에 얼마나 적합한 지 논리적·주관적으로 판단(경험적 자료를 판단하는 것이 아님)하므로 논리적 타당성이라고도 한다. 내용적 타당성은 시험에 합격한 자가 실제 직무수행에서 성공하리라는 것을 직접 검증하지는 못한다.

① 시험의 기준의 타당성은 예측치(채용시험성적)와 기준에 대한 측정치(근무성적)의 관계이다. 시험의 신뢰성은 측정도구(시험)가 측정대상을 일관성 있게 측정하는 정도로 측정결과(시험성적)가 일관된 값을 가질수록 신뢰도가 높다. 신뢰성의 측정방법 중 재시험법(Test-retest Method)은 동일 시험을 수험자에게 일정시간 간격을 두고 두 번 실시한 후 두 점수 간 일관성을 측정하는 방법(시험의 종적 일관성 측정)으로 측정이 간단하지만, 시험간격 설정과 동일 상황 설정의 문제가 있다.

| 종적 일관성 | 횡적 일관성 |
|---|---|
| 동일 대상에게 동일 시험을 다른 시간에 치르는 경우 측정결과가 안정된 값을 가지는 것<br>예 재시험법, 동질이형법 | 동일 시간에 동일 시험을 다른 사람들에게 치르는 경우 측정결과가 안정된 값을 가지는 것<br>예 동질이형법, 문항 내적 일관성 검증 |

② 동시적 타당성(현재적 타당성)은 재직자에게 미리 실시 후 현재 근무성적과 시험성적을 비교하는 방법으로 시험성적과 근무성적의 동시측정이 가능하므로 시차가 없다.

④ 동시적 타당성에 대한 설명임.

>> ANSWER

13.③

**14** 근무성적평정의 방법과 그 단점에 관한 다음 설명 중 가장 옳지 않은 것은?

① 서열법은 특정집단 내의 전체적인 서열을 알려 줄 수 있으나, 다른 집단과 비교할 수 있는 객관적 자료는 제시하지 못한다.

② 사실기록법은 공무원이 달성한 작업량을 측정하기 어려운 업무에 대해서는 적용하기가 곤란하다.

③ 강제선택법은 평정자가 미리 정해진 비율에 따라 평정대상자를 각 등급에 분포시키고, 그 다음에 역으로 등급에 해당하는 점수를 부여하는 역산식 평정을 할 가능성이 높다.

④ 체크리스트평정법은 평정요소에 관한 평정항목을 만들기가 힘들며, 질문 항목이 많을 경우 평정자가 곤란을 겪게 된다.

(Point) ③ 평정자가 미리 강제 배분비율에 따라 피평정자를 연공서열에 따라 각 등급에 분포시킨 후 등급에 해당되는 점수를 형식적으로 부여하는 역산(逆算)식 평정은 성적분포비율이 정규분포화 되도록 획일적으로 등급의 분포비율을 미리 정해 놓는 강제배분법[분포제한법, 강제할당법, 정규분포법](Forced Distribution)에서 나타날 가능성이 높다. 강제선택법(Forced Choice Method)은 2개 또는 4~5개의 서술항목 중 피평정자의 특성에 가장 적합하거나 부적합한 표현을 선택하도록 하는 방법이다.

① 서열법은 한 집단내의 서열만 알 수 있을 뿐 다른 집단과 비교할 수 있는 객관적 자료를 제시하지 못한다. 따라서 같은 직무의 범위에서만 적용할 수 있으며, 부서 간 상호 비교는 불가능하다.

② 사실기록법은 객관적인 사실에 기초를 두고 평가하는 방법으로, 공무원이 달성한 작업량의 측정이 곤란한 업무에 적용하기 어렵다.

④ 공무원을 평가하는 표준행동목록을 미리 작성하고, 평정요소의 설명에 대해 피평정자의 특성에 해당하는지 가부(Yes, No)를 표시하는 방법이다. 평정요소가 명확하게 제시되고, 평정자가 피평정자에 대한 질문항목마다 유무(有無)나 가부(可否)만을 판단하므로 평정 용이하고 연쇄효과가 감소되는 장점이 있다. 그러나 평정요소에 관한 평정항목 작성이 곤란하고, 질문항목이 많으면 평정이 곤란하며, 직무성격에 따라 평정항목이 다를 수 있어 부서 내 전체적 평가가 곤란하고, 동일 항목에 대해 차별을 두지 못한다(일을 열심히 한다고 체크할 경우 어느 정도 열심히 하는지 차별을 두지 못함)는 한계가 있다.

## 15 공무원단체의 순기능에 대한 설명으로 옳지 않은 것은?

① 행정 내부의 민주화가 이루어진다.

② 국민 다수의 이익에 긍정적인 영향을 미친다.

③ 사기앙양의 방안이다.

④ 올바른 직업윤리의 확립과 부패방지를 도모한다.

📢(Point) ② 공무원들의 단체활동은 국민 다수의 이익에 부정적 영향을 미칠 수 있다.

PLUS TIP 공무원단체의 순기능과 역기능

ⓐ 순기능
• 공무원의 권익을 증진하고 의사전달의 통로가 됨
• 사기앙양의 방안
• 행정내부의 민주화가 이루어짐
• 실적제의 강화
• 올바른 직업윤리의 확립과 부패방지 도모
• 사회적 · 경제적 지위의 향상

ⓑ 역기능
• 공무원들의 단체활동은 국민 다수의 이익에 부정적 영향
• 협상을 통해 얻게 되는 부가적 이득은 다른 집단 또는 일반 납세자들의 추가적 부담을 전제
• 행정능률을 저해할 수 있음
• 공무원의 신분보장을 지나치게 강조하고 선임 위주의 인사원칙을 내세움으로써 실적주의 인사원칙을 저해할 수 있음

## 16 국가 또는 상급 지방자치단체로부터 지방자치단체의 장 기타 집행기관에 위임되는 사무로 볼 수 없는 것은?

① 재해구호사무

② 징병, 호적사무

③ 인구조사사무

④ 국세조사

📢(Point) ① 단체위임사무이다. 단체위임사무는 법령에 의하여 국가 또는 다른 공공단체로부터 '지방자치단체'에 위임되는 사무이다.

PLUS TIP 기관위임사무

ⓐ 개념 : 법령의 규정에 의하여 국가 또는 상급지방자치단체로부터 '지방자치단체의 장, 기타 집행기관'에 위임되는 사무(포괄적 수권)

ⓑ 종류 : 징병, 호적사무(법규 · 판례상에서는 자치사무로, 실제상은 기관위임사무로 처리), 민방위, 선거, 인구조사사무, 경찰, 소방(시 · 군 · 자치구), 지적, 국세조사, 산업통계, 공유수면매립, 상공업진흥, 경제계획사무 등

» ANSWER

15.② 16.①

**17** 행정책임성의 유형에 관한 다음 표의 ㉠~㉣에 적당한 것을 바르게 나열한 것은?

| 구분 | | 통제의 원천(source of agency control) | |
|---|---|---|---|
| | | 내부적인 통제원천 | 외부적인 통제 원천 |
| 통제<br>정도 | 높은 통제수준 | ㉠ | ㉡ |
| | 낮은 통제수준 | ㉢ | ㉣ |

|  | ㉠ | ㉡ | ㉢ | ㉣ |
|---|---|---|---|---|
| ① | 전문가적 책임성 | 법적 책임성 | 관료적 책임성 | 정치적 책임성 |
| ② | 전문가적 책임성 | 관료적 책임성 | 법적 책임성 | 정치적 책임성 |
| ③ | 관료적 책임성 | 전문가적 책임성 | 정치적 책임성 | 법적 책임성 |
| ④ | 관료적 책임성 | 법적 책임성 | 전문가적 책임성 | 정치적 책임성 |

📢 (Point) 롬젝(B. Romzek)과 듀브닉(M. Dubnick)의 행정책임의 유형

| | | 통제의 원천(소재) | |
|---|---|---|---|
| | | 조직 내부(내부통제) | 조직 외부(외부통제) |
| 통제<br>정도 | 높은 통제수준 | 위계적(관료적 ; hierarchial) 책임성 | 법률적(legal) 책임성 |
| | 낮은 통제수준 | 전문가적(professional) 책임성 | 정치적(political) 책임성 |

**18** 작은 정부를 지향하는 감축관리의 수단으로 볼 수 없는 것은?

① 영기준예산제도(ZBB)의 도입
② 매몰비용의 회수
③ 정부규제의 완화
④ 일몰법제도의 채택

📢 (Point) 감축관리를 촉진시키는 대표적인 요인으로 자원의 한정성, 정책효과의 탄력성 확보, 정치적 취약성, 환경적 쇠퇴 등을 들 수 있다. 영기준예산의 채택, 일몰법의 채택, 조직과 정원의 조정·정비, 유사한 사업의 통폐합과 효율성이 저하된 정책의 종결처리, 탈규제를 통한 민간부분의 기능과 영역확대 등은 작은 정부를 지향하는 감축관리의 대표적인 방안들이다.

**19** 신중앙집권화의 성격으로 잘못된 것은?

① 신중앙집권화는 수평적·협동적 집권이 아니라 수직적·관료적 집권을 의미한다.

② 신중앙집권은 국민생활권의 확대와 행정의 국민적 최저수준유지의 필요성에 의래 촉진되었다.

③ 권력은 분산하나 지식과 기술은 집중함으로써 지방자치의 민주화와 능률화의 조화를 추구한다.

④ 국가와 지방의 공동사무의 증대, 중앙의 정책계획의 증대 등이 신중앙집권화 현상이다.

📢(Point) ① 신중앙집권화는 수직적·권력적·관료적 집권이 아니라 수평적·비권력적·협동적 집권을 의미한다.

PLUS TIP  전통적 중앙집권과 신중앙집권

| 전통적<br>중앙집권 | 지배적·강압적<br>집권 | 관료적·윤리적·<br>후견적 집권 | 수직적·권력적<br>집권 | 절대군주국가시대의 중앙집권적<br>성격 |
|---|---|---|---|---|
| 신중앙집권 | 지도적·협동적<br>집권 | 사회적·지식적·<br>기술적 집권 | 수평적·병렬적·<br>비권력적 집권 | 민주성과 능률성의 조화,<br>중앙·지방의 새로운 협력관계 |

**20** 전통적 예산의 원칙에 관한 설명이다. 괄호 안에 들어갈 내용으로 가장 바르게 연결한 것은?

> • 수입대체경비의 초과수입, 현물출자와 외국차관을 정부 이름으로 대신 빌려서 실제 그 돈을 사용할 차관사업 수행자에게 그대로 넘겨주는 전대차관은 ( ㉠ )의 예외이다.
> • 목적세, 수입대체경비, 특별회계, 기금은 ( ㉡ )의 예외이다.
> • 준예산, 전용, 사고이월, 재정상의 긴급명령, 선결처분은 ( ㉢ )의 예외이다.
> • 추가경정예산의 편성, 예산의 이월, 계속비 등은 ( ㉣ )의 예외이다.

| | ㉠ | ㉡ | ㉢ | ㉣ |
|---|---|---|---|---|
| ① | 예산총계주의 | 단일성 원칙 | 공개성 원칙 | 한계성 원칙 |
| ② | 초과지출금지 원칙 | 통일성 원칙 | 공개성 원칙 | 단일성 원칙 |
| ③ | 예산총계주의 | 통일성 원칙 | 사전의결 원칙 | 한계성 원칙 |
| ④ | 초과지출금지 원칙 | 단일성 원칙 | 사전의결 원칙 | 한계성 원칙 |

>> ANSWER

19.① 20.③

📢 **Point** ㉠-예산총계주의(완전성의 원칙, 총계예산주의), ㉡-통일성의 원칙, ㉢-사전의결의 원칙, ㉣-한계성(한정성)의 원칙
이다.

**PLUS TIP** 전통적 예산원칙과 예외

| 유형 | 내용 | 예외 |
|---|---|---|
| 공개성 | 국민에게 공개 | 신임예산, 국가정보원 예산(정보비)이나 국방부 일부 예산 등은 안보상 이유로 비공개 |
| 명확성·명료성 | 국민이 이해하기 쉽게 편성 | 총액(총괄)예산(총액계상예산), 예비비 |
| 명세성 | 구체적 항목에 따라 세분화 | 총액(총괄)예산 |
| 엄밀성·정확성 | 예산(예정) = 결산(확정)<br>*세입 = 세출(수지균형)로 보는 견해도 있음 | 예산불용액, 예산 집행의 신축성 확보장치로 인한 예산·결산 간 불일치<br>*엄밀성을 세입 = 세출로 볼 경우 흑자예산, 적자예산 |
| 한정성 | 양적 한정성(초과지출 금지) | 추가경정예산, 예비비 |
| | 질적 한정성(목적 외 사용금지) | 이용, 전용, 예비비 |
| | 시기적 한정성(회계연도독립원칙) | 이월(명시이월·사고이월), 국고채무부담행위, 계속비, 지난 연도 수입·지출, 긴급배정 |
| 단일성 | 재정활동을 단일예산으로 편성 | 특별회계, 기금, 추가경정예산, 공공기관의 운영에 관한 법률상 공공기관의 예산 |
| 통일성 | 특정 세입과 특정 세출의 연결 금지, 국고로 통합, 국고에서 지출 | 기금, 특별회계, 수입대체경비·수입금마련지출, 목적세(교통·에너지·환경세, 교육세, 농어촌특별세, 지방교육세, 지역자원시설세) |
| 사전의결 원칙 | 의회가 사전 심의 및 의결 | 준예산, 사고이월, 전용, 이체(이견 있음), 예비비 지출, 공공기관의 예산, 긴급재정·경제 명령·처분, 선결처분, 수입대체경비, 수입금마련지출 |
| 완전성·포괄성 예산총계주의 | 모든 세입·세출을 빠짐없이 예산에 계상(포괄성의 원칙) | 순계예산, 공공기관의 예산, 기금(이견 있음), 정부의 현물출자, 전대차관, 초과지출 가능한 차관물자대, 초과수입을 관련 경비에 초과 지출할 수 있는 수입대체경비, 수입금마련지출 |

# 행정학

**1** 정치 · 행정이원론과 관련된 설명으로 옳은 것은?

① 행정관리의 능률성을 이념으로 한다.

② 행정의 정책결정기능을 강조한다.

③ 관리의 효율보다 정치적 대응성을 선호한다.

④ 행정의 가치지향성을 강화한다.

**Point** ① 정치 · 행정이원론은 행정의 능률을 강조한 행정관리론에서 강조한 이론으로, 통치기능을 정치와 행정으로 분리시켜 행정영역에 과학적 연구방법을 적용함으로써 조직과 관리의 원리를 발견하려고 하였다. 또한, 능률을 행정의 최고지도 이념으로 생각하였고, 행정의 정치적 중립과 실적주의 확립으로 행정의 전문화와 관리의 능률성을 추구했다.

**PLUS TIP** 정치 · 행정이원론(기술적 행정학)

㉠ 성립배경 : 1829년 이후 계속되어 온 엽관주의로 인해 집권당이 행정을 지배하게 되어 행정의 독자성과 자주성 및 전문성이 저하되어 행정의 비능률을 초래했다. 행정의 전문성과 자주성을 보장하기 위해 행정과 정치를 분리시킬 필요성이 대두되었고, 이 시기에 태동한 과학적 관리론의 영향을 받아 행정은 정치적으로 중립적이고 비권력적인 관리기술로 발전하게 되었다.

㉡ 내용 : 행정에서 정치성을 분리하여 사무와 관리기술로서 파악하고, 과학적 관리론을 도입하여 조직관리의 보편적인 방법론을 등장시켰으며, 능률성을 행정의 지도이념으로 인식하였다.

㉢ 영향 : 합리성과 능률성을 제고한 행정기구 및 관리의 개선과 행정학의 독자적 영역구축에 필요한 이론적 기초를 제공하였고, 직업공무원제와 실적주의의 수립에 관한 이론적 정당성을 제공하였다.

㉣ 비판 : 현대에 이르러 정치와 행정을 분리하는 것은 무의미하고, 행정을 관리기술로만 파악할 경우 현대행정을 이해하기 어려우며, 지나치게 능률과 효율을 강조한 나머지 인간적 측면을 경시하는 결과를 초래한다는 비판을 받았다.

**» ANSWER**

1.①

**2** 신공공관리와 뉴거버넌스의 특징 중 가장 유사성이 높은 것은?

① 관리기구

② 정부역할

③ 관료역할

④ 서비스

**(Point)** 신공공관리론과 뉴거버넌스

| 구분 | 신공공관리론 | 뉴거버넌스 |
|---|---|---|
| 인식론적 기초 | 신자유주의 | 공동체주의 |
| 관리기구 | 시장 | 연계망 |
| 관리가치 | 결과 | 신뢰 |
| 정부역할 | 방향잡기 | 방향잡기 |
| 관료역할 | 공공기업자 | 조정자 |
| 작동원리 | 경쟁(시장메커니즘) | 협력체제 |
| 서비스 | 민영화, 민간위탁 | 공동공급(시민기업 참여) |
| 관리방식 | 고객지향 | 임무중심 |
| 분석수준 | 조직 내 | 조직 간 |

**3** 사회적 형평성에 대한 설명으로 옳은 것은?

> ㉠ 정당한 불평등의 개념을 포함하고 있다.
> ㉡ 투입 대비 산출의 비율로 표현되는 경제적 개념이다.
> ㉢ 동일한 것은 동일하게 취급하는 것은 수직적 형평성이다.
> ㉣ 신행정론의 등장과 함께 강조되기 시작하였다.

① ㉠, ㉡

② ㉠, ㉣

③ ㉡, ㉢

④ ㉢, ㉣

**(Point)** ㉠ 사회적 형평성은 수평적 형평성과 수직적 형평성을 포함한다. 수직적 형평성은 정당한 불평등이나 합리적 차별과 관련되며 대등하지 않은 상황 하에 있는 사람들을 서로 다르게 취급하는 것으로 서로 다른 상황에 처해 있는 사람들을 좀 더 동등하게 만들 것을 목적으로 하는 판단의 기준이다.
㉡ 투입 대비 산출의 비율로 표현되는 경제적 개념은 능률성(efficiency)이다.
㉢ 동일한 것은 동일하게 취급하는 것은 수평적 형평성이다.
㉣ 신행정론은 전통적 이론이 능률지상주의와 조직의 대내적 측면만을 강조하고 사회적·경제적 소수자를 고려하지 않았다고 비판하고, 사회적 약자를 배려하는 행정이 필요하다고 보면서 사회적 형평성을 강조하였다.

>> ANSWER

2.② 3.②

**4** 정책문제의 특성에 대한 설명으로 옳지 않은 것은?

① 정책문제는 당위론적 가치관의 입장에서 정의하는 것이 중요하다.

② 정책주체와 객체의 행태는 주관적이지만 정책문제는 객관적이다.

③ 특정 문제의 발생 원인이나 해결 방안 등은 다른 문제들과 상호 연관성을 갖는다.

④ 정책수혜집단과 정책비용집단이 있다는 것을 의미하는 차별적 이해성을 갖는다.

🔊 **Point** ② 정책문제의 주관성(subjectivity) 및 인공성(artificiality) : 정책문제는 문제가 야기된 상황은 선택적으로 해석·분류·정의·평가되므로, 문제 상황은 객관적이지만 정의된 정책문제는 주관적이며 개인의 선입견, 가치관 등에 따라 달라진다. 정책문제는 문제는 환경에 대해 작용하는 사고의 산물이며, 분석에 의하여 정의되는 주관적 요소이다.

① 정책문제의 가치판단 함축성(significance) : 정책문제는 이미 그 정의 속에 가치판단의 결과가 내포되어 있다 문제시되는 상황을 정부가 해결을 목적으로 공식적으로 채택한 것이라고 할 때에, 이미 채택되는 과정에서 많은 가치판단이 이루어진 결과로서 정책문제가 정의된다. 정책문제는 단순히 현실 필요성이나 실현가능성에만 입각해서 정의되어서는 안 되며, 당위적인 가치관에 입각하여 정의되는 것이 바람직하다. 정책문제가 당위론적인 가치관의 입장에서 정의될 때, 우리 사회의 미래 지향적 발전 및 인간 존엄성의 실현가능성은 더욱 커지게 때문이다.

③ 정책문제의 상호연관성(interdependence) : 어떤 문제든지 그 발생원인이나 해결방안, 해결의 결과 등이 다른 문제들과 상호연관성을 갖고 있다. 따라서 어느 특정 문제의 해결은 다른 문제를 악화시키거나 새로운 문제를 야기할 수도 있는 반면 다른 정책문제의 해결에 도움을 줄 수도 있다.

④ 정책문제의 차별적 이해성(differential interest) : 정책문제는 어떤 이익에 대해 차별적인 성격을 지닌다. 대개의 경우 문제로 인해 고통을 받고 있는 사람이 있는 반면에, 문제를 해결하지 않고 방치함으로써 이익을 받게 되는 사람도 존재한다. 따라서 정책문제로 채택되어 문제해결을 시도하게 되면, 정책을 통해 문제가 해결되어 이익을 보는 수혜자집단과 불이익을 당하는 비용부담집단 사이에 이익에 대한 재분배(가치배분)가 실현된다.

※ 정책문제의 특성이 아닌 것 : 객관성, 자연성, 합리성, 상호독립성, 가치중립성, 정태성·일관성

---

**5** 중앙정부의 정책과정 참여자 중 비공식 참여자는?

| | |
|---|---|
| ㉠ 정당 | ㉡ 국무총리 |
| ㉢ 대통령 | ㉣ 이익집단 |
| ㉤ 전문가집단 | ㉥ 시민단체 |
| ㉦ 언론 | ㉧ 부처 장관 |

① ㉠, ㉡, ㉢, ㉤, ㉥

② ㉠, ㉢, ㉣, ㉥, ㉧

③ ㉠, ㉣, ㉤, ㉥, ㉦

④ ㉡, ㉢, ㉣, ㉤, ㉧

🔊 **Point** ㉠ 정당, ㉣ 이익집단, ㉤ 전문가집단, ㉥ 시민단체, ㉦ 언론은 비공식참여자에 해당한다.

**» ANSWER**

4.② 5.③

| 공식적 참여자 | 정책과정에의 참여가 법적·제도적으로 보장된 참여자 | ① 입법부(의회, 국회의원, 상임위원회, 특별위원회), ② 행정부(행정수반-대통령·수상, 행정기관, 행정관료), ③ 사법부(법원, 법관), ④ 헌법재판소, ⑤ 지방정부(지방자치단체, 지방자치단체장, 지방의회, 지방공무원, 지방행정기관) |
|---|---|---|
| 비공식적 참여자 | 정책과정에의 참여가 법적·제도적으로 보장되지 않은 자 | ① 정당(여당·야당), ② 이익집단·압력단체, ③ 일반국민, 여론, ④ NGO(시민단체), ⑤ 전문가·학자, 정책공동체 ⑥ 언론·매스컴 |

**6** 행정서비스헌장과 그 이행표준의 제정 등 공식화의 장점이 아닌 것은?

① 업무의 일관성이 증대한다.

② 조직의 성과평가기준을 제공한다.

③ 조직구성원의 자율과 재량권이 확대된다.

④ 서비스 수준에 관한 민원인의 기대형성이 조성된다.

(Point) ③ 환경의 변화를 적극적으로 수용하지 못하고 공식화로 인해 공무원의 자율과 재량권이 축소된다는 부정적 평가를 받을 수 있다.

PLUS TIP 행정서비스헌장의 기본원칙

㉠ 서비스는 고객의 입장과 편의를 최우선으로 고려하는 고객중심적이어야 함
㉡ 비용과 편익이 합리적으로 고려된 서비스 기준을 설정
㉢ 서비스와 관련된 정보와 자료를 쉽고 신속하게 얻을 수 있도록 함
㉣ 고객이 쉽게 알 수 있도록 구체적이고 명확하게 작성
㉤ 행정기관이 제공할 수 있는 가장 높은 수준의 서비스를 제시
㉥ 형평성 있는 서비스 제공이 되도록 하여야 함
㉦ 유관기관과 협력하고 여론을 수렴함
㉧ 잘못된 서비스에 대한 시정절차와 보상조치를 명확히 함

>> ANSWER

6.③

7 동기부여이론 중 내용이론을 모두 고른 것은?

> ㉠ Vroom의 기대이론
> ㉡ Maslow의 욕구계층이론
> ㉢ Porter와 Lawler의 업적만족이론
> ㉣ Adams의 형평성이론
> ㉤ Argyris의 성숙−미성숙이론
> ㉥ Skinner의 강화이론
> ㉦ Ouchi의 Z이론

① ㉠, ㉡, ㉤, ㉥                    ② ㉠, ㉡, ㉣
③ ㉡, ㉢, ㉤                        ④ ㉡, ㉤, ㉦

📢(Point) ㉡㉤㉦이 내용이론, 나머지는 과정이론

PLUS TIP  동기이론의 유형 : 내용이론(욕구이론)과 과정이론

| 내용이론(content theory), 욕구이론(need theory) | 과정이론(process theory) |
|---|---|
| 1. 전통적 동기이론<br>　① 합리적 경제적 인간모형 : 과학적 관리론, X이론과 관련<br>　② 사회적 인간 모형 : 인간관계론, Y이론과 관련 | 1. 기대이론<br>　① Vroom의 선호 · 기대이론(VIE이론)<br>　② Porter · Lalwer의 성과 · 만족이론<br>　③ Georgopoulos의 통로 · 목적이론<br>　④ Atkinson의 기대모형 |
| 2. 자아실현적 인간 모형(성장이론, 현대적 모형)<br>　① Maslow의 욕구계층제<br>　② Alderfer의 ERG이론<br>　③ Murray의 명시적 욕구이론<br>　④ McGregor의 X · Y이론<br>　⑤ Herzberg의 동기 · 위생이론<br>　⑥ Argyris의 성숙 · 미성숙이론<br>　⑦ Likert의 관리체제론<br>　⑧ McCelland의 성취동기이론 | 2. Adams의 형평성(공정성) 이론<br>3. 학습(강화 · 순치)이론<br>　① 행태주의자 학습이론<br>　　㉠ 고전적 조건화이론(Pavlov)<br>　　㉡ 조작적 조건화이론(Skinner)<br>　② 인지학습이론 : Tolman<br>　③ 사회학습이론 : Bandura |
| 3. 복잡인 모형<br>　① Schein의 복잡인<br>　② Hackman · Oldham의 직무특성이론(과정이론으로 보는<br>　　견해도 있음) | 4. Locke의 목표설정이론<br>5. Kelly의 귀인이론 |
| * Z이론 : 복잡인, Lundsteht, Lawless, Ouchi | |

>> ANSWER

7.④

**8** 조직의 갈등관리에 대한 설명으로 틀린 것은?

① 통합형 협상은 자원이 제한되어 있어 제로섬 방식을 기본 전제로 하는 협상이다.

② 수평적 갈등은 목표의 분업 구조, 과업의 상호 의존성, 제한된 자원으로 인해 발생한다.

③ 집단 간 목표의 차이로 인해 발생한 갈등은 상위 목표를 제시하거나 계층제 또는 권위를 이용하여 해결한다.

④ 조직의 불확실성을 높이거나 위기감을 불러일으키는 것과 같이 조직의 갈등을 인위적으로 조성하는 전략은 조직의 생존·발전에 필요한 전략 중 하나이다.

📢(Point) ① 통합형 협상이 아니라 분배적 협상의 특징이다.

**PLUS TIP** 협상의 전략 : 분배적 협상과 통합적 협상

| 분배적 협상(distributive negotiation) | 통합적 협상(integrative negotiation) |
|---|---|
| 자원의 양 고정적, 이해관계 대립, 단기간 관계 지속 | 자원의 양 유동적, 이해관계 조화, 장기간 관계 지속 |
| • 협상 당사자가 전체 자원을 한정된 것으로 봄<br>• 협상을 zero-sum게임으로 인식(win-loss)<br>• 공격·경쟁·대립적 방식으로 협상을 진행. | • 협상 당사자가 전체 자원이 확장될 수 있다고 봄<br>• 협상을 positive-sum 게임으로 인식(win-win)<br>• 전체 자원의 확대를 위한 협력으로 상호 이익 확보 |
| 각각의 입장이 강경하면 승패의 상황이, 부드러우면 부분적 양보로 협상이 타결됨. | 이해를 조화시켜 더 큰 공동이익을 도출하는 과정으로, 새로운 대안을 발견해 나가는 창조적 문제해결 과정. |
| 토마스의 경쟁(자신 이익 추구, 상대방 이익 희생)과 관련 | 토마스의 협동(자신과 상대방의 이익 모두 만족)과 관련. |

**9** 다음 중 전자정부법에서 천명된 운영 원칙에 속하지 않는 것은?

① 대인서비스의 전자화

② 행정업무의 혁신

③ 개인정보 및 사생활의 보호

④ 행정보안의 절대준수

📢(Point) 전자정부의 원칙〈전자정부법 제4조 제1항〉
㉠ 대인서비스의 전자화 및 국민편익의 증진
㉡ 행정업무의 혁신 및 생산성·효율성의 향상
㉢ 정보시스템의 안전성·신뢰성의 확보
㉣ 개인정보 및 사생활의 보호
㉤ 행정정보의 공개 및 공동이용의 확대
㉥ 중복투자의 방지 및 상호운용성 증진

## 10 계선기관에 관한 내용으로 옳은 것을 모두 고른 것은?

> ㉠ 권한 및 책임의 한계의 명확성, 신속한 결정력, 업무 수행 능률성 등의 장점이 있다.
> ㉡ 각 행정기관의 장의 인격을 연장·보완하는 역할을 하며 지휘·감독의 범위를 넓혀 준다.
> ㉢ 기관장이 주관적·독단적 결정이나 조치를 취할 가능성이 존재하고, 조직의 경직성을 초래한다.
> ㉣ 전문적 지식과 경험으로 행정목표의 달성에 간접적으로 기여한다.

① ㉠, ㉡                                                      ② ㉠, ㉢

③ ㉠, ㉡, ㉣                                                  ④ ㉠, ㉢, ㉣

🔊 (Point) ㉠, ㉢은 계선의 특징이고 ㉡, ㉣은 막료의 특징이다.

**PLUS TIP** 계선과 막료(참모)

| 비교 | 계선(階線 ; Line) | 막료(幕僚)·참모(參謀)(Staff) |
|---|---|---|
| 특징 | ① 계층제적 성격(명령통일의 원리)<br>② 조직목표달성에 직접 기여, 직접적 행정책임<br>③ 국민과 직접 접촉<br>④ 목표달성을 위한 의사결정권·명령권·집행권 행사<br>⑤ 수직적 명령복종관계(조직의 최고 책임자를 정점)<br>⑥ 일반행정가<br>⑦ 보수적·실용적, 현실적 경험·기존가치 존중 (정책결정·집행, 감독, 명령, 지휘, 통솔)<br>⑧ 소규모 조직은 계선으로만 운영(막료의 필요성 약함) | ① 비계층제적 성격(행정기관장의 인격확장)<br>② 조직목표달성에 간접적으로 기여, 간접적 행정책임<br>③ 국민과 직접 접촉하지 않음, 계선에 직접 접촉·봉사<br>④ 원칙적으로 의사결정권·명령권·집행권 없음<br>⑤ 수평·대등한 관계<br>⑥ 전문행정가<br>⑦ 진취적·이상적, 새로운 idea추구(기획, 정보 및 자료의 조사·분석, 자문, 권고, 연구)<br>⑧ 대규모 조직에 적합(막료의 필요성 증대) |
| 장점 | ① 권한과 책임 한계 명확<br>② 경비 절약(막료를 추가적으로 두지 않으므로)<br>③ 행정과 조직의 안정성, 동질성 확보<br>④ 의사결정의 신속성<br>⑤ 강력한 통솔력 행사 | ① 전문적 지식과 경험 활용을 통한 합리적 창의적 결정<br>② 계선기관 장의 활동영역과 통솔범위 확대<br>③ 계선의 업무 경감<br>④ 계층제의 경직성 완화, 변화에 대한 신축성 증대<br>⑤ 계선기관 간 수평적 업무조정과 협조 기능 |
| 단점 | ① 전문가의 지식과 경험 활용 곤란<br>② 대규모 조직에서는 최고관리자의 과중한 업무부담<br>③ 계선의 업무량 과중<br>④ 폐쇄성 보수성 경직성, 관료제의 병리 우려<br> – 상황변화에의 신축성 결여, 할거주의<br>⑤ 최고관리자의 주관적·독단적·자의적 결정의 우려 | ① 참모와 계선 간 책임 전가<br>② 인원(참모기관) 증가로 인한 예산·경비 증가<br>③ 계선과 막료 간 대립·충돌 가능성<br>④ 의사결정의 지연 가능성, 신속성·기동성 미흡<br>⑤ 의사전달 경로의 혼선 초래<br>⑥ 소규모 조직에 부적합, 조직 비대화 우려 |

>> ANSWER

10.②

**11** 학습조직에 대한 설명으로 옳지 않은 것은?

① 학습조직은 규범이 개인적 자치에 의해 결정되고 업무에 대한 의미부여와 판단이 동료들과의 관계 속에서 이루어진다.

② 학습조직은 지식을 획득하고 전달하는 데 능숙하지만 새로운 지식의 창출에 대해서는 한계를 지닌다.

③ 학습조직은 문제의 발견과 해결, 개선을 위한 지식의 습득에 초점을 둔다.

④ Senge는 학습조직 구축에 필요한 기반으로 전문적 소양, 세계관, 비전공유, 팀 학습, 시스템적 사고 등을 꼽았다.

🔊(Point) ② Garvin에 따르면 학습조직은 지식을 창출하고 획득, 전달하는 데 능숙하며 새로운 지식과 통찰력을 경영에 반영하기 위하여 기존의 행동방식을 바꾸는 데 능숙한 조직이라고 볼 수 있다.

> **PLUS TIP** 학습조직의 특징
>
> ㉠ 사려 깊은 리더십 : 조직의 리더는 구성원의 기본행태를 안내할 조직의 목표, 사명, 핵심가치들에 대한 통치 이념을 설계하는 사회건축가로서의 역할과 구성원들의 공유비전의 창조자, 조직의 봉사자로서의 역할이 요구된다.
> ㉡ 구성원의 권한강화 : 내적 동기부여 및 조직구성원의 권한부여를 강조한다.
> ㉢ 협력적 네트워크를 통한 전략수립 : 중앙집권적 전략수립을 벗어나 직원의 역할을 강조하며 경쟁자, 공급자 등과 협력적 네트워크를 구성함으로써 조직의 전략 수립에 도움을 받는다.
> ㉣ 강한 조직문화 : 부분보다 전체를 중요하게 여기며, 따라서 부서 간 경계를 최소화하고 조직의 공동체 정신과 조직구성원 상호간의 동정과 지원을 강조한다.
> ㉤ 정보공유 : 문제인식과 해결을 위해 다양한 집단 간 빈번한 비공식적 접촉을 장려하여 활발한 커뮤니케이션이 이루어지도록 하고, 자료에 접근하는 것이 쉽도록 하여 정보공유가 가능하도록 한다.
> ㉥ 수평적 조직구조와 보상체계 : 학습조직의 기본 구성단위는 급변하는 불확실한 환경에 필요한 신축성을 제고할 수 있는 네트워크 조직, 가상조직 등과 같은 수평적 조직구조를 강조하며 팀워크와 조직 전체를 강조하는 이윤공유 보너스, 지식급 제도를 도입한다.

**» ANSWER**

11.②

## 12 다음 중 특정직 공무원에 해당하는 것은 모두 몇 개인가?

> ㉠ 해양경찰청장  ㉡ 국가정보원 차장
> ㉢ 헌법재판소 헌법연구관  ㉣ 국가인권위원회 상임위원
> ㉤ 대법관

① 2개  ② 3개

③ 4개  ④ 5개

🔊 (Point) ㉠㉢㉤은 특정직이다. 해양경찰청장이나 경찰청장은 경찰공무원(치안총감)으로 보하므로 특정직이다. 마찬가지로 검찰총
장은 검사, 소방청장은 소방공무원(소방총감), 대법원장·대법관은 법관으로서 특정직이다.
㉡ 국가정보원 원장·차장은 정무직이다. 국가정보원 일반직원은 특정직이며, 국가정보원 기획조정실장은 별정직이다.
㉣ 국가인원위원회 위원장과 상임위원은 정무직이다.


## 13 내부임용에 대한 설명으로 옳지 않은 것은?

① 승진은 일반적으로 직무의 곤란도와 책임의 증대를 의미하며 보수의 증액을 수반한다.

② 전직은 동일한 직렬·직급 내에서 직위를 바꾸는 것을 의미한다.

③ 승급은 계급이나 직책 변동을 수반하지 않기에 승진과 구별된다.

④ 겸임은 필요한 인력을 확보할 준비가 안 된 경우나 교육훈련 기관의 교관 요원을 임용하는 경우 등
에 이용되는 방법이다.

🔊 (Point) • 전보(보직변경) : 동일한 직렬·직급 내에서 직위를 바꾸는 것(보직변경). 시험은 필요 없음.
• 전직 : 동일한 등급계급 내에서 상이한 직렬로의 수평적 이동. 원칙적으로 시험 거침.
③ 승급(昇級)은 동일 직급 내에서 호봉만 올리는 것으로 근무연한 우대, 장기근무 장려, 근무성적 향상을 목적으로 한
다. 정기(보통)승급은 경력(연공서열)을 기준(1년 1호봉)으로 하며, 특별승급은 실적(현저히 우수하거나 공적이 있는
자)을 기준으로 한다. 승급은 단순히 동일 직급에서 일정기간 경과 후 호봉이 높아짐에 따른 보수 증가를 의미하며
권한과 책임의 증가를 수반하지 않는 점(계급·직책 변동 없음)에서 승진과 다르다.

>> ANSWER

12.② 13.②

**14** 근무성적평정의 오류에 대한 설명으로 옳은 것은?

① 집중화 경향은 상관이 부하와의 인간관계를 고려하여 실제보다 후한 평정을 하는 것을 말한다.

② 방어적 지각의 착오는 근본적 귀속의 착오라고도 하며 타인의 성공을 평가할 때에는 상황적 요인을 높게 평가하고 실패를 평가할 때에는 개인적 요인을 높게 평가하는 경향을 말한다.

③ 논리적 오차는 사람에 대한 경직된 편견이나 선입견 또는 고정관념에 의한 오차를 뜻하는 것으로 이를 방지하기 위해서는 개인의 귀속적 요인에 대한 신상정보를 밝히지 말아야 한다.

④ 연쇄효과란 평정자가 가장 중요시하는 하나의 평정요소에 대한 평가결과가 성격이 다른 평정요소에도 영향을 미치는 것으로 연쇄화의 오류를 방지하기 위해서는 강제선택법을 사용한다.

🔊 Point ④ 연쇄효과(헤일로 효과 ; halo effect, 후광·현혹효과)는 어느 한 평정요소에 대한 평정자의 판단이 연쇄적으로 다른 요소의 평정에도 전반적인 인상으로 작용하여 부분적 특징만으로 전체를 평가하거나, 평정자가 피평정자에 대해 가지고 있는 막연한 일반적 인상이 모든 평정요소에 영향을 미치는 것(하나의 장점이 모든 것을 좋게 평가하게 하거나 하나의 단점이 모든 것은 나쁘게 평가)이다. 연쇄효과 방지를 위해 강제선택법이나 프로브스트법(평정요소 간 연상효과 배제)을 사용한다.

① 관대화 경향에 대한 설명이다. 집중화는 평정자가 모든 피평정자들에게 대부분 중간수준의 점수나 가치를 주는 심리적 경향으로 평정상 의문이 있거나 피평정자에 관해 잘 모르는 경우, 모험을 피하려는 방편으로 모든 것이 평균이라는 평정을 하게 되는 것이다. 집중화는 무사안일주의에 빠져있거나 평정에 자신이 없을 때 책임회피 수단으로 발생한다.

② 근본적 귀인[귀속] 오류(fundamental attribution error) : 타인의 (부정적) 행동을 평가할 때 외재적 요인(상황 요인)의 영향을 과소평가하고 행위자의 성격·동기·태도·능력·신념 등 내재적 요인(개인적 요인)의 영향을 과대평가하는 경향을 말한다. 지각적 방어(방어적 지각 perceptual defense) : 자신의 습성이나 고정관념에 어긋나는 정보를 회피하거나 그것을 자기의 고정관념에 부합하도록 왜곡시키는 것이다. 유형화의 착오나 투사도 이에 해당한다.

③ 상동적 착오(stereotyping, 유형화의 착오, 집단화의 오류, 선입견)에 대한 설명이다. 논리적 오차는 평정요소 간 논리적 상관관계가 있는 요소를 연관지어 평정하는 것으로 한 요소의 평정점수가 논리적으로 상관관계에 있는 다른 요소의 평정점수에 영향을 미치게 된다.(예 산출량이 많으면 숙련도가 높다고 판단할 경우. 기억력이 높으면 지식이 높다고 판단할 경우, 초과근무시간이 많으면 직무수행태도가 좋다고 판단할 경우)

**>> ANSWER**

14.④

**15** 국가공무원법에 규정된 공무원의 의무에 대한 설명으로 옳지 않은 것은?

① 공무원은 소속 상관의 허가 또는 정당한 사유가 없으면 직장을 이탈하지 못한다.

② 공무원은 공무 외에 영리를 목적으로 하는 업무에 종사하지 못하며 소속 기관장의 허가 없이 다른 직무를 겸할 수 없다.

③ 공무원이 외국 정부로부터 영예나 증여를 받을 경우에는 소속 기관장의 허가를 받아야 한다.

④ 사실상 노무에 종사하는 공무원으로서 노동조합에 가입된 자가 조합 업무에 전임하려면 소속 장관의 허가를 받아야 한다.

(Point) ③ 공무원이 외국 정부로부터 영예나 증여를 받을 경우에는 대통령의 허가를 받아야 한다.

> **PLUS TIP** 국가공무원법 관련 규정
>
> • 제58조(직장 이탈 금지) ① 공무원은 소속 상관의 허가 또는 정당한 사유가 없으면 직장을 이탈하지 못한다.
> • 제64조(영리 업무 및 겸직 금지) ① 공무원은 공무 외에 영리를 목적으로 하는 업무에 종사하지 못하며 소속 기관장의 허가 없이 다른 직무를 겸할 수 없다.
> • 제62조(외국 정부의 영예 등을 받을 경우) 공무원이 외국 정부로부터 영예나 증여를 받을 경우에는 대통령의 허가를 받아야 한다.
> • 66조(집단 행위의 금지)
>   ① 공무원은 노동운동이나 그 밖에 공무 외의 일을 위한 집단 행위를 하여서는 아니 된다. 다만, 사실상 노무에 종사하는 공무원은 예외로 한다.
>   ② 제1항 단서의 사실상 노무에 종사하는 공무원의 범위는 대통령령등으로 정한다.
>   ③ 제1항 단서에 규정된 공무원으로서 노동조합에 가입된 자가 조합 업무에 전임하려면 소속 장관의 허가를 받아야 한다.
>
> ---
>
> ※ 일반 공무원노조 전임은 임용권자 동의 필요 / 사실상 노무종사자 노조 전임은 소속장관(지방공무원은 지방자치단체장)의 허가 필요
> • 공무원의 노동조합 설립 및 운영 등에 관한 법률 제7조(노동조합 전임자의 지위) ① 공무원은 임용권자의 동의를 받아 노동조합의 업무에만 종사할 수 있다.

≫ **ANSWER**

15.③

## 16 다음은 특별회계에 대한 설명이다. 가장 타당한 것은?

① 특별회계는 기금과는 달리 예산단일의 원칙에 부합한다.

② 특별회계는 일반회계와는 달리 입법부의 심의를 받지 않는다.

③ 국가에서 특정사업을 운영하기 위해 일반회계와 구분하여 경리할 필요가 있을 때 설치한다.

④ 특별회계의 세입은 주로 조세수입으로 이루어진다.

> **(Point)** 특별회계예산 … 특정한 세입을 특정한 세출에 충당함으로써 일반의 세입·세출과 구분하여 계리할 필요가 있을 때 법률로써 설치하는 회계이다.
> ㉠ 특징
> • 예산단일의 원칙과 예산통일의 원칙의 예외이다.
> • 특별법에 의하여 만들어지고 운영된다.
> • 발생주의 원칙에 의한 회계처리를 한다.
> ㉡ 장점
> • 정부가 사업을 운영하는 경우 수지가 명백하다.
> • 행정기관의 재량범위 확대로 능률과 합리화에 기여한다.
> • 안정된 자금 확보로 안정적인 사업운영이 가능하다.
> • 행정기능의 전문화, 다양화에 기여한다.

## 17 중앙행정기관의 장과 지방자치단체의 장이 사무를 처리할 때 의견을 달리하는 경우 이를 협의·조정하기 위하여 설치하는 기구는?

① 중앙분쟁조정위원회

② 지방분쟁조정위원회

③ 갈등관리심의위원회

④ 행정협의조정위원회

> **(Point)** 중앙행정기관의 장과 지방자치단체의 장이 사무를 처리할 때 의견을 달리하는 경우 이를 협의·조정하기 위하여 국무총리 소속으로 행정협의조정위원회를 둔다〈지방자치법 제168조(중앙행정기관과 지방자치단체 간 협의조정) 제1항〉.

> **PLUS TIP** 우리나라 분쟁조정제도
>
> | 지방정부 상호 간 | • 동일 시·도내 기초단체 간 | 지방분쟁조정위원회의 의결에 따라 시·도지사가 조정 결정 |
> |---|---|---|
> | | • 광역과 기초단체 간 | 중앙분쟁조정위원회의 의결에 따라 행정안전부 장관이 조정 결정 |
> | | • 시·도를 달리하는 기초단체 간 | |
> | 중앙정부와 지방정부 간 | 국무총리 소속 행정협의조정위원회에서 조정 | |

## 18  행정개혁의 특징으로 틀린 것은 몇 개인가?

> ㉠ 행정을 인위적·의식적·계획적으로 변화시키는 것으로 불가피하게 관련자들의 저항을 수반한다.
> ㉡ 매우 역동적이고 의식적인 과정이다.
> ㉢ 행정개혁을 성공시키기 위해서는 정치적 요소를 최대한 배제하고 총체적 계획으로 신속하게 수행하여야 한다.
> ㉣ 행정개혁의 특성상 계속적인 과정이라기보다는 단시간에 결과를 보는 일시적 과정이다.
> ㉤ 개혁의 대상이 되는 조직 내·외 요인들이 복잡하게 얽혀져 있어 상호의존적인 포괄적 관련성을 갖는다.
> ㉥ 권력투쟁·타협과 설득이 병행되는 정치적·사회심리적 과정이다.

① 1개                          ② 2개
③ 3개                          ④ 4개

📢 (Point) ㉢, ㉣만 틀림
   ㉢ 행정개혁은 행정개혁의 목적·대상이나 성공 여부는 정치적 환경이나 정치적 지지에 의하여 좌우된다. 또한 총체적이고 신속한 개혁 추진은 저항이 클 수 있다.
   ㉣ 행정개혁은 단발적·단속적·일시적 변화가 아니라, 다발적·지속적 변화이며, 그 결과에 대한 평가·환류가 진행된다. 행정체제 내에는 개혁의 필요가 거의 언제나 있고 행정 내·외의 여건은 계속 변동하면서 행정개혁의 필요를 창출한다. 여건의 현저한 변동이 없더라도 어느 한 시점에서 고쳐야 할 것이 전혀 없는 완벽한 행정이 존재할 수 없다.

## 19 다음 중 공기업의 발달요인으로 볼 수 없는 것은?

① 이윤의 극대화

② 국방상 · 전략상의 고려

③ 정치적 이념

④ 사회적 문제해결을 위한 정책적 필요

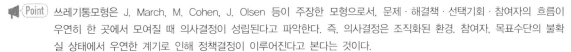 (Point) 관료제의 병리 … 관료제의 병리현상에 대해 베버는 제대로 설명하지 않았다. 아래에 제시된 병리현상은 주로 1930년대 사회학자나 1960년대 발전론자들에 의해 지적된 것이다.
　㉠ 법규에 의한 지배 : 동조과잉(over conformity)으로 인한 목표의 전환 초래
　㉡ 계서제적 구조 : 상관의 권위에 대한 의존성 증가 및 무사안일 초래
　㉢ 비정의성 및 공사의 구별 : 인격적 관계의 상실 및 개별적 특수성 무시
　㉣ 문서에 의한 행정 : 번문욕례(red tape) 및 형식주의 초래
　㉤ 관료의 전문화 : 전문화로 인한 무능(trained incapacity) 및 할거주의 초래
　㉥ 관료의 전임화 : 폐쇄집단화 및 변동에 대한 저항 초래
　㉦ 피터의 원리(peter's principle) : 계층제적 관료조직의 구성원이 각자의 능력을 넘는 수준까지 승진함으로써 모든 직위가 무능자로 채워지는 경향이 나타난다.
　㉧ 권력구조의 이원화와 갈등 : 계서적 권한과 지시할 능력 사이에 괴리가 발생한다.

## 20 대형 참사 발생 후 이를 계기로 그동안 해결하지 못했던 정책문제에 대한 대책을 마련하는 상황을 설명하는 데 적합한 정책결정 모형은?

① 합리모형　　　　　　　　　　　② 점증모형

③ 만족모형　　　　　　　　　　　④ 쓰레기통모형

(Point) 쓰레기통모형은 J. March, M. Cohen, J. Olsen 등이 주장한 모형으로서, 문제 · 해결책 · 선택기회 · 참여자의 흐름이 우연히 한 곳에서 모여질 때 의사결정이 성립된다고 파악한다. 즉, 의사결정은 조직화된 환경, 참여자, 목표수단의 불확실 상태에서 우연한 계기로 인해 정책결정이 이루어진다고 본다는 것이다.
　① 합리모형 : 합리적인 경제인인 정책결정자는 전지전능한 존재라는 가정 하에 목표달성의 극대화를 위한 합리적 대안을 탐색 · 추구하는 이론으로 종합성, 합리성, 체계성, 완전분석성, 근본적 검토 등을 특징으로 하는 이상론적인 정책결정과정을 가리킨다.
　② 점증모형 : 인간의 지적 능력의 한계와 정책결정수단의 기술적 제약을 인정하고, 정책대안의 선택은 종래의 정책이나 결정의 점진적 · 순차적 수정이나 부분적인 약간의 향상으로 이루어진다고 보며, 정치적 합리성을 중요시한다.
　③ 만족모형 : 인간의 인지능력 · 시간 · 비용 · 정보 등의 부족으로 최적 대안보다는 현실적으로 만족할 만한 대안을 선택하게 된다는 제한된 합리성을 가정한다.

# 행정학

**1** 정치 · 행정이원론, 기술적 행정학에서 말하는 행정의 3대 변수에 해당하지 않는 것은?

① 인간
② 구조
③ 문화
④ 환경

📢 **Point** 행정변수란 행정활동에 영향을 주는 요인으로 행정현상을 구성하는 요소나 변인을 말한다. 행정의 3대 변수로 구조, 인간, 환경을 꼽는다.

**PLUS TIP**

※ 행정의 3대 변수 … 구조, 인간, 환경
※ 4대 변수로 기능(목표 · 목적)을 추가하거나, 5대 변수로 기능과 이념(이데올로기)을 추가

| | |
|---|---|
| 구조<br>(structure) | • 조직의 공식적 제도 · 체계<br>• 비공식 집단은 포함되지 않음<br>• 관련 이론 : ㉠ 고전적 행정이론(행정관리론, 과학적관리론, 행정원리론, 관료제론, 고전적조직론, Gulick의 POSDCoRB) – 구조의 능률적 구성원리 모색. ㉡ 관리과학, 상황적응이론, 탈관료제론, 공공선택론 |
| 인간 · 행태<br>(people) | • 인간 행태(행동, 동기, 성격, 의사결정유형, 개인관계, 귀속감, 신뢰감, 충성심)<br>• 관련 이론 : 신고전적 행정이론, 인간관계론, 행태주의, 행태과학, 동기부여이론 |
| 환경<br>(environment) | • 행정에 영향을 미치는 외적 요인(정치 · 경제 · 사회 · 문화 · 이데올로기 · 과학기술 등)<br>• 관련 이론 : 생태론, 비교행정론, 체제이론, 발전행정론, 신행정론, 정책론, 현대조직론. |
| 기능<br>(function) | • 공식적 · 외형적 제도 · 구조 · 법칙 · 형식이 실제 수행하는 역할<br>• 관련 이론 : 구조기능주의, 생태론(선진국과 다른 환경에 처해있는 후진국 행정의 기능 연구), 비교행정론(각 국가 간 기능의 비교 연구), 체제이론(환경에 대응하는 체제의 기능 연구)에서 강조. |
| 가치관과<br>태도 | • 인간의 미래지향적 · 성취지향적 · 창의적 · 쇄신적 · 적극적 가치관과 태도 · 신념<br>• 행정의 적실성과 처방성 강조 – 행정을 환경과 상호작용하는 능동적 · 적극적인 독립변수로 파악.<br>• 관련 이론 : 발전행정론(발전인), 신행정론(적극적 행정인) |

**2** 진보주의 정부관을 설명하고 있는 내용 중 가장 적절한 것은?

① 적극적 자유 강조
② 합리적 · 경제적 인간관
③ 낙태금지를 위한 정부규제 찬성
④ 기회의 평등 강조

📢 (Point) 진보주의와 보수주의

| 구분 | 진보주의 | 보수주의 |
|---|---|---|
| 인간관 | 욕구, 협동, 오류의 가능성 인정 | 합리적 · 경제적 인간관 |
| 평등 | 결과적 평등 강조(정부개입 인정) | 기회의 평등과 경제적 자유 강조 |
| 자유 | 적극적 자유 | 소극적 자유 |
| 시장 – 정부평가 | 자유시장의 효율성 신뢰<br>정부 불신 | 발전에 대한 자유시장의 잠재력 인정<br>정부개입에 의한 시장실패 치유 |
| 선호정책 | 경제적 규제 완화<br>시장 지향<br>조세 감면 | 소외집단을 위한 정책<br>공익 목적의 정부 규제<br>조세제도를 통한 부의 재분배 |

**3** 공익 개념을 설명하는 접근방법들 중에서 정부와 공무원의 소극적 역할과 관련 깊은 것은?

① 사회의 다양한 집단 간에 상호이익을 타협하고 조정하여 얻어진 결과가 공익이다.
② 사회 구성원의 개별적 이익을 모두 합한 전체이익을 최대화한 것이 공익이다.
③ 정의 또는 공동선과 같은 절대가치가 공익이다.
④ 특정인이나 집단의 특수이익이 아니라 사회 구성원이 보편적으로 공유하는 이익이 공익이다.

📢 (Point) 공무원의 소극적 역할을 전제하는 것은 공익관에서 과정설에 해당된다.
①은 과정설에 해당되는 반면, 나머지는 공무원의 적극적 역할을 전제로 하는 실체설에 해당된다.
②의 경우 과정설은 사익의 총합을 공익으로 이해하는 반면 실체설은 사익의 총합과 공익을 별개로 이해한다. 지문에서 사회 구성원의 개별적 이익(효용)을 모두 합한 전체이익(효용)을 최대화한 것이 공익이라는 표현은 실체설과 관련된다. 예를 들어 사회 구성원이 A, B, C 세 명뿐일 때 A의 효용 100, B와 C의 효용 0인 정책(총합 100)이 A의 효용 20, B의 효용 30, C의 효용 30인 정책(총합 90)보다 공익에 합치된다고 본다. 즉, 실체설에서는 개인 간 합의의 과정을 고려하지 않는다.

>> ANSWER
2.① 3.①

**4** 정책유형과 사례를 바르게 연결한 것을 모두 고른 것은?

> ㉠ 추출정책－부실기업 구조조정
> ㉡ 상징정책－노령연금제도
> ㉢ 규제정책－최저임금제도
> ㉣ 구성정책－정부조직 개편
> ㉤ 분배정책－신공항 건설
> ㉥ 재분배정책－지방자치단체에 지원되는 국고보조금

① ㉠, ㉡, ㉤
② ㉠, ㉣, ㉥
③ ㉡, ㉢, ㉥
④ ㉢, ㉣, ㉤

🔊 (Point) ㉢, ㉣, ㉤이 옳다.
㉠ 부실기업 구조조정(퇴출)은 경제적 규제정책이다.
㉡ 노령연금제도는 경제적 능력이 없는 노인에게 연금을 지급하는 제도로서 재분배정책이다.
㉢ 최저임금제도는 보호적 규제정책이다.
㉣ 정부조직 개편은 행정체제의 구성과 운영에 관련된 정책이므로 구성정책이다.
㉤ 신공항 건설은 사회간접자본(SOC) 구축과 관련된 분배정책이다.
㉥ 지방자치단체에 지원되는 국고보조금은 분배정책이다.

**5** 다음 중 Etzioni의 분류에 따른 조직에 대한 설명으로 옳지 않은 것은?

① 강제적 조직에서 조직 구성원은 조직에 대하여 소외감을 느낀다.
② 경제목표를 추구하는 조직의 관리자는 물질적 보상으로 조직원을 통제하며, 대다수 구성원은 타산적으로 행동한다.
③ 학교나 일반종합병원 등은 봉사조직의 대표적인 예이다.
④ 공리적 조직은 보수적 권력과 타산적 관여의 결합이다.

🔊 (Point) ③ 봉사조직은 Blau와 Scott의 분류에 해당된다.

**PLUS TIP** Etzioni의 조직유형(복종관계 기준)

> ㉠ 강제적 조직 : 강제적 권력과 소외적 관여의 결합으로 교도소, 강제수용소 등
> ㉡ 공리적 조직 : 보수적 권력과 타산적 관여의 결합으로 기업, 이익단체 등
> ㉢ 규범적 조직 : 규범적 권력과 도덕적 관여의 결합으로 정당, 종교단체 등

**>> ANSWER**

4.④ 5.③

**6** 다음 중 기획의 특징으로 옳지 않은 것은?

① 불확실한 미래의 사태를 예측하여 그 대비책을 마련해 둠으로써 임기응변에 의한 시행착오를 방지한다.

② 논리적이고 과학적인 과정을 거쳐 미래상황에 대처한다.

③ 인위적 수정과 통제를 가하지 않고 자유방임을 이용하는 민주적인 특징을 가지고 있다.

④ 하나의 계획을 작성하는 데 그치지 않고, 그 집행결과를 평가하여 차기 계획에 반영하는 계속적이고 순환적인 활동이다.

🔊(Point) ③ 자유방임이 아니라 인위적 수정과 통제를 가하려는 성질과 과정상의 비민주성을 가지고 있다.

> **PLUS TIP** 기획의 특징
>
> ㉠ 미래지향성 : 불확실한 미래의 사태를 미리 예측하여 그 대비책을 마련해 둠으로써 임기응변에 의한 시행착오를 방지
> ㉡ 목표지향성과 행동지향성 : 조직의 목표를 구체화함과 동시에 이를 행동화하여 현실을 개선시키는 과정
> ㉢ 계속적 준비과정 : 하나의 계획을 작성하는 데 그치지 않고, 그 집행결과를 평가하여 차기 계획에 반영하는 계속적·순환적인 활동
> ㉣ 합리성 : 논리적이고 과학적인 과정을 거쳐 미래상황에 대처
> ㉤ 통제성 : 자유방임이 아니라 인위적 수정과 통제를 가하려는 성질과 과정상의 비민주성

**7** 허즈버그(F, Herzberg)가 주장하는 위생요인(hygiene factors)으로 볼 수 없는 것은?

① 자아계발

② 보수

③ 작업조건

④ 회사 및 조직의 정책

🔊(Point) 허즈버그는 욕구충족요인 이원론에서 불만요인(위생요인)과 만족요인(동기요인)으로 나누어 인간의 이원적 욕구구조에 대해 설명하였다. 위생요인이 직무외재적 성격과 직무맥락에 관련된 것이라면, 동기요인은 직무내재적 성격과 직무내용과 관련이 깊다고 보고 조직원의 만족감과 동기유발을 제고하기 위한 직무확충을 주장하였다.

> **PLUS TIP** 위생요인과 동기요인
>
> ㉠ 위생요인 : 임금, 감독, 정책, 관리, 기술, 작업조건, 대인관계 등
> ㉡ 동기요인 : 성취감, 책임감, 승진, 직무 그 자체, 안정감, 직무확충 등

>> ANSWER

6.③ 7.①

8 베버(Weber)가 주장했던 이념형 관료제의 특징으로 옳은 것을 다음 내용에서 모두 고른 것은?

> ㉠ 지도자 개인의 카리스마가 아니라 성문화된 법령이 조직 내 권위의 원천이 된다.
> ㉡ 엄격한 계서제에 따라 상대방의 지위를 고려하여 법규를 적용한다.
> ㉢ 관료는 업무 수행에 대한 대가로 정기적으로 일정한 보수를 받는다.
> ㉣ 모든 직무수행과 의사전달은 구두가 아니라 문서로 이루어지는 것이 원칙이다.
> ㉤ 권한은 사람이 아니라 직위에 부여되는 것이다.

① ㉠, ㉡
② ㉡, ㉤
③ ㉠, ㉢, ㉣
④ ㉠, ㉢, ㉣, ㉤

🔊 (Point) ㉡만 틀림. ㉠㉢㉣㉤은 옳음.
  ㉡ 엄격한 계층제를 특징으로 하지만, 법규 적용에 있어서 상대방의 지위와 상관없이 평등하게 적용된다.
  ㉠ 권위의 근거는 개인의 카리스마나 사회의 전통·관습이 아니라 법령이며 합법적·합리적 지배가 강조된다.
  ㉢ 관료로서의 직업은 잠정적이 아닌 생애의 직업이자 전임직업이므로 겸임은 금지되며, 직무수행 대가로 보수를 규칙적으로 지급받고(봉급의 기준은 성과가 아니라 지위·기능·근무연한이며 주로 연공서열을 기준으로 한 연공급 지급), 실적과 연공에 의한 승진, 퇴직금 등 직업적 보상을 받으며, 직무에 전념하게 한다.
  ㉣ 모든 직위의 업무는 책임소재를 분명히 하고 의사결정을 공식화하기 위하여 문서로 이루어지고 문서로 보관된다. 이러한 문서화는 업무의 지속성·계속성·안정성을 유지해주고 객관성·정확성·책임성·예측가능성을 높인다.
  ㉤ 관료의 권한과 직무범위는 법규에 의해 명확하게 규정되고 권한은 사람이 아니라 직위에 부여되며(직위와 [행정수단] 소유의 분리, 직책의 사유화 불허) 권한 남용이나 임의성을 최소화하고 합리적이며 예측 가능한 업무수행이 이루어진다.

>> ANSWER
8.④

**9** 갈등관리에 관한 설명으로 가장 옳은 것은?

① 갈등의 유형 중에서 생산적 갈등이란 조직의 팀워크와 단결을 희생하고 조직의 생산성을 중요시하는 유형이다.

② 갈등을 일으킨 당사자들이 직접 접촉하여 갈등의 원인이 되는 문제를 공동으로 해결하는 방법이 문제해결이다.

③ 수직적 갈등은 목표의 분업구조, 과업의 상호의존성, 자원의 제한 등이 중요한 원인으로 작용한다.

④ 갈등은 조직의 현상유지적 균형을 교란하는 요인이기 때문에 해소전략을 강구해야만 한다.

🔊(Point) ② 대면에 의한 문제해결(problem solving)은 갈등당사자가 직접 접촉 · 대면(confrontation)하여 갈등의 원인인 문제를 공동으로 해결. 가장 건전한 방법이다. 상이한 견해차를 단순히 조정하는 것이 아니라 문제 자체를 공동의 노력으로 해결한다. 당사자들이 협동적인 문제해결능력을 가질 경우 효율적이지만 그렇지 못할 경우 갈등의 그레샴법칙(「견해의 공통점」강조가 「견해의 차이점」강조에 밀려나는 경우)을 초래할 수 있으며 서로의 가치체계가 다른 경우처럼 복잡한 갈등은 문제해결의 방법은 곤란하다.

① 갈등의 유형 중에서 생산적 갈등은 조직혁신이나 조직성과 향상에 도움이 되는 건설적 갈등이다. 갈등을 피할 수 없는 현상으로 보고, 오히려 현상에 안주하려는 사람들에 대한 자극을 제공하고 변화와 혁신의 촉진제가 될 수 있다고 본다. 갈등의 순기능을 강조하여 갈등이 조직발전의 활력원이 될 수 있음을 강조한다.

③ 수평적 갈등에 대한 내용이다. 수직적 갈등은 조직의 상하계층 간에 즉, 상사와 부하간의 갈등이다. 노사 간의 갈등 역시 집단 차원에서의 수직적 갈등에 속한다. 수직적 갈등의 주요 원인으로는 권한, 목표, 업무량, 근무조건, 보수 등을 포함시킬 수 있다. 수평적 갈등은 동일 계층의 개인이나 부서 간에 발생하는 것이다. 수평적 갈등은 목표의 분업구조, 과업의 상호의존성, 자원의 제한 등이 중요한 원인으로 작용한다. 이런 상황에서 협력보다는 개인, 부서, 집단 간에 자신의 목표를 우선적으로 추구하기 때문에 갈등이 발생한다. 수평적 갈등에 대한 해결은 주로 갈등이 발생한 계층의 상사에 의한 조정을 중요시 한다.

④ 조직 내 갈등이란 항상 역기능적인 것만은 아니므로 해소만이 능사가 아니며, 적정한 수준의 갈등을 유지하는 것이 바람직하다. 갈등이 너무 없을 때는 갈등을 조성하기도 하고 너무 높을 때에는 해소하기도 하는 등 상황에 따른 갈등관리 전략이 강구되어야 한다.

>> ANSWER

9.②

## 10 거래적 리더십과 대비되는 변혁적 리더십에 대한 설명 중 옳지 않은 것은?

① 리더가 부하에게 자긍심과 신념을 심어준다.

② 리더가 부하로 하여금 미래에 대한 비전을 열정적으로 수용하고 계속 추구하도록 격려한다.

③ 리더가 부하에 대해 개인적으로 존중한다는 것을 전달한다.

④ 리더는 부하가 적절한 수준의 노력과 성과를 보이면 그만큼의 보상을 제공한다.

**Point** ④ 거래적 리더십에 대한 설명이다. 거래적 리더십은 업무를 할당하고, 그 결과를 평가하며, 의사결정을 하는 리더십 행위를 말한다.

> **PLUS TIP** 변혁적 리더십의 특징
>
> ㉠ 카리스마적 리더십 : 리더가 난관을 극복하고 현상에 대한 각성을 확고하게 표명함으로써 부하들에게 자긍심과 신념을 심어줌
> ㉡ 영감적 리더십 : 도전적 목표와 임무, 미래에 대한 비전 제시 · 공유
> ㉢ 지적 자극 : 리더가 부하로 하여금 형식적 관례와 사고를 다시 생각하게 함으로써 새로운 관념을 촉발시킴
> ㉣ 개별적 배려 : 각 개개인의 특성을 고려하고 개인적인 존중을 해줌
> ㉤ 촉매적 리더십 : 관행을 타파하고 창조적 사고와 새로운 관념을 촉발시키는 지적 자극 부여
> ㉥ 조직과 개인 간 공생관계 : 조직몰입 유도, 통합적 관리

## 11 영기준 예산제도(ZBB)의 특징으로 옳지 않는 것은?

① 예산배분 결정에 있어 경제 원리를 반영한다.

② 전 행정계층에 걸쳐 관리자가 예산편성에 참여한다.

③ 목표달성을 위한 대안의 평가와 결과를 분석한다.

④ 예산편성 시 전년도 예산을 기준으로 한다.

**Point** 영기준 예산제도는 예산편성 시에 기존 사업을 근본적으로 재검토하여 예산의 삭감은 물론 중단이나 폐지도 고려할 수 있는 예상결정방식이다. 기획과 분석을 강조한다는 점에서 계획예산제도(PPBS)와 비슷하고 능률적인 관리를 위해서 구성원의 참여를 촉진한다는 점에서는 목표관리(MBO)와 유사하다.
④ 예산편성 시 전년도예산기준이 아닌 영(zero)에서 출발한다.

**12** 책임운영기관에 대한 설명으로 옳지 않은 것은?

① 책임운영기관은 집행기능 중심의 조직이다.

② 책임운영기관의 성격은 정부기관이며 구성원은 공무원이다.

③ 책임운영기관은 융통성과 책임성을 조화시킬 수 있다.

④ 책임운영기관은 공공성이 강하고 성과관리가 어려운 분야에 적용할 필요가 있다.

🔊 **Point** ④ 책임운영기관은 기관 운영상의 자율성을 부여하고 성과에 대해 책임을 지도록 설치한 기관이므로 전문성이 강하고 성과관리가 가능한 분야에 적용할 필요가 있다.

**PLUS TIP**

※ 책임운영기관 적용 가능 분야
  ㉠ 공공성이 강해 민영화·공사화가 불가능한 분야
  ㉡ 성과관리가 가능한 분야
  ㉢ 내부시장을 창출할 수 있는 분야
  ㉣ 자체 재원을 확보할 수 있는 분야
※ 책임운영기관의 설치·운영에 관한 법률 제16조(공무원의 정원) 제1항 … 소속책임운영기관에 두는 공무원의 총 정원한도는 대통령령으로 정한다. 이 경우 다음의 정원은 총리령 또는 부령으로 정하되, 대통령령으로 정하는 바에 따라 통합하여 정할 수 있다.
  • 공무원의 종류별·계급별 정원
  • 고위공무원단에 속하는 공무원의 정원

**13** 다음 중 행정개혁 과정에서 개혁안의 작성을 외부인이 하였을 경우 나타나는 장점으로 옳은 것은?

① 경비를 절약할 수 있고, 개혁의 실천가능성이 높다.

② 실제적인 사업계획, 정책에 중점을 둔다.

③ 개혁안의 내용이 보다 간결하고 중점적이다.

④ 객관적이고 종합적이며 국민의 지지획득이 용이하다.

🔊 **Point** ①②③ 행정개혁안을 내부인이 작성하였을 경우에 대한 내용이다.

**PLUS TIP** 행정개혁안을 외부인이 작성하는 경우

㉠ 정치인·전문가의 참여로 국민의 지지획득이 용이한 경우
㉡ 객관적·종합적·정치적 측면을 고려한 개혁안인 경우
㉢ 행정조직의 구조문제나 행정원칙에 더 중점을 두는 경우
㉣ 많은 시간·경비가 소요되는 경우
㉤ 집행에 따르는 문제점 및 실행가능성을 검토하기 위한 경우

**≫ ANSWER**

12.④ 13.④

**14** 우리나라 고위공무원단에 대한 설명으로 틀린 것은?

① 고위공무원단은 국정의 전문성과 업무추진의 효율성 차원에서 정책과정에서 일어날 수 있는 갈등가능성을 방지할 수 있다.

② 행정부 전체에 걸쳐 국장급 이상의 공무원으로 구성되며 지방자치단체의 국가고위직은 포함되지 않는다.

③ 고위공무원단의 인사관리는 계급이나 신분보다는 업무중심으로 이루어지며 보수도 계급과 연공서열보다는 직무의 중요도, 난이도 및 성과에 따라 지급된다.

④ 고위공무원단제도는 관료제의 폐쇄성을 극복하고 인사관리의 선진화를 추구하는 것이라고 할 수 있다.

**◀ Point** ② 고위공무원단은 행정부 내 중앙부처 1~3급 실·국장급 일반직, 별정직, 특정직(외무직) 직위를 대상으로 한다. 지방자치단체에 근무하는 1~3급 실·국장급인 국가공무원(도·특별자치도의 행정부지사, 광역시·특별자치시의 행정부시장, 특별시·광역시·특별자치시 및 도의 기획업무담당실장, 부교육감 등)도 포함된다.

**PLUS TIP** 고위공무원단 대상 구별

| 대상 | 대상 아님 |
|---|---|
| 국가공무원 중 실·국장급의 일반직·별정직 공무원과 특정직 중 외무공무원 | • 지방공무원<br>• 정무직 국가공무원<br>• 특정직 국가공무원 중 소방·경찰·군인 등 |
| 광역시·특별자치시·도·특별자치도의 행정부시장·행정부지사와 부교육감 → 고위공무원단인 일반직 국가공무원(부교육감은 고위공무원단인 장학관 가능) | • 광역시·특별자치시·도·특별자치도 정무부시장 → 지방공무원<br>• 특별시 행정부시장 → 정무직 국가공무원<br>• 특별시 정무부시장 → 정무직 지방공무원 |

**182** PART 03. 행정학

**15** 연구조사방법론에서 사용하는 타당성에 대한 설명 중 가장 적절하지 않은 것은?

① 기준타당성은 하나의 측정도구를 이용하여 측정한 결과와 다른 기준을 적용하여 측정한 결과를 비교했을 때 도출된 연관성의 정도이다.

② 내용타당성은 연구에서 이용된 이론적 개념과 이를 측정하는 측정 수단 간의 일치정도를 의미한다.

③ 수렴적 타당성은 동일한 개념을 다른 측정방법으로 측정했을 때 측정된 값 사이의 상관관계 정도를 의미한다.

④ 차별적 타당성은 지표 간 상관관계가 낮을 때 차별적 타당성이 높다.

🔊 (Point) ② 이론적 개념과 이를 측정하는 측정 수단 간의 일치정도는 구성적 타당성이다.

**PLUS TIP**  시험의 타당도

| 구분 | 개념 | 판단기준 | 검증방법 |
|---|---|---|---|
| 기준 타당도 | 직무수행능력을 제대로 예측한 정도 | 시험성적(예측치) = 근무성적 (기준에 대한 측정치) | 선발시험성적과 업무수행실적의 상관계수 측정<br>㉠ 예측적 타당도(합격자, 정확성)<br>㉡ 동시적[현재적] 타당도(재직자 신속·저렴) |
| 내용 타당도 | 특정 직무수행에 필요한 '능력요소(구체적 지식·기술 등)'를 제대로 측정한 정도 | 시험내용 = 직무수행 능력요소(지식·기술), 측정지표가 지표의 모집단을 대표하는 정도 | 능력요소와 시험내용의 내용분석 – 전문가의 판단에 의존 |
| 구성 [개념] 타당도 | 직무수행에 필요한 능력요소와 관련된다고 믿는 '이론적 구성요소'를 제대로 측정한 정도 | 시험내용 = 이론적으로 추정한 능력요소(추상적 개념과 측정지표의 일치 정도) | 추상성을 측정할 지표개발과 고도의 계량분석 기법 및 행태과학적 조사.<br>㉠ 수렴적 타당성(동일 개념을 다른 방법으로 측정 상관관계 높아야 함)<br>㉡ 차별적 타당성(다른 개념을 동일 방법으로 측정 상관관계 낮아야 함) |

16 공무원 A는 주5일 대중교통으로 출퇴근 한다. 코로나19 사태로 인해 재택근무를 하고 싶으나 그가 맡은 업무는 정형적이면서도 보안을 유지해야 하는 특성이 있어 집에서 일할 수 없고 반드시 주5일 출근을 해야만 한다. 대중교통 이용 시 사람들과의 접촉을 최소화하기 위하여 A가 택할 수 있는 가장 적합한 탄력근무 방식으로 묶인 것은?

> ㉠ 시간선택제 전환근무　　　　　　　　㉡ 시차출퇴근제
> ㉢ 원격근무제　　　　　　　　　　　　㉣ 재량근무제
> ㉤ 근무시간선택제

① ㉠, ㉡　　　　　　　　　　　　　　② ㉠, ㉣
③ ㉡, ㉤　　　　　　　　　　　　　　④ ㉢, ㉣

**Point** ㉠ 시간선택제전환근무제는 1일 최소 3시간 이상, 주당 15 ～ 35시간 근무한다. 따라서 제시된 조건에는 적합하다. 그러나 질문 내용이 가장 적합한 '탄력근무 방식'이며 탄력근무제에는 시차출퇴근형, 근무시간선택형, 집약근무형, 재량근무형이 있다. 시간선택제전환근무제나 원격근무제는 탄력근무방식이 아니므로 답이 될 수 없다.
㉢ 주5일 출근해야 하므로 원격근무제 불가. 또한 원격근무제는 탄력근무제에 속하지도 않는다.
㉣ 주5일 출근해야 하고 정형적 업무이므로 출퇴근 의무가 없고 전문적 지식과 기술이 필요한 업무에 적용되는 재량근무제는 불가.
㉡ 시차출퇴근제는 1일 8시간, 주40시간 근무하면서 출퇴근시간조절이 가능하므로 제시된 조건에 적합.
㉤ 근무시간선택제는 1일 8시간에 구애받지 않고 1일 4～12시간 근무하되 주5일 근무를 준수해야 하므로 제시된 조건에 적합

**>> ANSWER**
16.③

**17** 다음 중 우리나라 공무원의 직권면직 사유가 아닌 것은?

① 파면 · 해임 · 강등 또는 정직에 해당하는 징계 의결이 요구 중인 경우

② 직제와 정원의 개폐 또는 예산 감소 등에 따라 폐직 또는 과원이 된 경우

③ 휴직 기간이 끝나거나 휴직 사유가 소멸된 후에도 직무를 감당할 수 없는 경우

④ 전직시험에서 세 번 이상 불합격한 경우

🔊(Point) ① 직위해제의 이유이다.

**PLUS TIP**

※ 직권면직〈국가공무원법 제70조 제1항〉
  ㉠ 직제와 정원의 개폐 또는 예산의 감소 등에 따라 폐직 또는 과원이 되었을 때
  ㉡ 휴직 기간이 끝나거나 휴직 사유가 소멸된 후에도 직무에 복귀하지 아니하거나 직무를 감당할 수 없을 때
  ㉢ 대기 명령을 받은 자가 그 기간에 능력 또는 근무성적의 향상을 기대하기 어렵다고 인정된 때
  ㉣ 전직시험에서 세 번 이상 불합격한 자로서 직무수행 능력이 부족하다고 인정된 때
  ㉤ 병역판정검사 · 입영 또는 소집의 명령을 받고 정당한 사유 없이 이를 기피하거나 군복무를 위하여 휴직 중에 있는 자가 군복무 중 군무를 이탈하였을 때
  ㉥ 해당 직급 · 직위에서 직무를 수행하는 데 필요한 자격증의 효력이 없어지거나 면허가 취소되어 담당 직무를 수행할 수 없게 된 때
  ㉦ 고위공무원단에 속하는 공무원이 적격심사 결과 부적격 결정을 받은 때
※ 직위해제〈동법 제73조의3 제1항〉
  ㉠ 직무수행 능력이 부족하거나 근무성적이 극히 나쁜 자
  ㉡ 파면 · 해임 · 강등 또는 정직에 해당하는 징계 의결이 요구 중인 자
  ㉢ 형사 사건으로 기소된 자(약식명령이 청구된 자는 제외한다)
  ㉣ 고위공무원단에 속하는 일반직 공무원으로서 적격심사를 요구받은 자
  ㉤ 금품비위, 성범죄 등 대통령령으로 정하는 비위행위로 인하여 감사원 및 검찰 · 경찰 등 수사기관에서 조사나 수사 중인 자로서 비위의 정도가 중대하고 이로 인하여 정상적인 업무수행을 기대하기 현저히 어려운 자

**18** 다음은 포괄적 사무배분방식과 관련한 설명이다. 부적합한 것은?

① 국가사무와 자치사무의 구분이 모호한 경우가 있다.

② 사무배분에 있어 지방자치단체의 특성을 고려할 수 있다.

③ 배분방식이 간단하고 간편하다.

④ 운영에 있어 유연성을 확보할 수 있다.

 (Point) ② 주민자치하의 개별적 수권방식의 장점이다.

> **PLUS TIP** 수권주의 방식
>
> ㉠ 대륙계의 포괄적 수권방식 : 지방자치단체의 특성이나 사무의 성격을 따져보지 않고 일괄적으로 사무를 배분해 주는 방식이다.
>
> ㉡ 영미계의 개별적 수권방식 : 특수성의 원리에 의거하여 자치단체의 특성과 여건에 따라 개별적으로 사무를 지정해 주는 배분방식이다.
>
> ㉢ 우리나라에서 채택하고 있는 포괄적 수권방식
>
> | 장점 | 단점 |
> |---|---|
> | • 융통성(유연성)이 있다.<br>• 간편하다. | • 자주성을 위협할 우려가 있다.<br>• 지역적 특성을 살릴 수 없다. |

**19** 공식적인 대의기관이 제 기능을 못함에 따라 NGO(Non Governmental Organizations)의 정책참여가 활발해지는 경향을 보이고 있다. 다음 중 NGO의 바람직한 정책참여를 위한 전제조건으로 옳지 않은 것은?

① NGO 간의 연대 강화

② 시민의 대표성 확보

③ 공식참여집단의 반발 해소

④ 재정적 독립성 제고

(Point) ① NGO 간의 상호협력과 연대에 의해 시민의 권리옹호, 국가이기주의 견제, 강대국의 논리 저지 등으로 다양한 국제문제를 해결해야 한다.

② NGO가 시민사회의 주체로서 정당한 힘을 발휘하자면 NGO에 대한 홍보와 구체적 프로그램 개발로 시민의 지지를 얻어 대표성을 확보하는 것이 중요하다.

> **PLUS TIP** NGO
>
> 비정부 또는 비국가조직체로서 자발성을 바탕으로 하는 비영리적인 집단이나 조직, 결사체, 기구나 단체, 운동세력을 의미한다. 정책의제단계에서 시민요구사항을 관철시키기 위해 여론형성과 정책대안을 제시하고 정책결정단계에서 정책결정자에게 문제해결을 위한 전문지식과 정보를 제공하거나 정책이 결정되도록 압력을 행사하고, 정책집행 이후단계에서도 감시자로서의 역할 등을 담당한다.

**>> ANSWER**

18.② 19.③

**20** 행정의 민주성 확보와 관련한 설명으로 옳지 못한 것은?

① 행정조직 내부의 관리가 민주적이어야 한다.

② 행정에 능률적 수단을 도입해야 한다.

③ 국민과의 관계가 민주적이어야 한다.

④ 행정책임의 보장을 위하여 주민의 통제가 필요하다.

📢(Point) 행정의 민주화 방안

 ⊙ 대외적 측면 : 제도, 환경, 행태 등의 제반여건을 민주성의 측면으로 개선하는 것으로서 책임행정의 구현, 행정통제의 확립, 행정윤리의 확립, 사전행정절차 등 시민참여의 확대, 공개행정의 구현, 관료제의 대표성 확보 등을 목표로 행정절차법에 따른 적정절차의 확립, 국민고충처리위원회의 효율적 운영, 정보공개법의 비공개영역 축소, 독립인사위원회의 설립, 규제완화, 실적제 확립, 인사제도 개선, 지방자치의 활성화와 정치발전 등의 방안이 있다.

 ⊙ 대내적 측면 : 공무원의 민주적 행정행태·가치관의 형성, 행정기구의 민주화, 행정체제의 분권화를 통한 참여와 하의상달의 촉진, Y이론적 인간관리, 자기실현욕구의 충족, 교육훈련 등을 통한 행정인의 능력발전, 민주적 리더십의 확립, MBO의 도입 등이 필요하다.

1 **다음 중 현대행정의 특성으로 옳지 않은 것은?**

① 정치권력을 배경으로 한다.

② 목적달성을 위한 수단의 적합화를 추구하는 합리성을 가진다.

③ 공공성과 공익성을 추구한다.

④ 광의로 조직일반에 작용할 수 있는 인간 개개인의 측면에 초점을 맞추는 개념이다.

🔊(Point) ④ 현대행정은 광의적으로 인간 협동의 측면에 초점을 맞추는 개념으로 예를 들어 공공단체, 사기업체, 민간단체, 군사단체 등을 들수 있다.

**PLUS TIP** 현대행정의 특징

㉠ 안정성, 계속성 : 안정성, 계속성을 바탕으로 국가사회의 변화에 대응하고 그 발전을 촉진하며 관리하는 것이다.

㉡ 공익성, 공공성 : 공익을 추구하기 위한 작용이어야 하며, 공공적 성격에 따라 특징지어진다.

㉢ 정치성, 정책성, 권력성 : 정치적 환경 속에서의 정치권력을 배경으로 한 공공정책의 형성 및 구체화로, 이를 위해 정치권력에 의한 강제력이 수반되어야 한다.

㉣ 합리성 : 합리적 결정을 추구하는 것으로, 최소의 비용과 노력으로 최대의 목표달성을 기하는 것이다.

㉤ 협동성, 집단성 : 협동적 집단행위를 통하여 그 목적을 구체화하는 과정이다.

㉥ 기술성(처방성) : 공공사무의 관리 및 집행에 있어서 체계적인 기술을 필요로 하는 것이다.

>> ANSWER

1.④

2 다음 중 신행정론에 대한 설명으로 옳지 않은 것은?

① 가치중립적이며 효율성을 강조하는 이론을 비판한다.

② 행정의 책임성과 능동적인 대처를 강조한다.

③ 고객에 대한 관심과 서비스를 강조한다.

④ 시민의 참여와 사회적 형평성 등을 추구하는 실증주의적 연구방법을 사용한다.

🔊(Point) ④ 실증주의 행태론의 특징이다. 신행정론은 가치중립적 · 현상유지적 · 보수적인 행태론이나 논리적 실증주의를 비판하고, 개선방향으로 규범주의를 지향한다.

> **PLUS TIP** 신행정론의 특징
>
> ㉠ 적극적 행정인의 중요성
> ㉡ 수익자 지향성과 참여의 확대
> ㉢ 사회적 형평성 > 효과성 > 능률성(3E)
> ㉣ 고객지향적 행정과 고객의 참여
> ㉤ 중립성의 지양과 행정책임의 강화
> ㉥ 합의에 의한 의사결정
> ㉦ 반계층제적 입장과 새로운 조직론 모색
> ㉧ 현상학적 접근법의 중시
> ㉨ 탈행태론, 후기행태론, 제2세대 행태론, 가치지향적

3 다음 조직구조의 유형들을 수직적 계층을 강조하는 구조에서 수평적 조정을 강조하는 구조로 옳게 배열한 것은?

> ㉠ 네트워크 구조　　　　　　　　㉡ 매트릭스 구조
> ㉢ 사업부제 구조　　　　　　　　㉣ 수평구조
> ㉤ 관료제

① ㉢ - ㉤ - ㉡ - ㉣ - ㉠　　　　　② ㉢ - ㉤ - ㉣ - ㉠ - ㉡

③ ㉤ - ㉢ - ㉡ - ㉣ - ㉠　　　　　④ ㉤ - ㉢ - ㉣ - ㉡ - ㉠

🔊(Point) 수직적 계층을 강조하는 구조는 기계적 구조이며, 수평적 조정을 강조하는 구조는 유기적 구조이다. 따라서 기계적 구조에서 유기적 구조 순으로 배열하면 관료제 → 사업부제 구조 → 매트릭스 구조 → 수평구조 → 네트워크이다.

**4** 가외성(Redundancy)에 대한 설명으로 적절한 것은?

> ㉠ 조직구성원의 정보 수용범위의 한계 극복
> ㉡ 대통령의 거부권, 만장일치제, 계층제
> ㉢ 목표의 전환 방지
> ㉣ 체제의 창조성에 기여
> ㉤ 정책결정의 불확실성에 대한 적극적 대처방안
> ㉥ 사회적 자본과의 조화

① ㉠, ㉡, ㉥                                  ② ㉠, ㉢, ㉣
③ ㉡, ㉣, ㉤                                  ④ ㉢, ㉤, ㉥

(Point) ㉠㉢㉣만 옳다.
　　　㉡ 만장일치제, 계층제는 가외성 장치가 아님. 법률안 거부권은 가외성 장치.
　　　㉤ 가외성은 불확실성에 대한 적극적 대처방안(불확실성 자체의 제거)이 아니라 소극적 대처방안(불확실성의 발생을 전제로 한 대응방안)
　　　㉥ 사회적 자본(social capital)의 증가는 가외성의 필요성을 약화시킨다.

**5** 정책평가에 대한 설명으로 가장 옳은 것은?
① 선발요인은 정책평가의 내적 타당성을 저해하는 외재적 요소다.
② 정책평가 결과를 일반화할 수 있는 정도를 통계적 결론의 타당성이라고 한다.
③ 평가의 신뢰성은 측정이나 절차가 그 효과를 얼마나 정확하게 평가하는가를 의미한다.
④ 정책평가를 위한 진실험 방법은 다른 방법에 비해 실행 가능성 문제가 심각하게 발생하지 않는다.

(Point) ① 정책평가의 내적 타당성 저해요인으로 외재적 요인은 실험이전에 비교집단 구성시 서로 다른 개인들을 할당함으로써 발생하는 선발요인이다.
　　　② 정책평가 결과를 일반화할 수 있는 정도는 외적 타당성.
　　　③ 정책평가의 타당성이 정책효과를 정확히 평가했는가의 정도이며 정책평가의 신뢰성은 동일 측정도구로 동일 현상을 반복 측정했을 경우 동일한 결론이 도출되는 정도로서 평가하려는 것을 얼마나 오차 없이 일관성 있게 평가하느냐를 의미한다. 즉 타당성이 측정의 정확성이라면 신뢰성은 측정도구의 측정결과에 대한 일관성이다.
　　　④ 진실험은 동질적인 두 집단에 대해 한쪽에만 처리를 가하므로 정책실험에 대한 실험대상자들의 반발을 초래(처리의 내용이 좋은 것이면 통제집단의 반발, 안좋은 것이면 실험집단의 반발)하여 실험의 실행이 곤란해질 가능성이 크다.

≫ ANSWER

4.② 5.①

**6** 기능별 구조(functional structure)와 비교하여 사업별 구조(divisional structure)가 가지는 장점으로 보기 어려운 것은?

① 사업부서 내의 기능 간 조정이 용이하고 변화하는 환경에 신속하게 대응할 수 있다.

② 성과책임의 소재가 분명해 성과관리 체제에 유리하다.

③ 특정 산출물별로 운영되기 때문에 고객만족도를 제고할 수 있다.

④ 중복과 낭비를 예방하고 기능 내에서 규모의 경제를 구현할 수 있다.

> **Point** ④ 사업구조는 동일한 기능이 각 사업부서에 흩어져 있으므로 '기능 간 중첩'으로 인한 비효율성 때문에 규모의 비경제가 초래되는 문제가 있다. 중복과 낭비를 예방하고 기능 내에서 규모의 경제를 구현할 수 있는 것은 기능별 구조이다.

> **PLUS TIP** 기능별 구조와 사업별 구조의 비교

| 기능별 구조 | 사업별 구조 |
|---|---|
| • 확실한 환경 | • 불확실한 환경 |
| • 일상적인 조직기술 | • 비일상적인 조직기술 |
| • 목표달성에 전문지식이 필요한 경우 | • 외부지향적 목표를 가진 조직 |
| • 수평적 조정의 필요가 적은 경우 | • 사업부서 내 부서 간 높은 상호의존성 |
| • 내적 능률성이 중요한 경우 | |
| • 수직적 계층제에 의한 통제가 필요할 때 | |

**7** 조직혁신의 접근방법 중 통솔범위의 재조정, 의사소통망·의사결정권의 재검토, 분권화의 확대 등의 개선을 통해 문제해결능력을 제고시키려는 접근방법은?

① 구조적 접근방법　　　　　　　　　　② 기술적 접근방법

③ 과정적 접근방법　　　　　　　　　　④ 행태적 접근방법

> **Point** 조직혁신의 접근방법
> ㉠ 구조적 접근방법 : 조직의 구조를 주요 대상으로 하는 접근방법으로 기능·권한·책임의 명확화, 통솔범위의 재조정, 의사소통망·의사결정권의 재검토, 분권화의 확대 등의 개선을 통해 문제해결능력을 제고시키려는 접근방법
> ㉡ 기술적(과정적) 접근방법 : 업무처리·의사결정 등의 합리화를 추구하는 접근방법으로서 주로 과학적 관리법, OR, PERT, 체제분석, 관리정보체제 등이 있음
> ㉢ 행태적·인간적 접근방법(OD) : 인간행태의 변화를 통하여 조직 전체의 개혁·혁신을 추구하는 접근방법으로서 조직발전(OD)이론과 관련
> ㉣ 종합적 접근방법 : 구조적 접근방법과 기술적 접근방법, 행태적·인간적 접근방법을 모두 활용

≫ **ANSWER**
6.④　7.①

**8** 현대 조직이론에서 유기적 조직구조의 특징 혹은 상황조건으로 옳은 것은?

> ㉠ 표준 운영절차
> ㉡ 넓은 직무범위
> ㉢ 계층제
> ㉣ 분권화
> ㉤ 성과 측정의 어려움
> ㉥ 분업이 쉬운 과제
> ㉦ 분명한 책임관계
> ㉧ 비공식적 대면관계

① ㉠, ㉡, ㉢, ㉤

② ㉠, ㉢, ㉤, ㉥

③ ㉡, ㉣, ㉤, ㉧

④ ㉡, ㉣, ㉤, ㉦

📢(Point) ㉡㉣㉤㉧은 유기적구조, ㉠㉢㉥㉦은 기계적 구조의 특징이다.

**PLUS TIP** 기계적 구조와 유기적 구조

| 구분 | | 기계적 구조(전통적 구조) | 유기적 구조(현대적 구조) |
|---|---|---|---|
| 조직 특성 | 직무범위 | 좁은 직무범위(한계가 명확) – 과업의 전문화 | 넓은 직무범위(한계가 불명확) |
| | 공식화 | 공식성 높음(통제 중심) – 표준운영절차 (SOP) | 공식성 낮음(재량·신축성 중심) – 적은 규칙·절차 |
| | 책임성 | 분명한 책임관계 | 모호한 책임관계 |
| | 의사소통 | 계층제 | 분화된 채널 – 네트워크구조 |
| | 구성원 간 관계 | 공식적·몰인간적 대면관계 | 비공식적·인간적 대면관계 |
| | 계층의 수 | 고층구조(수직적 분화 높음) – 통솔범위 좁음 | 저층구조(수직적 분화 낮음) – 통솔범위 넓음 |
| | 업무지시방식 | 명령과 지시, 통제 | 정보제공과 권고, 자발적 몰입 |
| | 의사결정방식 | 일방적 결정 | 참여에 의한 결정 |
| | 환경에의 적응 | 적응성 낮음 | 적응성 높음 |
| | 보상 | 계급(계층)에 따른 큰 차이 | 계급(계층)에 따른 작은 차이 |
| | 조직구조의 경직성 | 높음(경직적·영속적 구조) | 낮음(임시적·신축적 구조) |
| | 대표적 조직 | 관료제 | 학습조직 |
| 상황 조건 | 조직목표 | 명확한 조직목표와 과제 | 모호한 조직목표와 과제 |
| | 과제의 성격 | 분업적 과제, 단순한 과제(독자적 수행) | 분업이 어려운 과제, 복합적 과제(공동 수행) |
| | 성과측정 | 성과측정 가능 | 성과측정 곤란 |
| | 동기부여 | 금전적 동기부여 | 복합적 동기부여(금전+자아실현+성취감 등) |
| | 권위 | 권위의 정당성 확보 권위의 근거는 공식적 지위 | 도전받는 권위(권위의 유동성) 권위의 근거는 정보·문제해결능력 |
| | 환경 상황 | 안정적 상황, 예측가능성 높음 | 불안정한 상황, 예측가능성 낮음 |

**>> ANSWER**

8.③

9 　어떤 사람이 자신의 노력만큼 높은 근무성적을 낼 수 있다고 생각할 때, 그 근무성적이 자신이 승진하는 데 주요 수단이 된다고 판단될 때, 그리고 승진이 매력적인 것으로 간주될 경우에 동기부여가 될 것이라고 가정하는 이론은?

① 목표설정 이론　　　　　　　　　　　② 기대이론
③ 성취동기 이론　　　　　　　　　　　④ 욕구이론

🔊Point ② Vroom의 기대이론에 대한 내용이다.
자신의 노력만큼 높은 근무성적을 낼 수 있다고 생각하는 것은 기대감, 그 근무성적이 자신이 승진하는 데 주요 수단이 된다고 판단하는 것은 수단성, 승진이 매력적인 것으로 간주될 경우에 동기부여가 될 것이라고 가정하는 것은 유의성에 해당하는 내용이다.

> PLUS TIP Vroom의 기대이론
>
> 노력이 어떠한 보상을 가져올 것이라는 기대와 그 보상에 대한 주관적 매력을 종합적으로 고려한 결과에 따라 동기 또는 근무의욕이 결정된다는 이론으로서 동기부여는 개인이 특정 결과에 대하여 갖는 선호의 강도인 유의성, 개인이 지각하는 성과·생산성, 승진·승급·인정 등과의 상관관계에 대한 인지도인 수단성, 개인행동이 자기 자신에게 가져올 결과에 대한 주관적 확률에 관한 믿음인 기대에 의해서 결정된다고 보았다.

10 　선발시험의 효용성 기준에 관한 설명으로 틀린 것은?

① 시험문제가 지나치게 어려워 대부분 수험생들의 성적이 거의 60점 이하로 분포되어 우수한 사람과 열등한 사람을 구별하기가 어려웠다면 내용타당성이 낮다고 말할 수 있다.

② 같은 시험을 같은 집단에 시간간격을 두고 두 번 실시하여 성적을 비교한 결과 비슷한 분포를 이루는 것으로 나타났다면 시험의 신뢰도가 높다고 본다.

③ 시험문제가 주관식(서술형)이었는데, 채점위원 A교수의 채점 결과 평균점수와 다른 시험위원 B교수의 채점결과 평균점수가 상당한 차이를 보였다면 시험의 객관도가 낮다고 여겨진다.

④ 우수한 성적을 받고 합격한 사람들이 실제 임용 후에도 일을 잘 하는 것으로 조사되었다면 시험의 기준타당성이 높다고 본다.

🔊Point ① 시험의 난이도에 대한 내용. 시험의 난이도는 유능한 자와 무능한 자의 구별(변별력)이 가능하도록 쉬운 문제와 어려운 문제의 조화가 필요하다는 것이다. 시험성적이 집중되지 않고 득점 차가 광범위하게 골고루 분포되도록 하는 것(정규분포)을 의미한다.
② 신뢰도 측정법 중 재시험법에 대한 내용.
③ 객관도는 시험결과가 채점자의 주관적 편견이나 시험 외적 요인에 의해 차이를 나타내지 않는 정도로 주관식 시험은 채점자의 주관·감정에 따라 점수가 달라져 객관도가 낮아짐
④ 시험성적과 임용 후 근무성적의 일치 여부는 기준타당성 중 예측적 타당성

>> ANSWER
9.② 10.①

**11** 데이터 기반의 과학적 정책 수립을 위해 빅데이터의 중요성이 커지고 있다. 빅 데이터에 대한 설명으로 틀린 것은?

① 빅데이터 부상의 이유로 페이스북(Facebook)·트위터(Twitter) 등의 소셜네트워크서비스(SNS)의 보급 확대를 들 수 있다.

② 인터넷쇼핑업체 아마존(Amazon)이 고객 행동 패턴 데이터를 분석하여 상품 추천 시스템을 도입한 것은 빅데이터 활용 사례이다.

③ 빅데이터는 비정형적 데이터가 아닌 정형적 데이터를 지칭한다.

④ 빅데이터를 활성화하기 위해서는 개인정보 보호 장치가 제도적으로 선행될 필요가 있다.

🔊 (Point) ③ 빅데이터는 과거 아날로그 데이터에 비하여 규모가 방대하고, 생성 주기도 짧고, 형태도 수치 데이터뿐 아니라 문자와 영상 데이터를 포함하는 대규모 데이터로서 초대용량의 데이터 양, 다양한 형태, 빠른 생성 속도, 가치(value)를 특징으로 한다. 빅데이터는 정형화된 데이터(고정된 필드에 저장되는 데이터로 기존 솔루션으로 쉽게 보관·분석·처리 가능), 반정형화된 데이터(고정된 필드로 저장되어 있지는 않지만, XML이나 HTML같이 메타 데이터나 스키마 등을 포함하는 데이터, 메타정보와 센서데이터, 공정데이터 등 미처 활용되지 못하고 있는 데이터), 비정형화된 데이터(고정된 필드에 저장되어 있지 않은 데이터, 유튜브에서 업로드하는 동영상 데이터, SNS나 블로그에서 저장하는 사진과 오디오 데이터, 메신저로 주고 받은 대화 내용, 스마트폰에서 기록되는 위치 정보, 유무선 전화기에서 발생하는 통화 내용 등)를 포괄한다.

**PLUS TIP** 빅데이터의 특성 : 3V+1V

| 기존 개념(3V) | | 최근 이슈 |
|---|---|---|
| volume(대규모)<br>velocity(속도)<br>variety(다양성) | + | value(분석가치) |

≫ **ANSWER**

11.③

**12** 총체적 품질관리(TQM)에 관한 옳은 설명은?

> ㉠ 생산성 제고의 국민에 대한 대응적 책임성을 확보하기 위한 전략적 관리방식이다.
> ㉡ TQM은 상하 간의 참여적 관리를 의미하며 조직의 목표설정에서 책임의 확정, 실적 평가에 이르기까지 상관과 부하의 합의로 이루어진다.
> ㉢ 공공부문의 비시장성과 비경쟁성은 TQM의 필요성 인식을 약화시킨다.
> ㉣ 조직의 환경변화에 적절히 대응하기 위해 투입 및 과정보다 결과가 중시된다.
> ㉤ 공공서비스의 품질 향상을 통한 고객만족을 목표로 하기 때문에 공무원들의 행태를 고객중심적으로 전환할 수 있다.

① ㉠, ㉡, ㉢       ② ㉠, ㉡, ㉣
③ ㉠, ㉢, ㉤       ④ ㉡, ㉢, ㉤

📣 (Point) 총체적 품질관리란 고객만족을 제1차적 목표로 삼고 조직구성원의 광범위한 참여 하에 조직의 과정·절차를 지속적으로 개선함으로써 장기적·전략적으로 서비스의 질을 관리하기 위한 관리원칙이다. ㉠㉢㉤은 옳은 내용이다.
㉡ 목표관리제(MBO)에 대한 내용이다.
㉣ TQM은 조직의 환경변화에 적절히 대응하기 위해 결과보다는 투입 및 과정을 지속적으로 개선한다. 결과를 중시하는 것은 MBO이다.

**13** 다음 중 자본예산에 대한 설명으로 옳지 않은 것은?

① 복식예산의 일종이다.
② 불균형예산을 편성하는 제도이다.
③ 선진국의 경우는 자본예산편성을 통한 조달재원으로 공공사업을 실시하여 경기를 확보하기 위해 필요하다.
④ 단기 재정계획의 수립에 용이하다.

📣 (Point) 자본예산제도(Capital Budgeting System) … 국가의 예산을 경상계정과 자본계정으로 구분하여, 경상지출은 경상수입으로 자본지출은 자본적 수입이나 차입으로 충당하는 예산제도이다. 즉, 자본계정에 대하여는 적자 시 공채를 발행하여 예산을 운영하고 흑자 시 상환하는 제도를 말하는 것으로, 불균형예산제도 혹은 복식예산제도라 불린다. 불경기의 극복을 위해 적자재정의 필요성을 강조하고 수익자부담원칙을 특징으로 하며, 자본투자계획과 관련된다.
④ 자본예산제도는 장기 재정계획의 수립에 용이하다.

## 14 독립성 중앙인사기관에 대한 특징으로 옳지 않은 것은?

① 임원의 신분보장

② 엽관제 배제와 행정부패 방지

③ 이익집단 및 전문가의 의견반영

④ 정치권의 압력방지

🔊 (Point) ③ 합의성 중앙인사기관의 특징이다.

PLUS TIP  우리나라의 중앙인사기관

㉠ 중앙인사관장기관의 일원화 … 인사행정에 관한 기본정책의 수립 및 이 법의 시행운영에 관한 사무는 국회는 국회사무총장, 법원은 법원행정처장, 헌법재판소는 헌법재판소사무처장, 선거관리위원회는 중앙선거관리위원회사무총장, 행정부는 인사혁신처가 관장한다.

㉡ 인사혁신처 – 행정부 중앙인사관장기관, 국무총리 소속, 비독립 · 단독제형

• 관장 사무 : 행정부 소속 공무원의 인사행정에 관한 기본정책의 수립, 인사행정분야의 개혁, 채용, 능력발전, 공직윤리, 복무, 공무원 연금, 처우개선, 인사관리 및 소청에 관한 사무

• 소속기관

– 소청심사위원회 : 행정기관 소속 공무원의 징계처분, 그 밖에 그 의사에 반하는 불리한 처분이나 부작위에 대한 소청의 심사 · 결정 및 그 재심청구 사건의 심사 · 결정에 관한 사무를 관장(중앙고충심사위원회 기능을 겸함). 소청심사는 특별행정심판제도로, 소청심사를 거치지 않고 행정소송을 제기할 수 없다.

– 고위공무원임용심사위원회 : 고위공무원단에 속하는 공무원의 채용과 고위공무원단 직위로의 승진임용 및 고위공무원으로서 적격 여부를 심사한다. 위원장(인사혁신처장) 포함 5~9인의 위원으로 구성되며 위원은 공무원이나 민간 전문가 중 인사혁신처장이 지명 또는 위촉한다.

## 15 일반회계, 특별회계, 기금에 대한 다음 설명 중 가장 적절하지 않은 것은?

① 일반회계는 국가 고유의 일반적 재정 활동을, 특별회계는 특정한 세입으로 특정한 사업을 운용하기 위해 설치된다.

② 특별회계는 일반회계와 기금 운용 형태가 혼재되어 있다.

③ 기금은 예산과 달리 국회 심의 · 의결 확정절차를 따르지 않는다.

④ 기금과 특별회계는 특정 수입과 지출이 연계되어 있다.

🔊 (Point) 기금과 예산 모두 국회 심의 · 의결절차를 따른다.

PLUS TIP  기금 변경

기금운용계획 중 주요항목 지출금액을 변경하고자 할 때에는 기획재정부장관과 협의 · 조정하여 마련한 기금운용계획변경안을 국무회의의 심의를 거쳐 대통령의 승인을 얻은 후 국회에 제출하여야 한다. 다만 주요 항목 지출금액의 10분의 2(금융성 기금은 10분의 3, 경상비는 10분의 2) 이하의 범위 안에서는 기금운용계획변경안을 국회에 제출하지 아니하고 대통령령으로 정하는 바에 따라 변경할 수 있다.

>> ANSWER

14.③ 15.③

**16** 공무원 보수에 대한 설명으로 옳지 않은 것은?

① 보수는 직무의 곤란성과 책임의 정도에 맞도록 계급별·직위별 또는 직무등급별로 정한다.

② 공무원의 보수는 일반의 표준 생계비, 물가 수준, 그 밖의 사정을 고려하여 정해야 하며 민간의 임금수준은 고려사항이 아니다.

③ 경력직공무원 간의 보수 및 경력직공무원과 특수경력직공무원 간의 보수는 균형을 도모하여야 한다.

④ 연봉제 적용대상 공무원의 보수는 연봉과 그 밖의 각종 수당을 합산한 금액을 말한다.

📢 Point ② 공무원 보수는 직무의 곤란성과 책임의 정도에 맞도록 계급별·직위별 또는 직무등급별로 정하며 일반의 표준생계비, 물가수준, 그 밖의 사정을 고려하여 정하되 민간부문 임금수준과 적절한 균형을 유지하도록 노력해야 한다.

> **PLUS TIP** 국가공무원법 제46조(보수 결정의 원칙)
>
> ① 공무원의 보수는 직무의 곤란성과 책임의 정도에 맞도록 계급별·직위별 또는 직무등급별로 정한다. 다만, 다음 각 호의 어느 하나에 해당하는 공무원의 보수는 따로 정할 수 있다.
> 1. 직무의 곤란성과 책임도가 매우 특수하거나 결원을 보충하는 것이 곤란한 직무에 종사하는 공무원
> 2. 제4조제2항에 따라 같은 조 제1항의 계급 구분이나 직군 및 직렬의 분류를 적용하지 아니하는 공무원
> 3. 임기제공무원
> ② 공무원의 보수는 일반의 표준 생계비, 물가 수준, 그 밖의 사정을 고려하여 정하되, 민간 부문의 임금 수준과 적절한 균형을 유지하도록 노력하여야 한다.
> ③ 경력직공무원 간의 보수 및 경력직공무원과 특수경력직공무원 간의 보수는 균형을 도모하여야 한다.

**17** 다음은 분권화에 대하여 설명한 것이다. 옳지 않은 것은?

① 신속한 사무처리에 기여한다.

② 규모의 경제를 실현한다.

③ 규모가 클수록 분권화된다.

④ 위기의 존재는 집권화를 촉진한다.

📢 Point 집권화·분권화 촉진요인

| 집권화 촉진요인 | 분권화 촉진요인 |
| --- | --- |
| • 교통·통신의 발달<br>• 행정의 능률성 향상<br>• 하위조직의 능력 부족<br>• 지도자의 강력한 리더십<br>• 행정의 획일적·통일적 처리 요구<br>• 소규모 영세조직과 신설조직의 경우<br>• 위기 존재시 신속한 결정을 위하여<br>• 특정 활동의 강조와 특정분야의 전문화 | • 신속한 업무처리<br>• 유능한 관리자 양성<br>• 행정의 민주성 확보<br>• 민주적 통제의 강화<br>• 대규모 조직과 기성조직<br>• 지역실정에 맞는 행정의 구현<br>• 주변상황의 불확실성과 동태성<br>• 권한위임을 통한 부하의 사기앙양과 창의력의 계발 및 책임감의 강화 |

>> ANSWER

16.② 17.②

**18** 다음 광역행정의 순기능에 대한 설명으로 옳지 않은 것은?

① 행정사무의 재배분이 가능하다.

② 주민의 사회 · 경제적 생활권과 행정권이 일치한다.

③ 지방자치를 촉진시킨다.

④ 지역 간 균형발전 및 지역개발 촉진이 이루어진다.

🔊 (Point) ③ 광역행정은 지방자치를 저해하는 문제점이 있다.

PLUS TIP  **광역행정의 순기능**

㉠ 국가와 지방 간의 협력관계를 통한 행정사무의 재배분이 가능
㉡ 주민의 사회 · 경제적 생활권과 행정권이 일치
㉢ 국가적 차원에서 지방조직 재구성으로 능률적 행정이 이루어짐
㉣ 지역 간 균형발전 및 지역개발 촉진이 이루어짐
㉤ 종합개발 · 계획행정의 효과적 수행이 이루어짐
㉥ 주민의 문화적 수준 · 복지증진이 이루어짐

**19** 다음 중 소규모 자치행정 구역을 지지하는 논리로 맞는 것을 모두 고른 것은?

㉠ 티부(Tiebout) 모형을 지지하는 공공선택이론가들의 관점
㉡ 새뮤얼슨(Samuelson)의 공공재 공급 이론
㉢ 지역격차의 완화에 공헌
㉣ 주민과 지방정부 간의 소통 · 접촉 기회 증대

① ㉠, ㉢                          ② ㉠, ㉣
③ ㉡, ㉢                          ④ ㉡, ㉣

🔊 (Point) ㉡ 중앙정부의 공공재 공급을 설명하는 이론이다.
　　　　㉢ 중앙집권 논리에 해당한다.

PLUS TIP

※ Tiebout 가설 … 소규모 구역에 의한 지방자치를 옹호하는 이론이다. 여러 지방정부가 존재하므로 선호에 따라 지방간 이동이 가능하다. 이를 통해 지방공공재 공급의 적정 규모가 결정될 수 있다고 설명한다.
※ Samuelson의 공공재 공급 이론 … 공공재 공급은 정치적 과정으로밖에 공급될 수 없다는 이론으로 중앙정부의 역할을 중요시한다.

> ANSWER
18.③　19.②

**20** 다음 중 대표관료제의 필요성으로 보기 어려운 것은?

① 정부관료제가 사회 각계각층의 이익을 균형 있게 대표할 수 있다.

② 대중통제를 정부관료제에 내재화시킬 수 있다.

③ 각계각층에서 충원하므로 행정의 전문성과 생산성을 높일 수 있다.

④ 대표관료제는 실질적인 기회균등을 가져온다.

📢 (Point) 대표관료제(Representative Bureaucracy) ⋯ 사회를 구성하는 모든 주요 집단으로부터 인구비례에 따라 관료를 충원하고, 그들을 정부관료제 내의 모든 계급에 비례적으로 배치함으로써 정부관료제가 그 사회의 모든 계층과 집단에 공평하게 대응하도록 하는 제도이다. 즉, 정부관료제가 그 사회의 인적 구성을 반영하도록 구성함으로써 관료제 내에 민주적 가치를 주입시키려는 의도에서 발달된 개념이다.

ⓐ 정부관료제의 대응성 강화 : 대표관료제는 국민의 다양한 요구에 대한 정부의 대응성을 향상시킬 수 있다.

ⓑ 책임성 확보 : 외부통제를 보완하는 내부통제제도로서 정부정책에 대한 관료의 책임성을 제고시킬 수 있다. 이는 상징적 · 실제적으로 정부관료제의 정통성을 향상시킨다.

ⓒ 행정의 민주성 확보 : 기회균등의 원칙을 보장함으로써 민주적 이념을 실현하고, 전형적인 관료제적 특성을 지닌 정부 내에 다양한 집단을 참여시킴으로써 정부관료제의 민주화에 기여한다.

ⓓ 행정의 능률성 제고 : 정부가 민주적 · 합리적인 정책결정을 하도록 도와주며, 소외집단의 요구에 대한 정부정책의 대응성을 높임으로써 정책집행을 용이하게 하고 정부활동의 능률성을 향상시킨다. 또한, 소외된 집단을 정부에 참여시키고 활용함으로써 유능하고 책임 있는 관료를 확보하는 데 도움이 되며, 국가적인 견지에서 인적 자원을 효율적으로 관리하도록 도와준다.

ⓔ 사회적 형평성 제고 : 정치체제를 통해 소수집단의 이익을 관료집단이 대표할 수 있다는 점에서 공직임용에 있어서 실질적 기회균등을 보장할 수 있다.

1 큰 정부론과 작은 정부론의 논쟁에 대한 설명으로 옳지 않은 것은?

① 작은 정부론은 민영화의 확대를 주장하지만, 또다른 시장실패를 유발할 수 있다는 점에서 네트워크 거버넌스의 필요성이 제기되기도 한다.

② 공공재는 시장에서 적절하게 제공되지 못하므로 정부가 제공해야 한다는 주장은 시장에 대한 정부의 개입을 강조한다.

③ 작은 정부론은 정부의 개입이 초래하는 대표적 정부실패의 사례로 독점으로 인해 발생하는 $X$ - 비효율성을 제시한다.

④ 큰 정부론자는 "비용과 편익이 괴리되어 시장실패가 발생하는 경우, 정부가 시장에 개입해야 한다"라고 주장한다.

Point ④ 비용과 편익의 괴리는 정부실패 현상이다.

PLUS TIP 큰 정부론과 작은 정부론

㉠ 큰 정부론 : 정부개입을 강조하는 진보주의에 해당되며 전통적 정부가 한 예이다.

㉡ 작은 정부론 : 1970년대말 정부실패로 대두된 신자유주의에 해당되며 신공공관리론 하의 기업가적 정부가 한 예이다.

» ANSWER

1.④

**2** 행정이론에 대한 설명으로 옳지 않은 것은?

① 신행정론(신행정학)은 실증주의와 행태주의를 비판하면서 행정학의 실천성과 적실성, 가치문제를 강조하였다.

② 공공선택론은 공공부문의 비시장적 의사결정을 경제학적으로 연구하며, 전통적인 관료제를 비판하였다.

③ 신공공서비스론은 시장주의와 신관리주의를 결합한 이론으로 행정의 효과성과 능률성을 극대화하고자 하였다.

④ 뉴거버넌스론은 정부, 시장, 시민사회 간 신뢰와 협동을 강조한다.

🔊(Point) ③ 시장주의와 신관리주의를 결합한 이론으로 행정의 효과성과 능률성을 극대화하고자 한 이론은 신공공관리론이다.

**PLUS TIP** 신공공관리론과 신공공서비스론의 비교

| 구분 | 신공공관리론 | 신공공서비스론 |
|---|---|---|
| 이론 | 경제이론, 실증주의 | 민주주의, 실증주의, 현상학, 비판이론, 포스트모더니즘 |
| 합리성과 행태모형 | 기술적 · 경제적 합리성, 경제적 인간관 | 전략적 합리성, 정치적 · 경제적 · 조직적 합리성에 대한 다원적 접근 |
| 공익에 대한 입장 | 개인들의 총이익 | 공유 가치에 대한 담론의 결과 |
| 관료의 반응 대상 | 고객 | 시민 |
| 정부의 역할 | 방향잡기 | 서비스 제공자 |
| 정책목표의 달성기제 | 개인 및 비영리기구를 활용한 정책목표 달성기재와 유인체제 창출 | 동의된 욕구를 충족시키기 위한 공공기관, 비영리기관, 개인들의 연합체 구축 |
| 책임에 대한 접근 | 시장지향적 | 다면적(공무원은 법, 지역공동체 가치, 정치규범, 전문적 기준 및 시민들의 이익에 기여) |
| 행정재량 | 기업적 목적을 달성하기 위해 넓은 재량을 허용 | 재량이 필요하지만 책임이 수반됨 |
| 기대하는 조직구조 | 기본적 통제를 수행하는 분권화된 공조직 | 조직 내외적으로 공유된 리더십을 갖는 협동적 구조 |
| 관리의 동기유발 | 기업가정신, 정부의 규모를 축소하려는 이데올로기적 욕구 | 공공서비스, 사회에 기여하려는 욕구 |

**>> ANSWER**

2.③

**3** 살라몬(L. M. Salamon)이 제시한 정책수단의 유형에서 직접적 수단으로만 묶은 것은?

> ㉠ 조세지출(tax expenditure)
> ㉡ 경제적 규제(economic regulation)
> ㉢ 정부소비(direct government)
> ㉣ 사회적 규제(social regulation)
> ㉤ 공기업(government corporation)
> ㉥ 보조금(grant)

① ㉠, ㉡, ㉢
② ㉠, ㉣, ㉥
③ ㉡, ㉢, ㉤
④ ㉣, ㉤, ㉥

**(Point)** 정책수단의 직접성이 높은 것은 ㉡ 경제적 규제, ㉢ 정부소비, ㉤ 공기업이다.

**PLUS TIP** 행정수단의 분류 – 직접성(directness) 기준

직접성 : 공공활동을 허가하거나 재원을 조달하거나 개시한 주체가 그것을 수행하는데 관여하는 정도

| 직접성 | 정책수단 | 효과성 | 능률성 | 형평성 | 관리 가능성 | 합법성, 정당성 (정치적 지지) |
|---|---|---|---|---|---|---|
| 높음 | 공적 보험, 직접대출, 정보제공, 공기업, 경제적 규제, 정부소비(직접시행) | 높음 | 중간 | 높음 | 높음 | 낮음 |
| 중간 | 조세지출, 계약, 사회적 규제, 벌금 | 낮음/중간 | 중간 | 낮음 | 낮음 | 높음 |
| 낮음 | 손해책임법[불법행위 책임], 보조금, 대출보증, 정부출자기업, 바우처 | 낮음 | 높음 | 낮음 | 낮음 | 높음 |

**» ANSWER**

3.③

**4** 민츠버그(Mintzberg)의 조직성장 경로모형에서 강조되는 조직구성부문과 이에 상응하는 구조의 연결로 옳지 않은 것은?

① 전략적 정점(strategic apex) – 기계적 관료제 구조
② 핵심운영(operating core) – 전문적 관료제 구조
③ 중간계선(middle line) – 사업부제 구조
④ 지원참모(support staff) – 애드호크라시(adhocracy)

🔊 (Point) 민츠버그(H. Mintzberg)의 조직유형론

| 조직유형 | 단순구조 | 기계적 관료제 | 전문적 관료제 | 사업부제 (분화형태) | 임시체제 (adhocracy) |
|---|---|---|---|---|---|
| 지배적 구성부문 | 최고관리층 (전략정점) (strategic apex) | 기술구조 (technostructure) | 핵심운영층 (작업중추) (operation core) | 중간계선 (중간관리층) (middle line) | 지원참모 (support staff) |
| 조정기제 | 직접 감독 (직접 통제) | 업무[작업]의 표준화 | 기술의 표준화 | 산출의 표준화 | 상호조정 |

**5** 신고전 조직이론에 대한 설명으로 옳지 않은 것은?

① 메이요(Mayo) 등에 의한 호손(Hawthorne)공장 실험에서 시작되었다.
② 공식조직에 있는 자생적, 비공식적 집단을 인정하고 수용한다.
③ 인간의 사회적 욕구와 사회적 동기유발 요인에 초점을 맞춘다.
④ 조직이란 거래비용을 감소하기 위한 장치로 기능한다고 본다.

🔊 (Point) 거래비용 경제학에 대한 설명이며, 거시적 조직이론에 해당한다. 이는 현대적 조직이론이다.

(PLUS TIP) 조직이론 분류

| 구분 | 고전적 이론 | 신고전적 이론 | 현대적 이론 |
|---|---|---|---|
| 인간관 | 경제적 인간 | 사회적 인간 | 복잡한 인간 |
| 가치 | 기계적 능률성 | 사회적 능률성 | 다원적 목표, 가치, 이념 |
| 주요 연구대상 | 공식적 구조 | 비공식적 구조 | 고전과 신고전의 통합 |
| 주요 변수 | 구조 | 인간 | 환경 |

**6** 우리나라 책임운영기관 제도에 대한 설명으로 옳지 않은 것은?

① 사업적 서비스 제공 업무로서 성과 측정이 가능하거나, 재정수입 전부나 일부를 자체 확보할 수 있는 사무에 적용된다.

② 행정의 효율성을 높이기 위해 규제 · 집행 · 서비스 전달기능과 정책기능을 일괄적으로 수행하도록 한다.

③ 정부 내에서 수익자 부담주의, 경쟁과 같은 시장메커니즘의 도입이 필요한 분야를 대상으로 한다.

④ 행정안전부장관은 기획재정부 및 해당 중앙행정기관장과 협의하여 책임운영기관을 설치 · 해제할 수 있다.

🔊 (Point) ② 결과와 성과를 중시하는 신공공관리론에서 강조하는 조직형태로 집행 및 서비스 전달업무인 정책집행기능(rowing ; 관리기능)을 정책결정기능(steering ; 정책기능)으로부터 분리시켜 별도의 기관으로 설치한 것이다.

① 책임운영기관은 그 사무가 다음 기준 중 하나에 맞는 경우 대통령령으로 설치한다.

  ㉠ 기관의 주된 사무가 사업적 · 집행적 성질의 행정 서비스를 제공하는 업무로서 성과 측정기준을 개발하여 성과를 측정할 수 있는 사무

  ㉡ 기관운영에 필요한 재정수입의 전부 또는 일부를 자체적으로 확보할 수 있는 사무(책임운영기관특별회계기관)

③ 내부시장화가 필요한 분야에 적용된다. 내부시장이란 기관 간 서비스 제공이 수익자부담원칙에 의해 이뤄지고, 기관 간의 경쟁 이뤄지는 것을 의미하며, 경쟁을 통해 효율성을 높인다. 정부가 직접 생산하되 민간의 시장요소를 수용하는 책임경영형이다.

④ 책임운영기관은 대통령령으로 설치하며 설치 및 해제권자는 행정안전부 장관이다.

>> ANSWER

6.②

**7** 막스 베버(Max Weber)의 관료제이론에 관한 설명으로 옳지 않은 것은?

① 관료제에 정당성을 부여하는 권위의 근거는 전통이나 카리스마에 있는 것이 아니라 합리성에 기초한 합법성에서 나온다.

② 관료제는 법적 권위에 기초한 조직형태로, 관료는 법 규정에 있는 대로 명령에 복종한다.

③ 직무의 수행은 전문성이 낮은 일반행정가에 적합하게 구성되어 있어 다방면의 훈련을 필요로 한다.

④ 관료제에서 직무의 집행은 서류나 문서에 의하여 행해지며 조직의 재산과 사유 재산은 구분된다.

📢 Point ③ 관료제는 자격 또는 능력에 따라 규정된 기능을 수행하는 분업의 원리에 따른다. 자기가 맡은 분야의 유능한 기술을 가진 전문인을 양성하여 분업화된 직무를 맡긴다(전문화와 분업).
① 산업사회의 근대관료제는 법과 이성을 권위의 근거로 하여 합리적·합법적 지배가 이루어진다.
② 관료의 권한과 직무범위는 법규에 의해 명확하게 규정되고 권한은 사람이 아니라 직위에 부여되며 권한 남용이나 임의성을 최소화하고 합리적이며 예측 가능한 업무수행이 이루어진다(법규에 의한 지배).
④ 모든 직위의 업무는 책임소재를 분명히 하고 의사결정을 공식화하기 위하여 문서로 이루어지고 문서로 보관된다(문서주의).

**8** 허즈버그(F. Herzberg)의 욕구충족요인 이원론의 설명으로 옳은 것은?

① 동기요인을 충족시켜주지 못하면 조직에 대한 불만이 커진다.

② 동기요인의 충족은 직무수행을 위한 노력을 강화한다.

③ 위생요인은 주로 직무 자체와 관련되어 있다.

④ 위생요인의 충족은 동기유발을 촉진한다.

📢 Point 허즈버그의 욕구충족요인 이원설
• 불만요인(위생요인) : 직무의 조건·환경과 관련되며 하위욕구와 관련되는 요인으로, 욕구가 충족되지 않으면 심한 불만을 가지지만 충족되어도 적극적인 만족을 주지는 못하며 근무태도의 단기적 변동만 가져올 뿐이다.
• 만족요인(동기요인) : 직무 자체에 대한 욕구로서 인간의 정신적 측면에 관련되며 존경욕구·자기실현욕구 등 상위욕구와 관련된다. 만족요인은 충족되면 적극적인 만족감을 느끼고 근무의욕이 향상되며 인간의 정신적 측면이나 자기실현욕구·존경욕구 등과 관련되어 장기적 효과를 가진다.

**9** 동기부여이론과 그 활용이 적절하게 연결된 것은?

① A부서는 Vroom의 기대이론에 따라 선택적 복지제도를 도입하여 조직원들의 기대감(expectancy)을 높였다.

② Herzberg의 2요인이론에 따르면 동기요인인 보수보다는 위생요인인 성취와 인정이 동기부여에 효과적이므로 B부서는 모든 직급과 연령대의 구성원들에게 보수의 향상보다는 성취와 인정을 느끼는 방안을 도입했다.

③ C부서는 Hackman과 Oldham의 직무특성이론에 따라 직무분석프로그램을 운영하여 동기부여를 향상시켰다.

④ D부서는 Adams의 공정성이론에 따라 준거인물을 설정할 수 없도록 재택근무제도를 도입했다.

📢(Point) ① 기대감은 노력과 성과에 대한 주관적 확률로, 선택적 복지제도와 같은 경제적 유인과는 직접적인 관계가 없다.
② 보수는 위생요인이고, 성취와 인정은 동기요인이다.
④ Adams의 공정성이론은 개인이 자신의 보상을 동료와 비교하여 불공정성을 지각하게 되면 이를 감소시키기 위한 방향으로 동기가 유발된다고 하였다.
※ Hackman & Oldham 직무특성이론

$$M = \frac{\text{다양성} + \text{정체성} + \text{중요성}}{3} \times \text{자율성} \times \text{환류}$$

잠재적 동기지수(M)를 결정짓는 다섯 가지 요소 중 다양성, 정체성, 중요성은 '직무'에 관계된 것으로, ③번 지문과 같이 직무분석프로그램을 운영함으로써 동기부여를 향상시킬 수 있다.

**10** 의사전달의 장애요인에 대한 설명으로 틀린 것은?

① 적절치 못한 용어의 사용, 의사전달 기술의 부족 등 매체의 불완전성으로 인해 의사전달의 장애가 발생할 수 있다.

② 수신자의 선입관은 준거틀을 형성하여 발신자의 의도를 왜곡할 수 있다.

③ 환류의 차단은 의사전달의 정확성을 제고할지 모르나 신속성이 우선시되는 상황에서는 장애가 될 수 있다.

④ 시간의 압박, 의사전달의 분위기, 계서제적 문화는 의사전달에 영향을 미칠 수 있다.

📢(Point) ③ 환류의 차단은 발신자의 의사전달에 대해 정보를 전달받은 수신자가 그 정보의 내용을 확인하거나 다른 의견을 전달할 수 있는 길이 차단된 상태를 말한다. 환류의 차단은 의사전달의 신속성이 제고할 수는 있지만, 정확성은 약화된다.
• 의사전달의 가외성과 환류(feedback)→의사전달의 정확성 증대, 의사전달 비용 증가(경제성 약화), 신속성 저해
• 의사전달의 가외성 제거나 환류의 차단→의사전달의 정확성 저하, 의사전달 비용 감소(경제성 증가), 신속성 증대

**>> ANSWER**

9.③  10.③

PART 03. 행정학

**11** Blake & Mouton의 관리망 모형의 유형으로 볼 수 없는 것은?

① 무관심형　　　　　　　　　　　② 자유방임형

③ 과업형　　　　　　　　　　　　④ 타협형

(Point) ② White & Lippitt의 유형이다.

> **PLUS TIP** Blake & Mouton의 관리망모형
>
> ㉠ 무관심형 : 생산과 인간에 대한 관심이 모두 낮아 주로 조직 내 자신의 직분을 유지하기 위한 최소의 노력만 기울이는 유형
> ㉡ 친목형 : 인간에 대한 관심은 높으나 생산에 대한 관심은 낮아 인간적인 분위기를 조성하는 데 주력하는 유형
> ㉢ 과업형 : 생산에 대한 관심은 높으나 인간에 대한 관심은 낮아 과업에 대한 능력을 중시하는 유형
> ㉣ 타협형 : 인간과 생산에 절반씩 관심을 두고 적당한 수준의 성과를 지향하는 유형
> ㉤ 단합형 : 생산과 인간에 대한 관심이 모두 높아 조직의 목표달성을 위해 조직과 조직구성원들의 상호의존관계와 공동체 의식을 강조함으로써 조직목표달성을 위해 헌신하도록 유도하는 유형

**12** 다음 중 엽관주의의 폐단과 관련하여 타당성이 적은 것은?

① 행정의 낭비 초래　　　　　　　② 행정의 안정성 저해

③ 공무원의 정치적 중립 저해　　　④ 민주주의의 이념 저해

(Point) 엽관주의 … 복수정당제가 허용되는 민주국가에서 선거에서 승리한 정당이 정당활동에 대한 공헌도와 충성심의 정도에 따라 공직에 임명하는 제도이다. 이렇게 임용된 공무원은 자신의 신분을 연장시키기 위해 국민의 요구를 더욱 적극적으로 행정에 반영시킨다. 엽관제도는 대응성, 민주성, 책임성을 제고한다. 엽관주의는 미국에서 처음으로 도입된 것으로 선거에서 승리한 정당이 모든 관직을 전리품처럼 임의로 처분할 수 있는 제도를 의미하고, 정권교체와 함께 공직의 광범한 경질이 단행된다.

① 행정업무에 무능한 사람의 임용으로 업무능률이 저하되고, 불필요한 관직의 증설로 예산낭비와 국민의 부담이 가중된다.
② 정권 교체시마다 대량의 인력교체로 신분보장이 되지 않아 행정 안정성과 계속성이 손상된다.
③ 관료가 정당을 위해 봉사하기 때문에 공무원의 정치적 중립이 저해되고 행정의 공정성 확보가 어렵다.

**13** 공무원 교육방법에 대한 설명으로 옳지 않은 것은?

① 현장훈련(on the job training)은 피훈련자가 실제 직무를 수행하면서 직무수행에 관한 지식과 기술을 배우는 방법이다.

② 강의, 토론회, 시찰, 시청각교육 등은 태도나 행동의 변화를 주된 목적으로 한다.

③ 액션러닝(action learning)은 소규모로 구성된 그룹이 실질적인 업무현장의 문제를 해결해 내고 그 과정에서 성찰을 통해 학습하도록 하는 행동학습(learning by doing) 교육훈련 방법이다.

④ 감수성훈련(sensitivity training)은 대인관계의 이해와 이를 통한 인간관계의 개선을 목적으로 한다.

🔊 **Point** ② 강의, 토론회, 시찰, 시청각교육 등은 지식의 습득을 주된 목적으로 한다. 태도나 행동의 변화를 주된 목적으로 하는 것은 사례연구, 역할연기, 감수성 훈련 등이다.

※ 훈련의 목적과 훈련방법

| 훈련의 목적 | 훈련 방법 |
|---|---|
| 지식의 습득 | 강의, 토론회, 사례연구, 시찰, 시청각 교육 등 |
| 기술의 연마 | 사례연구, 모의연습, 현장훈련, 전보, 순환보직, 실무수습, 시청각교육 등 |
| 태도 및 행동의 교정 | 사례연구, 역할연기, 감수성 훈련 등 |

**14** 공무원단체에 대한 설명으로 옳은 것은?

① 공무원의 노동조합 설립 및 운영 등에 관한 법률은 공무원 노조의 쟁의행위를 명시적으로 허용하고 있다.

② 별정직 공무원은 6급 이하도 공무원 노조에 가입할 수 없다.

③ 우리나라는 공무원 노조의 단체교섭권을 허용하고 있지 않다.

④ 특정직 공무원 중 6급 이하의 일반직 공무원에 상당하는 외무행정직 공무원은 공무원 노조에 가입할 수 있다.

🔊 **Point** ④ 특정직 공무원 중 6급 이하의 일반직 공무원에 상당하는 외무행정·외교정보관리직 공무원은 공무원 노조 가입이 가능하다.

① 「공무원의 노동조합 설립 및 운영 등에 관한 법률」 제11조(쟁의행위의 금지) 노동조합과 그 조합원은 파업, 태업 또는 그밖에 업무의 정상적인 운영을 방해하는 일체의 행위를 하여서는 아니 된다.

② 6급 이하의 일반직 공무원에 상당하는 별정직 공무원은 가입할 수 있다.

③ 공무원노조는 일반적으로 단결권과 단체교섭권이 인정된다. 단 사실상 노무에 종사하는 공무원의 경우 단체행동권이 인정되는데 행정부 공무원의 경우 과학기술정보통신부 소속 현업기관의 작업 현장에서 노무에 종사하는 우정직 공무원 노조에게는 단체행동권까지 인정된다.

**>> ANSWER**

13.② 14.④

**15** 미국의 행정학자인 스미스(Harold D. Smith)가 제시한 현대적 예산원칙은 모두 몇 개 인가?

> ㉠ 한정성의 원칙                     ㉡ 보고의 원칙
> ㉢ 책임의 원칙                       ㉣ 공개의 원칙
> ㉤ 계획의 원칙                       ㉥ 단일의 원칙
> ㉦ 사전의결 원칙                     ㉧ 재량의 원칙
> ㉨ 완전성의 원칙                     ㉩ 시기신축성 원칙

① 3개                              ② 4개
③ 5개                              ④ 6개

📢 Point  루스벨트행정부에서 예산국장을 역임한 스미스(Harold D. Smith)는 전통적 원칙을 8가지로 유형화하고 이와 대비되는 현대적 원칙을 제시하였다. 출제자는 전통적 예산원칙은 독일의 재정학자인 노이마크(Neuma가), 현대적 예산원칙은 스미스(Harold D. Smith)가 체계적으로 제시했다는 점에서 현대적 예산원칙을 찾는 문제로 출제한 것으로 보인다. 현대적 예산원칙은 ㉡ 보고의 원칙, ㉢ 책임의 원칙, ㉤ 계획의 원칙, ㉧ 재량의 원칙, ㉩ 시기신축성의 원칙 5개이다. 나머지는 모두 F. Neumark나 W. Sundelson이 주장한 전통적 예산원칙에 해당한다.

**16** 행정통제에 대한 설명으로 옳지 않은 것은?

① 독립통제기관(separate monitoring agency)은 일반행정기관과 대통령 그리고 외부적 통제중추들의 중간 정도에 위치하며, 상당한 수준의 독자성과 자율성을 누린다.
② 헌법재판제도는 헌법을 수호하고 부당한 국가권력으로부터 국민의 권리와 자유를 보호하는 과정에서 행정에 대한 통제기능을 수행한다.
③ 교차기능조직(criss-cross organizations)은 행정체제 전반에 걸쳐 관리작용을 분담하여 수행하는 참모적 조직단위들로서 내부적 통제체제로부터 완전히 독립되어 있다.
④ 국무총리 소속 국민권익위원회는 옴부즈맨적 성격을 가지며, 국민권익위원회의 위원장과 부위원장은 국무총리의 제청으로 대통령이 임명한다.

📢 Point  ③ 교차기능조직은 행정체제 전반에 걸쳐 관리작용을 분담하여 수행하는 참모적 조직단위들로서, 교차기능조직은 계선기관의 의사결정에 동의 및 협의함으로써 사전적 통제역할을 수행하는 내부통제기구이다.

>> ANSWER

15.③  16.③

**17** 신중앙집권화 · 신지방분권화에 대한 설명으로 옳은 것은?

① 신중앙집권화의 관점은 지방자치의 가치와 역사적 공헌을 비판하는 입장을 대표한다.

② 정보통신기술발전은 지방분산화를 통한 분권화의 요인으로 작동할 뿐 신중앙집권화와는 무관하다.

③ 자본과 노동의 세계화는 지역경제의 중요성을 부각시키며 신지방분권화의 동인이 되고 있다.

④ 도시와 농촌 사이의 경제적 · 사회적 불균형 해소가 신지방분권의 주요 촉진요인으로 작용한다.

> (Point) ③ 세계화로 인한 경쟁의 심화는 중앙정부와 지방정부 간 기능적 분업화를 통한 경쟁력 향상을 요구하게 되면서 신지방분권의 동인이 되었다.
> ① 신중앙집권은 과거의 중앙집권과 달리 지방자치의 가치와 역사적 공헌을 인정하는 토대 위에 행정국가의 능률성 향상이라는 사회적 요청에 부응하기 위한 중앙과 지방 간의 권력 구조를 재편성하는 것이다.
> ② 정보통신기술발전은 시간과 공간을 단축시켜, 과거에는 불가능했던 국가의 지방정부에 대한 즉각적인 지시와 통제가 가능하게 만들어 신중앙집권화를 촉진시키는 요인도 되었다.
> ④ 도시와 농촌 사이의 경제적 · 사회적 불균형 해소를 위한 국가 관여 범위의 확대는 신중앙집권화의 촉진요인으로 작용했다.

**18** 다음은 지방자치와 관련한 설명이다. 옳지 않은 것은?

① 규칙은 고유사무, 단체위임사무, 조례에 의해 위임된 사항에 관하여 지방자치단체의 장이 제정한다.

② 훈령이란 상급기관이 하급기관에게 권한행사를 지휘하기 위하여 장기간 발하는 명령이다.

③ 지시란 상급기관이 하급기관에 대하여 개별적 · 구체적으로 발하는 명령이다.

④ 지방자치법은 법률의 위임에 의해 제정된 지방자치에 관한 법이다.

> (Point) ④ 지방자치법은 헌법에 근거하여(위임에 의해) 국회에서 제정되는 법률 형식의 법규이다.

> **PLUS TIP** 지방자치
>
> 지방자치란 극히 다의적인 개념이다. 그러나 지방자치의 가장 보편적인 정의를 내려본다면 지방자치란 일정한 지역을 기초로 하는 단체가 자기의 사무, 즉 지역의 행정을 그 지역주민의 의사에 따라서 자기의 기관과 재원에 의하여 독자적으로 수행하는 행위라 할 수 있다.

**≫ ANSWER**

17.③  18.④

**19** 다음은 정책평가의 기준에 대하여 설명한 것이다. 옳은 것은?

① 대응성은 조직내부집단의 만족도를 높일 때 올라간다.

② 정치인들은 대응성보다 능률성을 중시한다.

③ 효과성은 파레토기준, 칼도 – 힉스기준에 의해 평가한다.

④ 적절성은 정책결정자가 설정한 목표에 따라 달라질 수 있다.

🔊 (Point) 정책평가의 기준

    ㉠ 능률성 : 최소의 비용으로 산출을 극대화 할 수 있는지 여부를 비용과 관련시켜 성과의 질과 양을 파악하는 것이며, 투입과 수단의 극대화를 목표로 한다.

    ㉡ 효과성 : 정책이 의도한 본래의 목표를 어느 정도 달성했는지 여부를 정책이 산출한 서비스의 양을 측정단위로 하여 평가한다.

    ㉢ 수익자 대응성 : 정책혜택이 수익자의 욕구를 어느 정도 충족시켰는지 여부를 평가한다.

    ㉣ 주민만족도 : 주민의 지지기반을 확보한 수준을 평가한다.

    ㉤ 체제유지도 : 정책의 목표, 구조, 기능 등이 잘 작동함으로써 체제의 환경변화에 대한 적응력을 높여 체제유지에 어느 정도 기여하였는가를 정책평가의 기준으로 삼는다.

**20** 다음 중 근무성적평정에 대한 설명으로 적절한 것은?

① 국가공무원법의 근무성적평정은 성과계약 등 평가와 근무성적평가로 구분한다.

② 성과계약 등 평가에서 평가등급의 수는 5개 이상으로 하여야 한다.

③ 성과계약 등 평가의 평가항목에는 성과목표 달성도, 부서 단위의 운영 평가 결과, 그 밖에 직무수행과 관련된 자질이나 능력 등에 대한 평가 결과 모두 반드시 포함되어야 한다.

④ 근무성적평가의 평가항목은 근무실적과 직무수행능력으로만 구성된다.

🔊 (Point) ② 성과계약 등 평가는 평가 대상 기간 중 평가 대상 공무원의 소관 업무에 대한 성과계약의 성과목표 달성도 등을 고려하여 평가하고, 평가등급의 수는 3개 이상으로 하여야 한다.〈공무원 성과평가 등에 관한 규정 제10조제1항〉.

    ③ 성과계약 등 평가의 평가항목을 성과목표달성도, 부서단위의 운영평가결과, 그밖에 직무수행과 관련된 자질이나 능력 등에 대한 평가결과 중에서 하나 또는 그 이상으로 정할 수 있다〈공무원 성과평가 등에 관한 규정 제7조의2〉.

    ④ 근무성적평가의 평가항목은 근무실적과 직무수행능력으로 하되, 소속 장관이 필요하다고 인정하는 경우에는 인사혁신처장이 정하는 범위에서 직무수행태도 또는 부서 단위의 운영 평가 결과를 평가항목에 추가할 수 있다.〈공무원 성과평가 등에 관한 규정 제14조제1항〉.

**» ANSWER**

19.④  20.①

# 가볍게! 빠르게! 확인하는 용어사전 시리즈

시사용어사전 | 경제용어사전 | 부동산용어사전

### 시사용어사전 1228
매일 접하는 각종 기사와 정보! 공기업/언론사/기업체/공무원 채용을 준비하는 수험생과
현대인이 꼭 알아야 할 최신 시사상식을 쏙쏙 뽑아 이해하기 쉽도록 영역별로 정리

### 경제용어사전 1050
주요 경제용어는 거의 다 실었다! 금융권/공기업/언론사/기업체/공무원 채용을 준비하기 전에,
경제 공부를 시작하기 전에 읽어보면 경제가 쉬워지도록 사전식으로 구성

### 부동산용어사전 1310
부동산에 대한 이해를 높이고 부동산의 개발과 활용, 투자 및 부동산 용어 학습에도
적극적으로 이용할 수 있는 교재, 공인중개사 출제용어도 수록